Neue
Kleine Bibliothek 84

Für J. und A.

Inhalt

Vorwort

In der vorliegenden Neuauflage wurden der ursprüngliche Textaufbau und die inhaltliche Konzeption beibehalten und nur notwendige Aktualisierungen, Ergänzungen der Literaturhinweise sowie einige Zuspitzungen – u. a. durch Einfügen von Zitaten – vorgenommen. Seit Erscheinen der ersten Auflage 1998 verliefen die weltwirtschaftlichen Entwicklungen – leider – in der Richtung, die auf der Grundlage der theoretischen Überlegungen zum kapitalistischen Krisengeschehen und dem Versagen der am Neoliberalismus orientierten Politik vorhergesehen wurden. Die Beschäftigungszunahme und der vorübergehende Rückgang der statistischen Arbeitslosenquote der OECD-Länder – von 7.2% 1997 auf 6.4% 2000 – reichten längst nicht aus, um wieder in die Nähe des Vollbeschäftigungsniveaus zu führen. Die „breite" Arbeitslosigkeit, die sowohl die stille Reserve als auch die Frühverrentung und andere arbeitsmarktbezogene Reduzierungen der Erwerbspersonenzahl berücksichtigt, liegt zudem erheblich über der offiziell ausgewiesenen Arbeitslosigkeit. Die New Economy erwies sich zum erheblichen Teil als ein durch Überinvestition und Spekulation getriebener Aufschwung, wie er in der Wirtschaftsgeschichte auch schon früher vorgekommen war. Der Spekulationsboom rief erneut eine große Zahl falscher Propheten auf den Plan, und ihre Heilsbotschaft von der neuen, ewigen Prosperität fand nicht nur bei den Naiven, sondern auch bei vielen sogenannten Fachleuten in Wirtschaft, Wissenschaft und Politik gläubige Anhänger. Die nüchternen Zeitgenossen wurden als Miesmacher, ihre Skepsis als unfruchtbare Bedenkenträgerei lächerlich gemacht. Doch diese Minderheiten hatten die Wahrheit auf ihrer Seite.

> *„Wer skeptisch war und geprüft hat, kam früh zu dem Ergebnis, dass das vielgepriesene und naiv bestaunte amerikanische Wirtschaftswunder nie stattgefunden hat. Es war ein Medienereignis – sonst nichts." (Malik, 2002)*

Der Abschwung der US-Wirtschaft seit Herbst 2000 überraschte die Skeptiker denn auch nicht, und dieser Abschwung beschränkte sich – im Unterschied zum Aufschwung der 1990er Jahre – nicht auf den informations- und telekommunikationstechnischen Bereich, sondern die Investitionen brachen auf breiter Front ein, und es gab schockartige Erschütterungen auch in der „Old Economy". Erinnert sei beispielsweise an das Debakel des großen amerikanischen Energieverteilers ENRON (Riecke, 2001).

Das seit zwei Jahrzehnten bekannte Muster, dass konjunkturelle Aufschwünge den langfristigen Stagnationstrend und die damit verbundene Verschlechterung der Beschäftigungslage nicht brechen konnten, wurde erneut bestätigt. Bestätigt wurde auch die seit der frühen Konjunkturforschung des 19. Jahrhunderst bekannte Erkenntnis, dass einem Aufschwung ein Abschwung folgt. Der jüngste Konjunkturabschwung war also durchaus vorherzusehen. Im Februar 2001, Monate vor den Terroranschlägen vom 11. September 2001, titelte bereits die Wirtschaftspresse „Riesige Entlassungswelle rollt über die USA" (HB, 2001/25) und legte im Juli des Jahres noch nach: „Der Riese taumelt" (Essers/Riecke, 2001). Der Terror und die weder klugen noch gar humanen Wertvorstellungen genügenden Gegenreaktionen haben die depressiven Tendenzen, die seit Mitte 2000 aufgekommen waren, dann noch verstärkt. Allerdings könnte gerade die Präferenz für die militärische Option der Terrorbekämpfung den USA einen rüstungswirtschaftlichen Aufschwung bescheren, wie er dem „Rüstungs-Keynesianismus" der Regierung Reagan in den 1980er Jahren schon einmal gelungen war. Es widerspräche jedoch der grundsätzlichen Absicht der folgenden Ausführungen, der durch die aktuelle Lage bedingten Aufregung und Unsicherheit zuviel Aufmerksamkeit zu widmen und darüber die längerfristige Perspektive zu vernachlässigen.

„Das Jahrhundert des Todes", wie Till Bastian das zwanzigste charakterisierte (Bastian, 2000), ist zwar in der Kalenderrechnung vorüber, aber auch nur dort. Alles andere – Machtpolitik, kapitalistische Wirtschaft, Krieg, Ungerechtigkeit, Verbrechen, Ausbeutung, Armut, Elend, Umweltzerstörung – gehen weiter. Die Weltbevölkerung ist gespalten in etwa 15% Prozent mehr oder weniger Reiche und 85% mehr oder weniger Arme. Die reichen Länder sind etwa deckungsgleich mit der alten kapitalistischen Welt. Sie wird nicht müde zu verkünden, dass von ihr das Heil für alle kommt und dass ihre Sanierungsrezepte für die Probleme der Menschheit die einzig richtigen sind. Doch weder sind soziale Ungerechtigkeit noch Wirtschaftskrisen und Massenarbeitslosigkeit überwunden worden. Warum das so ist, darum geht es in diesem Buch. Dazu ist schon viel geschrieben worden, und darauf können wir mit Dank zurückgreifen. Es gibt jedoch Aspekte, die in der Krisenliteratur bisher allenfalls am Rande betrachtet wurden. Darauf konzentrieren sich die folgenden Darlegungen. Erstens sollen Arbeit und Ausbeutung mit dem geschichtlich relativ jungen Phänomen der Arbeitslosigkeit in einer historischen Perspektive gesehen werden. Arbeit ist seit der Entstehung von Klassengesellschaften mit Ausbeutung verbunden. Die Geschichte der Zivilisation ist somit auch die Geschichte der ausgebeuteten Arbeit. Arbeitslosigkeit ist hingegen ein geschichtlich relativ junges Phänomen und war in den vorindustriellen Armutsökonomien keine Massenerscheinung im heutigen Sinn. Wir haben also den Übergang von der Ausbeutung zur Arbeitslosigkeit zu betrachten. Dazu sind theoretische Erklärungen zu referieren, die nicht neu, aber der breiteren Öffentlichkeit doch nur sehr unzulänglich bekannt sind. Zweitens geht es um eine kritische bis polemische Auseinandersetzung mit den von der herrschenden Wirtschaftslehre, der neoklassischen Schule und dem Neoliberalismus als ihrer wirtschafts- und gesellschaftspolitischen Anwendung, vertretenen Positionen. Hierbei wird auch auf die zur gegenwärtigen wirtschaftspolitischen Debatte in vielen Facetten analoge Kontroverse zum Ende der Weimarer Republik eingegangen. An Hand von vier markanten Reformpositionen aus der Großen Depression der 1930er Jahre wird die Ähnlichkeit von Problemen und Denkweisen damals und heute verdeutlicht. Drittens geht es um den Ideologiegehalt der politischen Ökonomie. Das erstaunliche Phänomen, dass die gegenwärtige Stagnationskrise schon vor mehr als einem halben Jahrhundert in ihrem Wesenskern prognostiziert wurde und dass auch wirtschaftspolitische Handlungsvorschläge umrissen wurden, dass aber davon bis heute von Politik und breiter Öffentlichkeit keine Kenntnis genommen wird, läßt sich nur als Ideologieeffekt begreifen. Generell spielt das ideologische Moment in der politischen Ökonomie wohl eine weitaus größere Rolle als in allen anderen wissenschaftlichen Disziplinen. Diese wichtige und interessante Frage wird in einem eigenen Kapitel erörtert.

Karl Georg Zinn

1. Arbeit – Fundament jeder Gesellschaft und kulturellen Entwicklung

Von Arbeitslosigkeit zu reden verlangt, auch von der historischen Bedeutung der Arbeit zu sprechen. Dies ist um so dringender geboten, als unserer angeblichen Arbeitsgesellschaft, die tatsächlich eine Kapitalgesellschaft ist, vermeintlich die Arbeit ausgeht. Doch nicht an Arbeit, sondern an anständig bezahlter Beschäftigung fehlt es. Im Zentrum unserer Ökonomie steht die Kapitalverwertung. Deshalb bildet auch die Frage nach den Bedingungen des rentabelsten Kapitaleinsatzes das Mittelpunktproblem der herrschenden Wirtschaftslehre. Arbeit ist „nur" Produktionsfaktor, an dem zufälligerweise Menschenleben hängen. Der kapitalorientierten Wirtschaftstheorie soll hier zwar keine arbeitsorientierte gegenübergestellt werden. Doch da wir es mit Massenarbeitslosigkeit zu tun haben, ist es geboten, wie gerade bemerkt wurde, sich gleich zu Beginn mit der Arbeit zu befassen.

a) Individuelle Leistung, Arbeitsteilung und gesellschaftliche Wertschöpfung

Vor etwa dreihundert Jahren begann sich die politische Ökonomie als eine selbständige Wissenschaft von der Staatsphilosophie zu lösen. Die ersten großen Autoren dieser später als Nationalökonomie und heute als Wirtschaftswissenschaft bezeichneten Disziplin gelangten bei ihrem

Nachdenken über die Quellen des Reichtums und die eigentliche Ursache der Wertschöpfung zu dem Ergebnis, dass es die menschliche Arbeit ist, aus der letztlich alle ökonomische Leistung entspringt. Adam Smith (1723 - 1790), dessen 1776 veröffentlichtes Hauptwerk „Eine Untersuchung über das Wesen und die Ursachen des Reichtums der Nationen" (An inquiry into the nature and causes of the wealth of nations) immer wieder als die Bibel der Nationalökonomen. bezeichnet worden ist, beginnt seine berühmte Schrift mit dem Satz:

> *„Die jährliche Arbeit eines Volkes ist die Quelle, aus der es ursprünglich mit allen notwendigen und angenehmen Dingen des Lebens versorgt wird, die es im Jahr über verbraucht. Sie bestehen stets entweder aus dem Ertrag dieser Arbeit oder aus dem, was damit von anderen Ländern gekauft wird." (Smith,1978,3)*

Diese sehr allgemeine Aussage spricht nur von Arbeit, ohne sie weiter zu spezifizieren in geistige und körperliche Arbeit, Arbeit verschiedener Qualität und unterschiedlicher Schwierigkeitsgrade sowie nach den mehr oder weniger langen Ausbildungszeiten, den Begabungsdifferenzen usw. Doch alle diese Besonderheiten der verschiedenen Arbeitsarten schränken die grundsätzliche Feststellung, dass Wertschöpfung auf der Arbeit des Menschen beruht, in keiner Weise ein. Vielmehr ist es Aufgabe der Wissenschaft, genauer zu ermitteln, in welchen Relationen die verschiedenen Arbeitsarten zueinander stehen. Im Gedankenexperiment kann man sich leicht vorstellen, dass es eine Art einfacher Arbeit gibt, die von jedem normal entwickelten, gesunden Menschen ausgeübt werden kann. Anspruchsvollere Tätigkeiten mögen dann als komplizierte Arbeit jeweils ein Vielfaches der einfachen Arbeit darstellen. Beispielsweise mag die Arbeitsstunde eines Facharbeiters als das Zweifache, die eines Ingenieurs als das Dreifache einer einfachen Arbeitsstunde gelten usw. Allen diesen konkret verschiedenen Arbeitsarten ist jedoch die gemeinsame Qualität eigen, menschliche Arbeit schlechthin oder – mit Marx' Begriff gesprochen – „abstrakte" Arbeit zu repräsentieren.

Der ökonomische Grundsachverhalt, dass Wertschöpfung auf Arbeit beruht, muß jedoch noch um den wesentlichen Aspekt ergänzt werden, dass menschliche Arbeit in aller Regel in einem sozialen Zusammenhang steht und als gesellschaftliche Arbeit geleistet wird. Der allgemein bekannte Begriff der Arbeitsteilung verweist darauf, dass die Arbeitsprozesse der Individuen aufeinander bezogen sind und die vom Einzelnen geleistete Arbeit sozusagen nur einen Baustein im ökonomischen Gesamtgebäude darstellt. Um im Bild zu bleiben: Wohnen kann man nur im Gebäude, nicht im einzelnen Stein. Wenn aber das einer Gesellschaft verfügbare Produktionsergebnis aus dem Zusammenwirken vieler unterschiedlicher Arbeiten entsteht, so wird es zumindest schwierig, den individuellen Beitrag hierzu exakt zu bestimmen, und letztlich ist jede Verteilung des *gemeinsam erarbeiteten gesellschaftlichen Gesamtprodukts* willkürlich und durch Macht- bzw. Eigentumsverhältnisse determiniert, wenn auch ein akzeptierter Verteilungsmechanismus wie beispielsweise die Marktkonkurrenz eine Art Verteilungsgerechtigkeit vorspiegeln kann. Nur aufgrund der individualistischen Gesellschaftsauffassung, wie sie im neuzeitlichen Europa aufgrund bestimmter historischer Bedingungen hervortrat, etablierte sich die Vorstellung, der Einzelne und seine individuelle Arbeitsleistung seien die entscheidenden Momente in diesem gesamtwirtschaftlichen Zusammenhang. Wenn wir in die biologische Entwicklungsgeschichte des Menschen und noch allgemeiner der Primaten zurückblicken, so wird deutlich, dass das Zusammenwirken mehrerer Individuen notwendig ist, um die Lebenserfordernisse, also auch die dazu notwendigen Arbeitsanforderungen zu bewältigen. Arbeitsteilung im umfassenden Sinn ist also eine evolutionsbiologisch verständliche Erscheinung. Bereits die einfache Addition der Arbeitskräfte verschiedener Individuen in der Form von koordinierter Gemeinschaftsarbeit stellt eine Vorform der Arbeitsteilung dar. Einen schweren Felsbrocken vor einen Höhleneingang zu wälzen, gelingt einem Einzelnen nicht, würde er sich auch lebenslang darum bemühen. Zwanzig kooperativ arbeitende Männer bewältigen die Aufgabe aber innerhalb kurzer Zeit.

Im Verlauf der historischen Entwicklung der Arbeitsteilung bildeten sich zwei deutlich unterscheidbare Arten heraus, deren gemeinsames Merkmal zwar in der Spezialisierung liegt, die aber bezüglich der Qualifikationen entgegengesetzten Polen zustreben. Die *berufliche Arbeits-*

teilung betrifft die Konzentration auf völlig verschiedene Tätigkeiten, die jeweils eine mehr oder weniger lange Lehr- und Erfahrungszeit bis zu ihrer vollkommenen Beherrschung verlangen. Diese berufliche Arbeitsteilung entwickelte sich zuerst. Relativ spät kam die *innerbetriebliche Arbeitsteilung* hinzu. Hierbei geht es um die Zerlegung eines als Ganzes anspruchsvollen Arbeitsprozesses, wie er bei der beruflichen Arbeitsteilung die Regel bildet, in einzelne, jeweils für sich relativ einfache, leicht zu lernende Arbeitsschritte. Im Ergebnis führte diese innerbetriebliche Arbeitsteilung zu monotonen bis deformierenden Tätigkeiten und machte die Menschen zu Anhängseln der Maschinerie. Während die berufliche Arbeitsteilung vor allem der Herstellung verschiedener Güter dient und die Produktivitätswirkung dieser Art der Arbeitsteilung allenfalls einen Nebeneffekt darstellt, kommt es bei der innerbetrieblichen Arbeitsteilung gerade auf die produktivitätssteigernde Wirkung an. Das berühmteste Veranschaulichungsbeispiel für die Rationalisierungswirkung der innerbetrieblichen Arbeitsteilung, das „Stecknadelbeispiel", verdanken wir wiederum Adam Smith:

> *„Ein Arbeiter, der noch niemals Stecknadeln gemacht hat und auch nicht dazu angelernt ist (erst die Arbeitsteilung hat daraus ein selbständiges Gewerbe gemacht), so dass er auch mit den dazu eingesetzten Maschinen nicht vertraut ist (auch zu deren Erfindung hat die Arbeitsteilung vermutlich Anlaß gegeben), könnte, selbst wenn er sehr fleißig ist, täglich höchstens eine, sicherlich aber keine zwanzig Nadeln herstellen. Aber so, wie die Herstellung von Stecknadeln heute betrieben wird, ist sie nicht nur als Ganzes ein selbständiges Gewerbe. Sie zerfällt vielmehr in eine Reihe getrennter Arbeitsgänge, die zumeist zur fachlichen Spezialisierung geführt haben. Der eine Arbeiter zieht den Draht, der andere streckt ihn, ein dritter schneidet ihn, ein vierter spitzt ihn zu, ein fünfter schleift das obere Ende, damit der Kopf aufgesetzt werden kann. Auch die Herstellung des Kopfes erfordert zwei oder drei getrennte Arbeitsgänge. Das Ansetzen des Kopfes ist eine eigene Tätigkeit, ebenso das Weißglühen der Nadel, ja selbst das Verpacken der Nadeln ist eine Arbeit für sich. Um eine Stecknadel anzufertigen, sind somit etwa 18 verschiedene Arbeitsgänge notwendig, die in einigen Fabriken jeweils verschiedene Arbeiter besorgen, während in anderen ein*

> *einzelner zwei oder drei davon ausführt. ... Hätten sie indes alle einzeln und unabhängig voneinander gearbeitet, noch dazu ohne besondere Ausbildung, so hätte der einzelne gewiß nicht einmal 20, vielleicht sogar keine einzige Nadel am Tag zustande gebracht. Mit anderen Worten, sie hätten mit Sicherheit nicht den zweihundertvierzigsten, vielleicht nicht einmal den vierhundertachtzigsten Teil von dem produziert, was sie nunmehr infolge einer sinnvollen Teilung und Verknüpfung der einzelnen Arbeitsgänge zu erzeugen imstande waren. (Smith, 1978, 9 f.)*

An dieses Zitat lassen sich nun einige wichtige Überlegungen zur arbeitsteiligen Produktion knüpfen. Auffällig ist bereits, dass Smith die produktivitätssteigernden Effekte nicht allein auf den technischen Fortschritt im engeren Sinn, also auf moderne Maschinerie und Ersatz von lebendiger Arbeit durch Produktionsanlagen im Sinn von Sachkapital gründet, sondern die veränderte *Organisation* des Arbeitsprozesses betont. Da jedoch diese effizientere Organisation der Arbeitsorganisation in großem Maßstab erst mit der Industriellen Revolution Platz zu greifen begann, bedurfte es wohl einer ähnlich langen kulturellen Entwicklung, um den sozialorganisatorischen Fortschritt voranzubringen, wie es beim technischen Fortschritt der Fall war. Gewiß gab es schon in der Antike – insbesondere im alten China – Ansätze innerbetrieblicher Arbeitsteilung, aber sie blieben ohne gesamtwirtschaftliche Durchschlagskraft. Smiths Stecknadelbeispiel lehrt uns also die außerordentliche Bedeutung von Veränderungen in der Organisation des Arbeitsprozesses für die Effektivität der Produktion. Wenn gegenwärtig die Abflachung von Hierarchien und die Neugestaltung der innerbetrieblichen Sozialbeziehungen im Kontext von schlanker Produktion und schlankem Management als produktivitätswirksames Instrument propagiert werden, so geht es wiederum primär nicht um Technik im eigentlichen Sinn, sondern um soziale Organisation. Solche sozialen Neuerungen sind zumindest in bestimmten Situationen weitaus wichtiger und wirksamer als etliche technische Modernisierungen. Dies gilt keineswegs nur auf der einzelwirtschaftlichen Ebene, sondern ebenso für die Gesamtwirtschaft. Es gehört allerdings zu den Fehlentwicklungen der jüngeren Vergangenheit, Reformen auf der makroökonomischen Ebene nach den Kriterien und Vorgaben einzelwirtschaftlicher bzw. betriebswirtschaftlicher Effizienzvostellungen durchführen zu wollen. Dieser mikroökonomische Fehlschluß verkennt die ganz anderen wirtschaftlichen und sozialen Anforderungen erfolgreicher makroökonomischer Politik. Beispielsweise wurde bei der forcierten Privatisierung und Deregulierung nicht beachtet, dass die materielle und immaterielle Infrastruktur nicht nach den gewinnwirtschaftlichen Anforderungen eines privatkapitalistischen Unternehmens entwickelt und gepflegt werden darf, wenn die langfristigen, auf das Wohl der gesamten Gesellschaft – in Gegenwart und Zukunft – gerichtete Verantwortung wahrgenommen werden soll. Das vermutlich immer noch reichste Land der Erde, die USA, leidet unter einer fortschreitenden Auszehrung seiner materiellen und immateriellen Infrastrukturen, was selbst in der „Welthauptstadt", Washington D. C., besichtigt werden kann, wenn die beigeisterten USA-Touristen es denn nur sehen möchten. Die steigende Bedeutung der Nachhaltigkeitsforderung des Wirtschaftens verbietet es eigentlich, lebenswichtige Versorgungs- und Entwicklungsaktivitäten zu „entstaatlichen" und den kurzfristigen, oft von Raubbau und Ausbeutung begleiteten Privatinteressen zu unterwerfen. Wir sehen inzwischen, wie die übereilte und durch den mikroökonomischen Fehlschluß bestimmte Privatisierungspolitik nicht selten zu erheblichen Qualitätsverlusten, ja Versorgungszusammenbrüchen (erinnert sei an die kalifornische Energiekrise oder das Debakel des siebtgrößten US-Konzerns, des Energiehändlers ENRON, im Herbst 2001), zu lebensgefährlichen Einsparungen bei der Sicherheit (etwa bei britischen Privateisenbahnen) und neuen – nunmehr privaten, vom Gemeinwesen nicht mehr kontrollierten – Monopolisierungen geführt hat. Die neoliberalistische Diffamierung des Vorsorgestaates liegt selbstverständlich im Interesse der Wohlhabenden, die auf öffentliche Güter kaum, auf staatliche Für- und Vorsorge gar nicht angewiesen sind und nur über die Steuerbelastungen klagen, die ihnen das Gemeinwesen zumisst. Ein zivilgesellschaftlich entwickelter Staat bedarf jedoch einer angemessenen finanziellen Grundlage. Die Steuerlastquote wird eher steigen als sinken müssen. Wie der deutsche Finanzwissenschaftler Adolph Wagner (1835 – 1917) in dem nach ihm benannten „Gesetz" bereits im 19. Jahrhundert konstatierte, überschreitet die staatliche Tätigkeit mehr und mehr den traditionellen „Macht- und Rechtszweck" und widmet sich dem „Kultur- und Wohlfahrtszweck". Das ist selbstverständlich keine im naturgesetzlichen Sinn verlaufende Entwicklung, sondern entspricht einer gesellschaftspolitischen Maxime. Es war auch kein Zufall, dass das „Wagnersche Gesetz" aus dem Geist der Historischen Schule der deutschen Nationalökonomen geboren wurde, also einer Schule, die dem klassischen Wirtschaftsliberalismus kritisch gegenüber stand. Das „Wagnersche Gesetz" läßt sich nicht nur als frühe Vorwegnahme der kritischen Formel von John Kenneth Galbraith über den „privaten Reichtum und die öffentliche Armut" interpretieren, sondern Wagner wußte auch, dass „öffentliche Armut" immer auch private Armut bedeutet. Denn es sind immer in besonderem Maße die ärmeren Einkommensschichten betroffen, wenn privatisiert, dereguliert und eine blinde Politik der Steuersenkungen betrieben wird. Der Jubel der Konzerne über den weltweiten Trend sinkender Unternehmensbesteuerung (HB, 2002, 41) bleibt zwar verhalten, denn man wird doch nicht das strategische Klagen über „hohe Steuerlasten" einstellen wollen, aber für Eingeweihte ist offenkundig, dass die reichen Länder – und nicht nur diese – die Steuerbelastungen immer mehr auf die Arbeitseinkommen konzentrieren und die Kapital- und sonstigen Besitzeinkommen kaum noch zur Finanzierung der Gemeinwesen beitragen. Im „Weltentwicklungsbericht 2000/2001", der unter dem Thema „Bekämpfung der Armut" steht, findet sich eine einschlägige Kritik:

> *„Armut ist nicht auf Entwicklungsländer beschränkt. Auch in einigen OECD-Ländern gibt es zum Teil größere Armutsherde. Zwar sind diese Länder alle wohlhabende Marktwirtschaften mit einem demokratischen System, doch führen ideologische Unterschiede und daraus resultierende Unterschiede bei der Unterstützung von Programmen zum Abbau von Armut seitens der Öffentlichkeit zu sehr unterschiedlichen Ausmaßen der Armut für die Bürger. ...*
> *Besonders auffällig ist die geringe Armut in den Niederlanden, die das Ergebnis von universellen Leistungen ist. ...(aber sie haben) allem Anschein*

nach nicht zu einem langsameren Wirtschaftswachstum geführt." (Armut, 2001, S. 140)

Es ist offenkundig, dass das Ausmaß der Armut in einer reichen Gesellschaft wesentlich von politischen und ideologischen Faktoren bestimmt wird, und das heißt, von der Machtverteilung und Machtausübung abhängt. Demokratie allein genügt eben noch nicht, um Armut zu vermeiden und damit eine unabdingbare Komponente zivilgesellschaftlicher Verhältnisse zu sichern, sondern eine Gesellschaft muß auch bestimmte sozialethische Werte ausbilden und befolgen. Die Demokratie eröffnet Möglichkeiten sozialen Fortschritts; sie auch zu nutzen, ist noch eine andere Sache.

Auf der gesamtwirtschaftlichen Ebene, wo es um die gesellschaftliche Organisation der Wirtschaft geht, spielt die soziale Innovation gegenüber der technischen eine noch weitaus größere Rolle als auf der mikroökonomischen Stufe. Die gegenwärtige Arbeitslosigkeit der reichen Volkswirtschaften ist ein Organisationsproblem der Makroökonomie und somit eine Machtfrage. Denn Organisationsentscheidungen sind Ausfluß von Macht. Läge die makroökonomische Organisationsmacht in Händen derjenigen, deren Arbeit organisiert wird, so wäre es möglich, eine andere Verteilung der Arbeit und damit der Einkommen zu verwirklichen und Vollbeschäftigung zu erreichen. In dem bereits zitierten Weltbankbericht zur Armutsbekämpfung wird immer wieder darauf hingewiesen, dass Armut ganz wesentlich davon abhängt, wie und in wessen Interesse Macht ausgeübt wird. Daher findet sich dort auch das vehemente Plädoyer, die Armen zu ermächtigen, ihr „Empowerment" – wie der terminus technicus lautet – zu fördern. Die Globalisierung, die inzwischen als modische Universalentschuldigung für beschäftigungspolitisches Versagen angeführt wird, verhindert die nationalstaatliche, auf die Binnenwirtschaft gerichtete Beschäftigungsförderung keineswegs. Der Vergleich von Frankreich und Deutschland in den Jahren 1997/8 bis 2001, also in der ersten Zeit der Amtsperiode der Regierungen Jospin und Schröder macht deutlich, dass entgegen dem Globalisierungsmythos, der Glauben machen möchte, nationale Wirtschaftspolitik sei faktisch auf reine Weltmarktanpassung beschränkt, doch erhebliche Spielräume für nationale Beschäftigungspolitik bestehen. Die auf Belebung der binnenwirtschaftlichen Nachfrage gerichtete Politik Frankreichs erzielte deutlich bessere Ergebnisse als die einseitige Exportorientierung Deutschlands (DIW, 40/01). In Frankreich sank die Arbeitslosenquote von 12,3% im Jahr 1997 auf unter 9% bis 2001; in Deutschland erwies sich der Rückgang als relativ bescheidener – von 9.9% 1997 auf etwa 9% 2001. Beide Länder erlebten nach dem jeweiligen Regierungswechsel in der zweiten Hälfte der 1990er Jahre zwar deutliche Beschäftigungszunahmen, aber auch hierbei sieht die französische Bilanz besser aus. Im Mehrjahresdurchschnitt (1997/98 – 2000) betrug der jährliche Beschäftigungszuwachs (einschließlich Teilzeitarbeit) in Frankreich 1.42% und in Deutschland 1.16% (Angaben nach OECD, 2001/1, 288). Die Sozialökonomie als Gesamtsystem ist in ihrer Entwicklung und ihrer Leistungsfähigkeit vornehmlich von problemgerechten organisatorischen Neuerungen abhängig. Bilden sie doch erst den mehr oder weniger passenden sozialkulturellen Rahmen, in dem sich technischer Fortschritt und mikroökonomische Modernisierung abspielen. Es sei bereits an dieser Stelle vermerkt, dass seit Beginn der jüngsten Weltwirtschaftskrise Mitte der 1970er Jahre ein zunehmender Widerspruch zwischen den angestrengten Modernisierungsbemühungen und der oft hysterischen Innovationspropaganda im mikroökonomischen Bereich einerseits und der rückschrittlichen Wirtschafts- und Gesellschaftspolitik auf der makroökonomischen Ebene andererseits sichtbar wurde. Erinnert sei beispielsweise an die zunehmenden Unzulänglichkeiten in dem für die langfristige Leistungskraft von Wirtschaft und Gesellschaft fundamentalen Bildungsbereich. Dieser Widerspruch bringt zumindest auf Dauer auch viele mikroökonomischen Innovationsanstrengungen um ihren Erfolg, weil die Fehlentwicklungen des Gesamtsystems die gesellschaftliche Absorptionsfähigkeit für Innovationen sukzessive verschlechtern. Wenn beispielsweise über einen mittleren Zeitraum hinweg die Masseneinkommen hinter dem gesamtwirtschaflichen Produktivitätswachstum zurückbleiben, so fehlt für den Durchbruch vieler Produktinnovationen einfach die breite Nachfrage, und es steigt die Gefahr von spekulativ überhöhten Fehlinvestitionen.

Im Zuge der Produktivitätssteigerung sinkt der für eine Gütereinheit notwendige Arbeitsaufwand. Die Rationalisierung bildet die wesentliche Voraussetzung für den Anstieg der mit dem verfügbaren Arbeitsvolumen produzierbaren Gütermenge. Damit erst wird die Möglichkeit eröffnet, die Einkommen aller steigen zu lassen, also das *intensive Wachstum* voranzubringen. Ohne Produktivitätswachstum liefert eine bestimmte Arbeitsmenge Jahr für Jahr das gleiche Produktionsresultat. Zwar kann die gesamtwirtschaftliche Wertschöpfung infolge des Bevölkerungswachstums, also durch Zunahme der Zahl der Arbeitskräfte, steigen, aber solches *extensives Wachstum* läßt eben die Wertschöpfung pro Arbeitskraft unverändert oder möglicherweise sinkt sie sogar. Der gesellschaftliche Reichtum stagniert, und individueller Reichtum ist nur durch Umverteilung zu erreichen. Während der kulturellen Entwicklungsgeschichte der Menschheit verharrte die Arbeitsproduktivität über Jahrtausende hinweg auf einem vergleichsweise tiefen Niveau, so dass Reichtumsanhäufung ausschließlich mittels ausbeuterischer Aneignung möglich war. Die große Masse der arbeitenden Menschen vegetierte am Rand des Existenzminimums, allerdings bei Arbeitszeiten, die meist deutlich unter denen lagen, die während der ersten 150 Jahre nach der Industriellen Revolution den Arbeitern abgepreßt wurden. Produktivitätswachstum bzw. Rationalisierung bildet jedoch nur eine notwendige, keineswegs eine hinreichende Bedingung dafür, dass es auch allen besser geht. Dazu bedarf es nämlich auch der breiten Beteiligung am Wohlstand, und die ist nur zu gewährleisten, wenn dem steigenden Produktionspotential auch die Nachfrage folgt, also die Masseneinkommen entsprechend zunehmen. Die Verteilungsfrage ist jedoch, wie schon mehrfach festgestellt, ein Machtproblem.

b) Notwendige Arbeit und Mehrarbeit – einige Grundbegriffe der Arbeitswertlehre

Die Arbeitswerttheorie wird von der herrschenden Wirtschaftslehre als „falsch“ verworfen. Daher spielen arbeitswerttheoretische Überlegungen in den Standardlehrbüchern der Ökonomie auch kaum eine Rolle. Allenfalls wird unter theoriegeschichtlichem Aspekt darauf verwiesen, um dann sofort die vermeintliche Abwegigkeit dieser Wertbegründung eloquent darzulegen. Die Arbeitswerttheorie wurde, wie dargelegt, von der klassischen Nationalökonomie als Selbstverständlichkeit betrachtet. Weit präziser und entschiedener als der „Vater" der klassischen Ökonomie, Adam Smith, vertrat das theoretische Oberhaupt der klassischen Schule, der Engländer David Ricardo (1772 – 1823), die Arbeitswerttheorie. Er begründete jenes Theorem, das als „Wertgesetz" bekannt ist, dass nämlich die Preisverhältnisse den in den Waren inkorporierten Arbeitsmengen entsprächen. Diese Vorstellung griff Karl Marx (1818 – 1883) auf und benutzte die Arbeitswertlehre als Grundlage seines großen Theoriegebäudes. Marx ist vor allem die Ausarbeitung der Mehrwerttheorie zu verdanken, die die Frage beantwortet, wieso arbeitslose Einkommen (Besitzeinkommen) entstehen können, wenn die Warenwerte nur durch die in den Gütern enthaltenen Arbeitsmengen bestimmt sind. Arbeit hat die Eigenschaft, mehr Wert zu erzeugen, als zur eigenen Reproduktion notwendig ist, und der damit anfallende Überschuß (Surplus) erst erlaubt, Investitionen vorzunehmen oder aber auch einen Grundherrn zu alimentieren.

Der wissenschaftliche Streit um die Arbeitswerttheorie hält bis heute an. In jüngster Zeit wurde erneut die Gültigkeit dieser Theorie nachzuweisen versucht, und dieser Versuch einer „Rehabilitation des Wertgesetzes" (Helmedag, 1994) löste eine heftige Kontroverse aus (Helmedag, 1997). Diese Debatte hat bisher nicht zu einer Widerlegung der Arbeitswerttheorie geführt.

Die Arbeitswerttheorie gehört zu den objektiven Werttheorien. Der Wert eines Gutes wird durch die für seine Produktion erforderlichen Ressourcen bestimmt, also im Fall der Arbeitswerttheorie durch die inkorporierte Arbeit. Es gibt jedoch Dinge, die Bedürfnisse befriedigen und sogar lebenswichtig sind wie beispielsweise die Atemluft, die aber keinen oder doch nur relativ geringen Arbeitsaufwand erfordern im Verhältnis zu der Wertschätzung, die sie genießen. Dieses Wertparadoxon – hoher Gebrauchswert bzw. große Nützlichkeit, aber kaum Arbeitsaufwand zur Herstellung – scheint der Arbeitswerttheorie zu widersprechen. Daher suchte die Ökonomie nach einer anderen Wertlehre, die jenes Paradoxon aufzulösen vermochte. Gefunden wurde die sogenannte subjektive Wertlehre. „Wert" gilt nicht als eine objektive Größe, sondern als „subjektive" Wertbestimmung. Ein Goldring stellt für den einen einen hohen (subjektiven) Wert dar, für einen anderen, der weder Ringe trägt noch sammelt, ist der Goldring als solcher (also nicht als eine Art Geldsubstitut, mit dem sich andere Dinge eintauschen lassen) wertlos. Das bis heute von den Ökonomen praktizierte Theoriegeplänkel, die objektive gegen die subjektive Wertlehre auszuspielen, verdeckt jedoch die Tatsache, dass im Grunde genommen zwei verschiedene Wertbegriffe vorliegen, so dass sich die beiden Werttheorien, die Antworten auf verschiedene Fragen geben, vereinbaren lassen. Jede Arbeitsmenge, die für die Produktion irgendeines Gutes aufgewandt wird, ist eine objektive Wertgröße, aber sie unterliegt zugleich einer subjektiven Bewertung. Derjenige, der die Arbeit leistet, muß entscheiden, ob das damit produzierte Gut ihm subjektiv so wertvoll ist, um sich der Arbeitsmühe zu unterwerfen und auf Freizeit zu verzichten. Doch wenn diese Entscheidung getroffen ist, dann sind es eben die Arbeitsmengen, welche in den produzierten Gütern stekken, die deren objektiven Wert, sozusagen die gemeinsame Qualität, Arbeitsprodukte zu sein bzw. abstrakte Arbeit zu repräsenieren, bestimmen. In der arbeitsteiligen Produktion entsteht ein Gesamtprodukt, dessen Wert der Gesamtheit der geleisteten Arbeit entspricht, wie immer dann die einzelnen Subjekte die Nützlichkeiten der Güter für sich bemessen. Die gesamtwirtschaftlich geleistete Arbeitsmenge repräsentiert sozusagen zugleich die Summe der subjektiven Werte, ist also eine Art Aggregat der Milliarden von einzelnen subjektiven Bewertungen durch die Individuen.

Wir wollen hier jedoch nicht weiter auf die Kontroverse zwischen den Vertretern der objektiven und der subjektiven Werttheorie eingehen. Für das Verständnis der historischen Bedeutung der Arbeit ist es wichtiger, sich über den Unterschied zwischen notwendiger Arbeit und Mehrarbeit Klarheit zu verschaffen. Diesem Apspekt gelten die folgenden Ausführungen.

Das naturalwirtschaftliche Modell von Arbeit und Mehrarbeit

Die Gesamtheit der Güterproduktion läßt sich grob in zwei Komponenten teilen. Güter, die für alle lebensnotwendig sind und von denen die einfache Reproduktion der Menschen abhängt, und alle anderen Güter. Letztere können das Leben angenehmer machen, für Investitionen verwandt werden, also die erweiterte Reproduktion ermöglichen, dem Luxusleben einer Oberschicht dienen, für Zerstörungsaktivitäten (Rüstung, Krieg) benutzt werden, oder aber es handelt sich infolge der Funktionsmängel eines Wirtschaftssystems um tauschwertlose Überproduktion, die irgendwie „entsorgt" werden muß.

Seit Beginn der menschlichen Kulturgeschichte läßt sich jener Unterschied zwischen Lebensnotwendigem und dem mehr oder weniger Überflüssigen erkennen. Da alle Produktion auf körperlicher und geistiger Arbeit beruht, läßt sich entsprechend der Trennung zwischen Notwendigem und dem darüber Hinausgehenden auch zwischen der *notwendigen Arbeit* und der *Mehrarbeit* unterscheiden.

Die notwendige Arbeit bringt das (lebens)*notwendige Produkt* hervor, und entsprechend erzeugt die Mehrarbeit ein *Mehrprodukt*; synonyme Bezeichnungen lauten Surplus-Produkt oder einfach *Surplus*. Diese Unterscheidung ist von so grundlegender weltgeschichtlicher Bedeutung, dass sie verdient, durch ein kleines Zahlenbeispiel griffiger gemacht zu werden. Stellen wir uns eine traditionelle Bauernfamilie vor, die in ihrem eigenen, abgabenfreien Betrieb noch praktisch alles selbst herstellt, was sie zum Leben benötigt. Der Bauer und seine arbeitsfähigen Familienmitglieder arbeiten an 300 Tagen im Jahr durchschnittlich 10 Stunden. Nehmen wir vier Arbeitskräfte an, so macht das 12.000 Arbeitsstunden im Jahr. Mit diesen 12.000 Stunden werde gerade die einfache Reproduktion der Familie, also das Lebensnotwendige gesichert, wozu auch der Ersatz des Saatgutes, die Reparatur der Arbeitsgeräte etc. gehören. Es bleibt nichts übrig, um sich irgendeinen kleinen Luxus zu leisten oder Verbesserungsinvestitionen vorzunehmen, sondern die Produktionsleistung umfaßt nur die sogenannte *einfache Reproduktion*. Da jedoch lediglich an 300 Tagen gearbeitet wird, also noch 65 arbeitsfreie Tage verfügbar bleiben, bestehen gewisse Arbeitsreserven. Wenn wir annehmen, der Bauer werde nun besteuert, müsse also Abgaben an irgendwelche Grundeigentümer oder sonstige Machthaber entrichten, so ist er gezwungen, die Arbeitszeit auszuweiten, um ein Mehrprodukt zu erwirtschaften, das als Abgabe in die Hände der Herrschenden wandert. Es besteht also aufgrund eines Machtverhältnisses ein Abgabezwang. Da die Zwangsabgabe dem Unterhalt der nicht arbeitenden Herrschaftsklasse dient, also keineswegs – wie etwa die Steuern in einem demokratischen Staat – für die Finanzierung von öffentlichen Gütern und somit zugunsten der arbeitenden Bevölkerung verwendet wird, handelt es sich um Ausbeutung, um Aneignung fremder Arbeit bzw. fremder Arbeitsprodukte. Nehmen wir in unserem fiktiven Rechenbeispiel einmal an, dass die Arbeitszeit der vier Arbeitskräfte der Bauernfamilie um 30 Tage von jeweils 10 Stunden, also insgesamt um 1200 Stunden oder 10 Prozent erhöht wird. Der mit dieser Mehrarbeit produzierte „Zehnte" dient also dem Unterhalt der nicht arbeitenden Herrschaftsschicht, die sich mit „List und Gewalt" oder wie auch immer in diese Position gebracht hat.

Das Verhältnis zwischen Mehrarbeit (1200 Arbeitsstunden im Jahr) und notwendiger Arbeit (12 000 im Jahr) entspricht dem Verhältnis von Mehrprodukt und notwendigem Produkt. Im vorliegenden Fall beträgt die Relation 1:10. Sie wird als Surplusrate bzw., soweit das Mehrprodukt von den Herrschenden angeeignet wird, als Mehrwertrate oder Ausbeutungsrate bezeichnet. Ein Mehrprodukt ist offenkundig überhaupt nur möglich, wenn die Arbeitsproduktivität einen Stand erreicht, der es erlaubt, das notwendige Produkt herzustellen, ohne die gesamte Arbeitsfähigkeit darauf verwenden zu müssen. Solange kein Mehrprodukt anfällt, kann es auch keine Klasse geben, die sich ein Mehrprodukt aneignet und selbst keine Arbeit leistet oder sich mit Tätigkeiten beschäftigt, die nicht zur notwendigen Reproduktion gehören, so „wertvoll" solche Tätigkeiten unter außerökonomischen Gesichtspunkten auch erscheinen mögen.

Arbeit und Mehrarbeit im geldwirtschaftlichen System

Die an Hand des landwirtschaftlichen Zahlenbeispiels erläuterte Unterscheidung zwischen notwendiger und Mehrarbeit bzw. notwendigem und Mehrprodukt läßt sich auf alle Produktionen und Produktionsverhältnisse übertragen. Wenn wir sie auf ein kapitalistisches Wirtschaftssystem anwenden, in dem Lohnarbeiter für ihre Arbeitsstunden in Geldlöhnen bezahlt werden, verliert sich zwar die Durchsichtigkeit der Verteilungsverhältnisse, denn scheinbar wird ja die gesamte geleistete Arbeit entgolten, weil für jede einzelne Arbeitsstunde der vereinbarte Stundenlohn gezahlt wird. Doch dass die insgesamt geleisteten Arbeitsstunden des einzelnen Arbeiters wie aller Arbeiter zusammen, also des „gesellschaftlichen Gesamtarbeiters", eine über die Lohnsumme hinausgehende Wertschöpfung erbringen müssen, ist unter kapitalistischen Verhältnissen ein systemlogisches Erfordernis. Denn die gesamte Wertschöpfung teilt sich in Arbeitseinkommen und Besitzeinkommen. Letztere repräsentieren den Mehrwert, der auf der Mehrarbeit beruht und jenem Anteil des Mehrprodukts entspricht, der nicht den Arbeitskräften zufließt; im Extremfall wird also das gesamte Mehrprodukt von den Kapitaleignern beansprucht. Wenn wir die Vergütungskonstellation des einzelnen Lohn- bzw. Gehaltsempfängers unter dem Aspekt der Aufteilung in notwendige und Mehrarbeit ins Auge fassen, so ergibt sich prinzipiell folgende Situation, die der Anschaulichkeit halber wieder mit einigen Zahlen erläutert sei. Unterstellt, es werden 36 Stunden pro Woche gearbeitet. Es entstehe eine Wertschöpfung von 3000 Geld- bzw. Wertschöpfungseinheiten. Der Stundenlohn betrage einschließlich der Lohnnebenkosten vor Abzug der Steuern und Sozialabgaben 50 Geld- bzw. Wertschöpfungseinheiten. Somit beläuft sich der Wochenlohn auf 2000, und es bleiben von der Wertschöpfung 1000 Einheiten als Mehrwert, der auf die verschiedenen Besitzeinkommen (= Kapitalgewinn i. e. S., Immobilienrenten, Zinsen) entfällt. Vom Bruttoarbeitseinkommen sind dann Steuern und Sozialabgaben zu entrichten – beispielsweise 30 Prozent, also 600 Wertschöpfungseinheiten, so dass als Nettoarbeitseinkommen 1400 bleiben. Die hier als Lohn bezeichnete Einkommensart umfaßt selbstverständlich auch Gehälter, also die Arbeitseinkommen der Manager, leitenden Angestellten usw. Deshalb ist darin auch der sogenannte Unternehmerlohn als fiktives Arbeitseinkommen enthalten, das die Arbeitsleistung eines Kapitaleigners entgilt, die er bei der selbständigen Führung seines Unternehmens erbringt.

	Sozialprodukt-einheiten	Arbeits-stunden
gesamte Wertschöpfung	3000	36
abzüglich Arbeitskosten bzw. -einkommen	2000	24
verbleibt Besitzeinkommen	1000	12

Es war angenommen worden, dass Steuern und Abgaben 30% auf die jeweiligen Bruttoeinkommen betragen. Somit ergibt sich noch folgende Berechnung der Nettoeinkommen.

	Sozialprodukt-einheiten	Arbeits-stunden
Bruttoarbeitseinkommen	2000	24
Steuern u. Abgaben	600	7,2
Nettoarbeitseinkommen	1400	16,8
Bruttobesitzeinkommen	1000	12
Steuern u. Abgaben	300	3,6
Nettobesitzeinkommen	700	8,4

Die meisten werden sich daran erinnern, dass dem Publikum von Zeit zu Zeit in der Presse und im Fernsehen mitgeteilt wird, wieviele Arbeitsstunden oder Arbeitstage „Otto Normalverbraucher“ für die Steuer gearbeitet hat. Solche Rechnungen werden selbstverständlichn von Verbänden oder Vereinen vorgenommen, die daran interessiert sind, das staatliche Gemeinwesen als „Steuerstaat“ in schlechtes Licht zu rücken. Doch der ganz analoge Fall, dass auch eine bestimmte Arbeitsmenge für die Alimentierung der Besitzeinkommen erbracht werden muß, ist selbstverständlich kein Thema für die Medien und die Hintermänner. Der Anteil am Mehrprodukt, der auf die Besitzeinkommen entfällt, stellt jedoch auch eine Art Steuer, also eine Zwangsabgabe dar. Es ließe sich von einer privatkapitalistischen „Erlaubnissteuer" sprechen. Sie muß von jedem/r entrichtet werden, der/die Erlaubnis braucht, als abhängig beschäftigte Erwerbsperson den Lebensunterhalt zu verdienen. Die vorstehende Überlegung und die zugrundeliegenden Rechenbeispiele lösen bei ökonomisch Vorgebildeten selbstverständlich Befremden aus. Denn zur landläufigen ökonomischen Vorbildung gehört gerade nicht, in Kategorien der Arbeitswertlehre zu denken und zu rechnen. Deshalb war dies hier nachzutragen.

Das Nettoarbeitseinkommen unseres Rechenbeispiels in Höhe von 1400 mag nun gerade zum existenzminimalen Lebensunterhalt genügen, darunter liegen oder aber darüber hinausgehen. Je nachdem läßt sich konstatieren, dass dem Arbeiter ausschließlich die notwendige Arbeit, nicht einmal diese oder aber auch noch ein Teil der Mehrarbeit entgolten wird. Die Abgrenzung mag im Einzelfall ungenau und umstritten sein, im Grundprinzip ist der Verteilungsmodus aber eindeutig: Besitzeinkommen beruht auf Mehrarbeit, die von den Besitzenden angeeignet wird, und keine Arbeitskraft wird auf Dauer in einem gewinnwirtschaftlichen Unternehmen beschäftigt, wenn keine Mehrarbeit geleistet wird und kein Mehrwert realisiert werden kann. Wir haben also erkannt, dass der Mensch als Arbeit Leistender in der Lage ist, mehr als das zu produzieren, was für seinen und seiner Familie Lebensunterhalt erforderlich ist. Arbeit hat die Eigenschaft, sozusagen den Gebrauchswert, mehr hervorzubringen als ihre bloße (einfache) Reproduktion verlangt. Der Reproduktions-Wert der „Ware Arbeitskraft" ist also niedriger als ihr Gesamtwert. Entlohnt wird die Ware Arbeitskraft unter ihrem Gesamtwert, und die Differenz zwischen Gesamtwert und Lohneinkommen steigt in der Regel mit zunehmender Arbeitsproduktivität im Verlauf des technischen Fortschritts, soweit nicht Arbeitszeitverkürzungen und/oder Lohnerhöhungen jene Differenz in etwa stabilisieren. Die häufig als angemessen oder gar gerecht charakterisierte produktivitätsorientierte Lohnpolitik, d.h. die Löhne wachsen prozentual wie die Produktivität, läßt jene Differenz aus Gesamtwert und Reproduktionswert der Arbeit keineswegs konstant, sondern sie nimmt absolut zu. Auch hier mag ein Rechenbeispiel die Sache verdeutlichen. Ein Ingenieur verdiene bei einer 40-Stunden-Woche 60 000 Euro pro Jahr. Der Gesamtwert seiner Arbeit betrage 100 000 Euro. Die Differenz zwischen Gesamtwert und Reproduktionswert beläuft sich also auf 40 000 Euro. Angenommen die Arbeitsproduktivität steige um 10% und auch das Gehalt des Ingenieurs werde um 10% angehoben, so wird jene Differenz auf 44 000 Euro (= 110 000 – 66 000) vergrößert. Auch die produktivitätsorientierte Lohnpolitik läßt also den Abstand zwischen Besitz- und Arbeitseinkommen steigen.

Alternative Verwendungsmöglichkeiten des Mehrprodukts

Wie bereits erwähnt, kann das Mehrprodukt für völlig verschiedene Zwecke verwandt werden. Im Laufe der vorindustriellen Geschichte diente der weitaus größte Teil des Mehrprodukts dem Unterhalt der herrschenden, von Arbeit entbundenen Klasse (Adel, Klerus). Doch ein gewisser Teil des Mehrprodukts wurde auch investiert, also für die Verbesserung der wirtschaftlichen Leistungsfähigkeit der Gesellschaft eingesetzt. Je höher der investierte Anteil des Mehrprodukts einer Gesellschaft war, desto günstiger entwickelte sich in aller Regel deren Ökonomie. Vor allem läßt sich dies an den großen außereuropäischen Hochkulturen mit umfangreichen hydrotechnischen Investitionen wie im alten China, im frühen Ägypten oder dem vorkolumbianischen Mittel- und Südamerika erkennen. Gesellschaften, die ihr Mehrprodukt hingegen ausschließlich für den typischen unproduktiven Herrschaftskonsum, also Luxus, Repräsentation und Militär bzw. Kriegführung verwandten, bereiteten sich ökonomisch den Weg in Abstieg und Untergang. Dieser einfache Sachverhalt trifft heute auf jene Entwicklungsländer zu, deren Gewaltherrscher nicht nur die Menschen ausbeuten, sondern das Mehrprodukt für ihr privates Luxusleben und den polizeistaatlichen Machterhalt einsetzen. Es besteht also ein Unterschied, ob Ausbeutung nur dem Verschwendungskonsum dient oder aber Entwicklungszwecken zugute kommt. Millionen Menschen zu schinden, um einen Kanal bauen – wie beispielsweise den 1900 km langen „Großen Kanal" der chinesischen Sui-Dynastie (581-618) – oder aber Pyramiden errichten zu lassen, bedeuten für Gesellschaft und Staat verschiedene Dinge.

Produktivitätswachstum läßt die notwendige Arbeit sinken, die Mehrarbeit in der Regel steigen

Die Geschichte ist natürlich nicht zu Ende. Seit 200 Jahren gilt für die Entwicklung der reichen Länder die Faustformel „mehr Technik = höheres Einkommen, aber kürzere Arbeitszeiten", und nach dieser Formel lassen sich die wirtschaftlichen Probleme auch in Zukunft lösen. Die „Formel" beschreibt aber kein historisches Gesetz, sondern eine Handlungsmaxime. Wo sie mißachtet wird, kommt es zu Krisen. Doch kehren wir zu unserem Bauernhof zurück. Wenn im Laufe vieler Generationen doch die eine oder andere Produktionsverbesserung durchgeführt wird, also langsam technischer Fortschritt stattfindet, so dass sich die Arbeitsproduktivität erhöht, so sinkt die notwendige Arbeit und der auf die Mehrarbeit entfallende Anteil nimmt entsprechend zu. Machen wir einen Produktivitätssprung um 100 Prozent: Statt der 12000 Jahresarbeitsstunden benötige die Bauernfamilie nur noch 6000, um die lebensnotwendigen Güter herzustellen. Wenn nach wie vor 13200 Jahresarbeitsstunden geleistet werden, so beträgt die Mehrarbeit 7200 Stunden, und die Mehrwertrate ist auf 7200/6000 = 1,2 gestiegen. Damit ist auch das Mehrprodukt entsprechend gewachsen; es beträgt nun das 1,2-fache des notwendigen Produkts. Es dürfte jetzt nicht schwerfallen, sich noch größere Produktivitätssteigerungen vorzustellen, wie sie der technische Fortschritt im Verlauf der vergangenen 200 Jahre hervorgebracht hat. Auch wenn berücksichtigt wird, dass das notwendige Produkt einer industrialisierten, urbanisierten, an Bildung und Ausbildung relativ hohe Anforderungen stellenden Gesellschaft erheblich über dem der vorindustriellen Gesellschaften liegt, so besteht kein Zweifel daran, dass die Anteile der Mehrarbeit an der gesamten Arbeitsleistung bzw. des Mehrprodukts am gesamten Produktionsergebnis einer modernen Volkswirtschaft um ein Vielfaches über den Werten aus der vorindustriellen Epoche liegen. Dem Wachstum der Arbeitsproduktivität folgte das der Masseneinkommen. Allerdings nahmen die Besitzeinkommen in der Regel überproportional zu, und die absoluten Abstände zwischen den Einkommensschichten vergrößerten sich erheblich. Die absoluten Abstände steigen ja bereits wie erwähnt schon dann, wenn alle Einkommen in der Verteilungspyramide gemäß dem „Fahrstuhleffekt" mit gleichem Prozentsatz erhöht werden, also eine produktivitätsorientierte Lohnpolitik praktiziert wird. Der allgemeine Einkommenszuwachs bringt die reichen kapitalistischen Volkswirtschaften – nach einer längeren Friedensperiode – aber in die paradoxe Lage, dass der produzierbare Reichtum nicht mehr voll und kontinuierlich absorbiert wird. Aufgrund von relativer Sättigung und zunehmender Geldvermögensbildung der höheren und oberen Einkommensschichten treten Nachfrageschwächen auf, die dann die Aufrechterhaltung der Vollbeschäftigung mehr und mehr gefährden. Dieser Sachverhalt stellt einen zentralen Ursachenfaktor der gegenwärtigen Krise dar. Deshalb werden wir uns in einem späteren Abschnitt ausführlich damit befassen. Im Moment soll jedoch nur herausgestellt werden, dass der große menschheitsgeschichtliche Erfolg, den der technische Fortschritt mit der stark steigenden Arbeitsproduktivität bedeutet, nicht gesellschaftlich „vernünftig" genutzt wird. Vernünftig heißt, die Verteilung und die Produktion so zu organisieren, dass alle Menschen einen dem historischen Entwicklungsstand angemessenen Lebensstandard erreichen und Arbeitslosigkeit vermieden wird. Beides mißlang den kapitalistischen Reichtumsökonomien immer wieder. Die jüngste Wirtschaftskrise, die ja mit dem höchsten Reichtumsniveau in der Geschichte der entwickelten Länder zusammenfällt, zeugt zugleich vom organisatorischen Versagen gegenüber jenen humanen Anforderungen. Dass der sogenannte Realsozialismus gescheitert ist, kann dabei weder trösten noch die eigene Misere entschuldigen, auch wenn das Ende des ersten umfassenderen Planwirtschaftsexperiments der neueren Geschichte der ideologischen Legitimation des Kapitalismus einen unverhofften Bonus zugespielt hat.

c) Wieviel Gutes schafft das Böse? – Gedankenausflug eines Philosophen

Das Bewußtsein dafür, dass die Weltgeschichte im Grunde die Weltgeschichte der Arbeit ist, schwindet wieder. Die Arbeiterbewegung, die jener Tatsache ihr Selbstvertrauen und ihre Zuversicht verdankte, leidet heute verwirrt und ohne klare Zukunftsorientierung unter Auflösungstendenzen. Bereits die Bezeichnung „Arbeiterbewegung" klingt obsolet, weil sich nur noch eine Minderheit der abhängig Beschäftigten als „Arbeiter" begreift. Es fehlt eben die notwendige Begriffsarbeit, um allen, die die gemeinsame Lage teilen, von der ökonomischen Machtelite abhängig zu sein, diese der eigenen Kontrolle entzogene Existenzbedingung bewußt zu machen, sozusagen die faktische Klassenlage auch denken und fühlen zu können. Die niederwalzenden Informationsmaschinen der Profitwelt sind dabei, die regulative Idee der Emanzipation des Menschengeschlechts aus dem Bewußtsein zu pressen, und die platt gedrückten Gedanken beschäftigen sich im Übermaß mit den animalischen Konsumbedürfnissen, vielleicht gerade deshalb, weil die große Mehrheit sie schlechter und schlechter befriedigen kann. Eine fatale Reduktion aufs Notwendigste und auf die Ärmlichkeiten der vorindustriellen Epoche ist im Gange, als ob es wie ehedem nur ums nackte Überleben gehen müßte. Doch was unter den vergleichsweise rückständigen technisch-wirtschaftlichen Bedingungen der Armutsökonomien, in denen sich die Menschheit über Jahrtausende ihren kulturellen Aufstieg buchstäblich abhungern mußte, unabänderlich gewesen war, ist in der Gegenwart der Rückständigkeit der sozialökonomischen Organisation der Reichtumsökonomien geschuldet.

Die kulturelle Entwicklung der Menschheit basierte auf der ausgebeuteten Arbeit der großen Masse und der Anstrengung jener kleinen

Geisteselite, die von der Machtelite meist mehr schlecht als recht ausgehalten wurde, doch eben deshalb auch das stets profitable Geschäft der Ausbeutung fremder Arbeit ambivalent erfuhr. Der Philosoph Arthur Schopenhauer (1788 – 1860) hat in seiner kurzen Abhandlung „Zur Rechtslehre und Politik" (Erstveröffentlichung 1851) jene historische Ambivalenz der Ausbeutung beispielhaft beschrieben. Ausbeutung stellt extreme Inhumanität dar und widerspricht allen Bekenntnissen zu den Menschenrechten, aber ohne sie hätte es kaum kulturellen Fortschritt gegeben. Denn aller Luxus gründet auf Ausbeutung, und Luxus war der Motor kulturellen Aufstiegs. Der Luxus ist die Mutter des technischen Fortschritts, und dieser schuf die Voraussetzungen, um Ausbeutung und Armut[1] historisch zu überwinden. Heute ist diese Jahrtausende alte Utopie technisch-wirtschaftlich möglich geworden. Von ihrer Realisierung trennen uns keine naturbedingten Knappheiten oder gar naturgesetzlichen Zwänge, sondern die Rückständigkeit der sozialökonomischen Organisation. Nicht nur dass der immense Reichtum extrem ungleich verteilt ist, sondern die anachronistischen Produktionsverhältnisse verhindern sogar, dass der potentielle Reichtum überhaupt vollständig produziert wird. Denn in der Gegenwart ist Arbeitslosigkeit eben nicht dem Mangel an komplementären Ressourcen geschuldet, sondern äußere Erscheinung der verdeckten Fehlorganisation der Makroökonomie. Die Stabilisierung der inhumanen Verhältnisse hat viele geschichtlich bedingte Gründe. Einen wesentlichen Faktor stellt dabei die ideologische Herrschaft über das Bewußtsein der Massen dar. Mit dem Ideologieproblem werden wir uns zwar später noch ausführlich befassen, aber bereits an dieser Stelle erscheinen einige kurze Hinweise sinnvoll. Ideologische Macht basiert nicht auf völlig weltfremden Dogmen, sondern muß, um das Denken der Menschen bestimmen zu können, den Anschein einer realitätstüchtigen Weltdeu-

1 Armut wird heute im allgemeinen als *relative Armut* verstanden, d.h. die Lebenslage eines Individuums, einer Familie oder Gruppe muß in Bezug zur jeweiligen sozialökonomischen Umwelt, also zum historischen Entwicklungsstand der Gesellschaft gesetzt werden. Als (relative) Einkommensarmut gilt dabei in der Regel ein Einkommensniveau, das unter 50% eines Bezugswertes (statistisches Durchschnittseinkommen, Median-Einkommen) liegt. (Kaiser, 1997, 653)

tung erwecken. Dies ist nicht möglich, ohne der Wirklichkeit der Alltagserfahrungen angepaßt zu sein. Ideologien müssen dem Massenverstand plausibel erscheinen, und Plausibilität resultiert aus der Übereinstimmung bereits erlernter Deutungsmuster mit den neuen Interpretationsformeln. Ideologien deuten die Realität von einem bestimmten Interessenstandpunkt aus. Es kommt also darauf an, der breiten Öffentlichkeit zu vermitteln, dass jener Interessenstandpunkt auch ihr eigener ist. Ideologien verfälschen also nicht ganz und gar, sondern das Falsche besteht in der Einseitigkeit, in der halben Wahrheit, die als ganze ausgegeben wird, und der Manipulation des Denkens, dass sozusagen fremde Interessen als die eigenen zu denken bestimmt wird. Auch dieser Mechanismus der Verführung zur ideologischen Plausibilität läßt sich an Hand des bereits angekündigten Schopenhauer-Textes gut studieren.

Die zur Mitte des 19. Jahrhunderts während der Aufstiegszeit des Hochkapitalismus entstandene analytische Betrachtung Schopenhauers über die historische Bedeutung der Ausbeutung zeigt, wie sich eine scharfsichtige Realitätswahrnehmung mit der ideologischen Selbstrechtfertigung eines von der Aneignung fremder Arbeit profitierenden Rentiers – Schopenhauer lebte von den Erträgen aus seinem ererbten Vermögen – verbindet und eine plausible Legitimation der Ausbeutung dadurch entwickelt wird, dass ein bißchen Wahrheit zur ganzen Wahrheit aufgebläht wird. Es ist schon bemerkenswert, wie ein genialer Kopf, dem die politische Ökonomie im großen und ganzen eher als niedriges Tagesgezänk erschien, an das er kaum Gedanken verschwenden wollte, dort, wo er sich dennoch zur politischen Ökonomie äußerte, die fundamentalste Frage dieser Wissenschaft aufgriff, die Frage nach der historischen Bedeutung der Arbeit. Keinen Zweifel läßt Schopenhauer aufkommen, dass Arbeit Grundlage aller Kultur ist und dass es nur „List und Gewalt“ sind, die die kleinen Arbeitserträge der Vielen zum großen Reichtum der Wenigen anhäufen, aus dem dann die Investitionen und die scheinbar nutzlosen Tätigkeiten alimentiert werden, deren der kulturelle Aufstieg unabdingbar bedarf.

„Zwischen Leibeigenschaft, wie in Rußland, und Grundbesitz, wie in England, und überhaupt zwischen Leibeigenen und dem Pächter, Einsas-

sen, Hypothekenschuldner u. dgl. m., liegt der Unterschied mehr in der Form als in der Sache. Ob mir der Bauer gehört, oder das Land, von welchem er sich nähren muſs; der Vogel, oder sein Futter; die Frucht oder der Baum; ist im Wesentlichen wenig verschieden...
Armuth und Sklaverei sind also nur zwei Formen, fast möchte man sagen zwei Namen, der selben Sache, deren Wesen darin besteht, dass die Kräfte eines Menschen groſsentheils nicht für ihn selbst, sondern für Andere verwendet werden; woraus für ihn theils Ueberladung mit Arbeit, theils kärgliche Befriedigung seiner Bedürfnisse hervorgeht. Denn die Natur hat dem Menschen nur so viel Kräfte gegeben, dass er, unter mäſsiger Anstrengung derselben, seinen Unterhalt der Erde abgewinnen kann; groſsen Ueberschuſs von Kräften hat er nicht erhalten. Nimmt man nun die gemeinsame Last der physischen Erhaltung des Daseyns des Menschengeschlechts einem nicht ganz unbeträchtlichen Theile desselben ab; so wird dadurch der übrige übermäſsig belastet und ist elend. So zunächst entspringt also jenes Uebel, welches entweder unter dem Namen der Sklaverei, oder unter dem des Proletariats, jederzeit auf der groſsen Mehrzahl des Menschengeschlechts gelastet hat. Die entferntere Ursache desselben aber ist der Luxus. Damit nämlich einige Wenige das Entbehrliche, Ueberflüssige und Raffinirte haben, ja, erkünstelte Bedürfnisse befriedigen können, muſs auf dergleichen ein groſses Maaſs der vorhandenen Menschenkräfte verwendet und daher dem Nothwendigen, der Hervorbringung des Unentbehrlichen, entzogen werden. Statt Hütten für sich, bauen Tausende Prachtwohnungen für Wenige; statt grober Stoffe für sich und die Ihrigen, weben sie feine, oder seidene Stoffe, oder gar Spitzen für die Reichen, und verfertigen überhaupt tausend Gegenstände des Luxus, die Reichen zu vergnügen. Aus solchen Luxusarbeitern besteht ein groſser Theil der Bevölkerung der Städte: für diese also und ihre Besteller muſs nun der Bauer mit pflügen, säen und weiden, hat also mehr Arbeit, als die Natur ihm ursprünglich aufgelegt hatte. Ueberdies muſs auch er selbst noch viele Kräfte und Land, statt auf Getraide, Kartoffeln und Viehzucht, auf Wein, Seide, Tabak, Hopfen, Spargel u.s.w. verwenden. Ferner werden eine Menge Menschen dem Ackerbau entzogen, um dem Schiffbau und der Seefahrt zu dienen, damit Zucker, Kaffee, Thee u.s.w. herbeigeschafft werde. Die Produktion dieser Ueberflüssigkeiten wird dann wieder die Ursache des Elends jener Millionen Negersklaven, die ihrem

Vaterlande gewaltsam entrissen werden, um mit ihrem Schweiß und ihrer Marter jene Gegenstände des Genusses hervorzubringen. Kurz, ein großer Theil der Kräfte des Menschengeschlechts wird der Hervorbringung des Allen Nothwendigen entzogen, um das ganz Ueberflüssige und Entbehrliche für Wenige herbeizuschaffen. So lange daher auf der einen Seite der Luxus besteht, muß nothwendig auf der andern übermäßige Arbeit und schlechtes Leben bestehn; sei es unter dem Namen der Armuth, oder dem der Sklaverei, der proletarii, oder der servi. Zwischen Beiden ist der Fundamentalunterschied, dass Sklaven ihren Ursprung der Gewalt, Arme der List zuzuschreiben haben. Der ganze unnatürliche Zustand der Gesellschaft, der allgemeine Kampf, um dem Elend zu entgehn, die so viel Leben kostende Seefahrt, das verwickelte Handelsinteresse und endlich die Kriege, zu welchen das Alles Anlaß giebt, – alles Dieses hat zur alleinigen Wurzel den Luxus, der nicht ein Mal Die, welche ihn genießen, glücklich, vielmehr kränklich und übelgelaunt macht. Demnach würde zur Milderung des menschlichen Elends das Wirksamste die Verminderung, ja Aufhebung des Luxus seyn. Dieser ganze Gedankengang nun hat unstreitig viel Wahres. Dennoch wird er im Resultat widerlegt durch einen andern, den überdies das Zeugniß der Erfahrung bekräftigt. Was nämlich durch jene dem Luxus fröhnenden Arbeiten, das Menschengeschlecht an Muskelkräften (Irritabilität) für seine nothwendigsten Zwecke verliert, wird ihm allmählig tausendfach ersetzt durch die gerade bei dieser Gelegenheit frei (im chemischen Sinn) werdenden Nervenkräfte (Sensibilität, Intelligenz). Denn da diese höherer Art sind, so übertreffen auch ihre Leistungen tausendfach jene der ersteren...
Ein Volk aus lauter Bauern würde wenig entdecken und erfinden: aber müßige Hände geben thätige Köpfe. Künste und Wissenschaften sind selbst Kinder des Luxus, und sie tragen ihm ihre Schuld ab. Ihr Werk ist jene Vervollkommnung der Technologie in allen ihren Zweigen, in den mechanischen, den chemischen und den physikalischen, welche in unsern Tagen das Maschinenwesen zu einer früher nie geahndeten Höhe gebracht hat und namentlich durch Dampfmaschinen und Elektricität Dinge leistet, welche frühere Zeiten der Hülfe des Teufels zugeschrieben haben würden. Da verrichten jetzt, in Fabriken und Manufakturen jeder Art, mitunter auch beim Feldbau, Maschinen tausend Mal mehr Arbeit, als die Hände aller jetzt müßigen Wohlhabenden, Gebildeten und Kopfarbeitenden jemals vermocht

hätten, und als mithin durch Abstellung alles Luxus und Einführung eines allgemeinen Bauernlebens je erreicht werden könnte. Die Erzeugnisse aller jener Betriebe aber kommen keineswegs den Reichen allein, sondern Allen zu Gute. Dinge, die ehemals kaum zu erschwingen waren, sind jetzt wohlfeil und in Menge zu haben, und auch das Leben der niedrigsten Klasse hat an Bequemlichkeit viel gewonnen. ... Wenn das Maschinenwesen seine Fortschritte in dem selben Maaße noch eine Zeit hindurch weiter führt; so kann es dahin kommen, dass die Anstrengung der Menschenkräfte beinahe ganz erspart wird; wie die eines großen Theils der Pferdekräfte schon jetzt. Dann freilich ließe sich an eine gewisse Allgemeinheit der Geisteskultur des Menschengeschlechts denken, welche hingegen so lange unmöglich ist, als ein großer Theil desselben schwerer körperlicher Arbeit obliegen muß; da Irritabilität und Sensibilität stets und überall, im Allgemeinen wie im Einzelnen, im Antagonismus stehn; eben weil die eine und selbe Lebenskraft Beiden zum Grund liegt. Weil ferner artes molliunt mores (die Künste die Sitten verfeinern: Ovid, epist. ex Ponto, II, 9, 48); so werden alsdann die Kriege im Großen und die Raufereien, oder Duelle, im Kleinen vielleicht ganz aus der Welt kommen; wie Beide schon jetzt viel seltener geworden sind. Doch ist hier nicht mein Zweck, eine Utopie zu schreiben. -" (Schopenhauer, IX, 265 ff.)

Wer kaum mehr als den Namen des zitierten Autors gehört hat, den wird die vorstehende Passage nicht überraschen, doch wer ihn als „pessimistischen" Philosophen kennt, für den Fortschritt und geschichtliche Entwicklung keine eigentlichen Themen seiner Philosophie bilden, dürfte wohl ein gewisses Erstaunen verspüren angesichts jener materialistischen Geschichtsdeutung: die Arbeit bzw. Ökonomie als Grundlage aller Kultur; die Kultur als technisch fortschrittlicher Prozeß, der letztlich auf die Befreiung des Menschengeschlechts nicht nur von wirtschaftlicher Not, sondern auch von anderen Übeln wie Krieg und Gewalt hinausläuft und damit die Grundlage für „eine gewisse Allgemeinheit der Geisteskultur" liefert. Dass es nicht die „Allgemeinheit" des Luxus, sondern der „Geisteskultur" ist, die sich Schopenhauer vom technisch-wirtschaftlichen Aufstieg erwartet, erscheint ganz und gar nicht mehr pessimistisch, sondern zeugt von einer Art Glauben an die Fähigkeit des Menschen, ökonomischen Wohlstand in geistig-sittlichen Aufstieg zu verwandeln. Es wäre allerdings zu beschönigend, es bei dieser Bemerkung bewenden zu lassen und nicht noch ein Zitat hinzuzufügen, das unseren Autor als getreuen Interessenvertreter seiner Klasse ausweist:

> *„... gegen jene ... auf Abschaffung des Luxus und gleichmäßige Vertheilung aller körperlichen Arbeit hinweisende Argumentation (ist) in Erwägung zu geben, dass die große Heerde des Menschengeschlechts, stets und überall, nothwendig der Führer, Leiter und Berather, in mannigfaltigen Gestalten, je nach den Angelegenheiten, bedarf: solche sind die Richter, Regierer, Heerführer, Beamte, Priester, Ärzte, Gelehrte, Philosophen u.s.w., als welche sämmtlich die Aufgabe haben, dies in der Mehrzahl höchst unfähige und verkehrte Geschlecht durch das Labyrinth des Lebens zu führen, über welche daher jeder von ihnen, je nach seiner Stellung und Befähigung, einen Ueberblick, in engerem oder weiterem Gesichtskreise, sich erworben hat. Dass nun diese Führer sowohl von körperlicher Arbeit, oder Unbequemlichkeit, befreit bleiben, ja auch, nach Maaßgabe ihrer viel größeren Leistungen, mehr besitzen und genießen müssen, als der gemeine Mann, ist natürlich und der Billigkeit gemäß." (Schopenhauer, IX, 269)*

d) Die Gewinnabhängigkeit der Lebensverhältnisse

Der historische Zusammenhang von Kapitalismus und Entwicklung marktwirtschaftlicher Ordnungen führte verständlicherweise zur Identifizierung des einen mit dem anderen. Jedoch handelt es sich lediglich um eine geschichtlich bedingte Verkoppelung, aber nicht um eine logische Notwendigkeit. Marktwirtschaft stellt einen bestimmten Prozeß der Koordination einzelwirtschaftlichen Handelns dar, nämlich die Orientierung an Preisen, die sich durch Angebot und Nachfrage bilden. Kapitalismus bedeutet hingegen die Ausrichtung des Wirtschaftssystems auf einen einzigen Hauptzweck, nämlich den Gewinn. Wir verwenden den Ausdruck Gewinn in einem weiten Sinn, d.h. er schließt sämtliche Besitzeinkommen ein, also den Unternehmensprofit im eigentlichen Sinn, aber auch Zinsen und die verschiedenen Renteneinkommen, die sich aus Vermietung und Verpachtung ergeben. Vom Erfolg des Gewinnstrebens hängen Stabililtät der Wirtschaft, Beschäftigungsniveau und letztlich die gesamte Lebenssituation der Menschen ab. Gewinn ist als Differenz aus Erlös und Kosten definiert. Um Gewinn zu erzielen, ist es somit erforderlich, aus einer bestimmten Wertsumme, mag sie nun in Form von sachlichen Produktionsmitteln und Arbeit oder als Geldbetrag gedacht werden, letztlich ein größeres Wertquantum zu erwirtschaften. Unter entwickelten geldwirtschaftlichen Verhältnissen läßt sich also gewinnwirtschaftliches Verhalten ganz allgemein als das Bestreben definieren, aus Geld mehr Geld zu machen. Dies kann auf recht verschiedenen Wegen erreicht werden. Der Handelsgewinn entsteht dadurch, dass Ware teurer verkauft als eingekauft wird. Der industriekapitalistische Gewinn basiert auf der Produktion, d.h. der Kombination von Arbeit und anderen Produktionsfaktoren, wobei die Kosten der Faktoren geringer sein müssen als der erzielte Erlös aus dem Endprodukt. Schließlich lassen sich beispielsweise an der Börse reine Spekulationsgewinne erzielen, d.h. Verkauf von Finanzaktiva zu höheren als den Einstandskursen.

Um die Krisen kapitalistischer Wirtschaften zu verstehen, ist es erforderlich, sich über diesen einfachen, aber in seiner gesellschaftlichen Bedeutung meist nicht erfaßten Grundsachverhalt der Gewinnabhängigkeit der Lebensverhältnisse Klarheit zu verschaffen. Wachstum und Stagnation, Vollbeschäftigung und Massenarbeitslosigkeit, Wohlstand und Verelendung in kapitalistischen Systemen lassen sich nur richtig begreifen, wenn die Abhängigkeit allen ökonomischen Geschehens vom gewinnwirtschaftlichen Zweck klar vor Augen tritt. Zur ersten Verdeutlichung genügt es, sich zu vergegenwärtigen, dass ein kapitalistisches Unternehmen nur dann eine Arbeitskraft beschäftigt, wenn diese zum Gewinn beiträgt, also Mehrwert produziert. Die Kosten (Einkommen) der Arbeitskraft müssen geringer sein als ihr Beitrag zum Unternehmenserfolg. Es genügt eben nicht, dass ein Arbeiter oder Angestellter durch seine Leistung gerade soviel zur Wertschöpfung beiträgt, wie seinem Einkommmen entspricht. Es mag im konkreten Fall schwierig sein, genau zu messen, wie hoch der Wertschöpfungsanteil des Einzelnen ist, aber grundsätzlich wird niemand in einen kapitalistischen Betrieb eingestellt, dessen Leistung gerade nur die Kosten decken würde, die dem Betrieb durch seine Einstellung entstehen. Der skizzierte einzelwirtschaftliche Sachverhalt kehrt auf der gesamtwirtschaftlichen Ebene wieder. Die gesamtwirtschaftliche Wertschöpfung bzw. das Volkseinkommen muß größer sein als die Summe aller Kosten bzw. aller Faktoreinkommen. Sonst ergäbe sich kein Gewinn. Es gilt die Gleichung:

Wertschöpfung (Volkseinkommen) = Kostensumme + Gewinn,

woraus folgt

Gewinn = Wertschöpfung – Kostensumme.

Nach wie vor besteht der überwiegende Teil der Kosten aus Arbeitskosten, so dass sich die vorstehende Gewinngleichung auch folgendermaßen formulieren läßt:

Gewinn = Volkseinkommen – Summe aller Arbeitseinkommen.

In dieser Fassung der Gewinngleichung wird sofort deutlich, dass die aus den Arbeitseinkommen finanzierte Nachfrage nicht ausreicht, um die gesamte Warenmasse profitabel absetzen zu können. Denn würde jener Warenhaufen, der dem Volkseinkommen bzw. der Wertschöpfung entspricht, ausschließlich auf Nachfrage aus Bruttolöhnen und -gehältern (also einschließlich der Steuern und Sozialabgaben) angewiesen sein, ergäbe sich ein Gesamterlös, der zwar gerade die Arbeitskosten deckte, aber eben keinen Gewinn eintrüge. Gesamterlös = Gesamtkosten bedeutet, dass der Gewinn Null beträgt. Unter gewinnwirtschaftlichen Verhältnissen ist es eben unmöglich, dass auf Dauer Produktion stattfindet und Lohn- und Gehaltsempfänger beschäftigt werden, wenn kein Gewinn entsteht. Die auf den ersten Blick so einleuchtende *Kaufkrafttheorie des Lohnes*, die besagt, dass höhere Löhne höhere Konsumnachfrage bewirken und daraus auch höhere Beschäftigung folgt, weil eben die Nachfrage nach Arbeit von der Güternachfrage hergeleitet ist, berücksichtigt nicht, dass es unter kapitalistischen Bedingungen auf Dauer nicht ausreicht, kostendeckende Erlöse zu erzielen, sondern zusätzlich ein Gewinn entstehen muß. Das ist aber unmöglich, wenn die Gesamtnachfrage gerade mal nur der Gesamtsumme der Arbeitseinkommen entspricht. Die *Gewinnentstehung* hängt somit von der *Konsum- und Investitionsnachfrage der Gewinnempfänger selbst* ab. Aus diesem Einwand gegen die Kaufkrafttheorie des Lohnes kann aber nicht geschlossen werden, Wachstum und Beschäftigung entwikkelten sich umso besser, je niedriger das Lohnniveau sinke, somit die Besitzeinkommensquote der Volkswirtschaft ins Unermessliche stiege. Die kapitalistische Realität legt die Vermutung nahe, dass eine derart ausbalancierte Verteilung zwischen Arbeits- und Kapitaleinkommen, dass dauerhaft Vollbeschäftigung erreicht wird, der Quadratur des Kreises gleicht, also letztlich unmöglich ist. Wir kommen auf dieses Verteilungsdilemma nochmals zurück. Allerdings steht auch außer Zweifel, dass die Verteilung der gesamtwirtschaftlichen Wertschöpfung zwischen Arbeits- und Besitzeinkommen erhebliche Unterschiede aufweisen kann, ohne dass die jeweilige Verteilungsrelation eindeutige Rückschlüsse auf das Wachstums- und Beschäftigungsniveau zuließe. Vielmehr kommt es ganz wesentlich auf die historischen Rahmenbedingungen an. In einer Wiederaufbauwirtschaft nach einem verheerenden Krieg sind Nachholbedarf und Investitionserfordernisse derart hoch, dass ein sehr niedriges Lohnniveau bzw. eine geringe Lohnquote kein Wachstums- und Beschäftigungshindernis darstellt, auch wenn solche Verteilungsungleichheit den Gerechtigkeitsvorstellungen krass widersprechen dürfte. Ganz anders in einer Wohlstandsökonomie nach einer langen Friedensperiode. Dann bewirkt eine niedrige Lohnquote bzw. ein niedriges Lohnniveau nachfrageseitige Wachstumshemmung und Massenarbeitslosigkeit. Wegen der unabdingbaren Verknüpfung von Nachfragedynamik und steigenden Massen- bzw. Lohneinkommen stoßen nachfrageorientierte Krisenerklärungen und die bei der Nachfrage ansetzende Beschäftigungspolitik bei Arbeitgebern und Besitzeinkommensempfängern in der Regel auf ideologische Abwehr. Um so erstaunlicher dann die Ausnahmen von dieser Regel. So ließ der Präsident des „Hauptverbandes des Deutschen Einzelhandels“ angesichts der anhaltenden Nachfrageschwäche im Frühjahr 2002 einen Verzweiflungsschrei vernehmen: „Wir wollen den Konsum-Turbo im Wirtschaftsmotor einschalten und unsere Hoffnungen nicht länger ausschließlich auf den Export richten.“ (FAZ, 2002, 64)

Gewinnerzielung ist das Charakteristikum dessen, was in der politökonomischen Literatur als Kapitalverwertung bezeichnet wird. Die erste umfassende Analyse jenes Grundsachverhalts, dass die gesamtwirtschaftliche Wertschöpfung im Kapitalismus die Lohn- und Gehaltssumme übersteigen muß, geht auf Karl Marx zurück. Daher bezeichnete der US-amerikanische „Nobelpreisträger" für Wirtschaftswissenschaft, Paul A. Samuelson (*1915), jenes Grundprinzip als *Marxsches Fundamentaltheorem.* Der englische Wirtschaftstheoretiker John Maynard Keynes (1883-1946) hat diesen Sachverhalt quasi wiederentdeckt und bezeichnete ihn in Anspielung an ein biblisches Gleichnis als Theorem vom „Krug der Witwe". Keynes wollte damit ausdrücken, dass die gesamtwirtschaftliche Gewinnsumme von der Gesamtnachfrage der Klasse der Gewinnempfänger bzw. Besitzeinkommensbezieher abhängt. Mit anderen Worten gesagt, steigt der Gewinn in dem Maße, in dem die Kapitaleigner mehr konsumieren und/oder mehr investieren. In einer aphoristischen Formulierung lautet das kurz und knapp: „Die Unternehmer verdienen, was sie ausgeben, und die Arbeiter geben aus, was sie verdienen."

e) Produktivität, Verteilung und stabilitätsgerechte Nachfrage

Neue Güter (Produktinnovationen) und steigende Produktivität (Prozessinnovationen) sind die beiden wesentlichen Ergebnisse technischen Fortschritts. Das Produktivitätswachstum zeigt sich in der steigenden Gütermenge, die mit einem bestimmten Faktoreinsatz erzeugt wird. Produktivitätszunahmen bilden die notwendige Voraussetzung für steigende Pro-Kopf-Einkommen, die es erst möglich machen, dass die Haushalte mehr Konsumgüter verbrauchen können, handele es sich nun um herkömmliche oder völlig neue Produkte. In vorindustriellen Gesellschaften beispielsweise lag die landwirtschaftliche Produktivität noch auf so niedrigem Niveau, dass etwa 90 landwirtschafliche Arbeitskräfte erforderlich waren, um jene Nahrungsmittelmenge zu produzieren, mit der 100 Menschen ernährt werden konnten, nämlich die 90 im Agrarsektor tätigen Leute selbst und noch 10 Menschen außerhalb der Landwirtschaft. Infolge des über mehr als 200 Jahre verlaufenden Produkvitätsanstiegs im Agrarsektor genügen heute 5 – 10 Arbeitskräfte in der Landwirtschaft und in der für den Agrarsektor produzierenden Industrie (Chemie, Landmaschinen etc.), um 100 Menschen zu ernähren.

Das Produktivitätswachstum ist notwendige Voraussetzung für steigende Pro-Kopf- bzw. Durchschnittseinkommen (= intensives Wachstum). Steigende Durchschnittseinkommen ermöglichen wachsenden Konsum, und mit zunehmendem Konsumniveau nähern sich mehr und mehr Haushalte der Sättigungsschwelle. Nicht dass alle Bedürfnisse restlos befriedig würden, aber die noch offenen Konsumwünsche haben geringere Dringlichkeit, und mehr und mehr verschafft sich das Vorsorgebedürfnis Geltung. Vorsorgeverhalten beruht auf einem eigenständigen Bedürfnis, das als Sorge bezeichnet werden kann. Denn es handelt sich um ein Unbefriedigtsein, einen Drang, das Gefühl der Sorge zu beseitigen, also es zu befriedigen bzw. zu befrieden. Vorsorgeverhalten äußert sich im Sparen, also im Nicht-Konsum von Einkommensteilen. Je höher das Einkommen, desto besser kann dem Vorsorgebedürfnis entsprochen werden. Deshalb steigt mit der Einkommenshöhe auch die Ersparnisbildung, und zwar in der Regel nicht nur absolut, sondern auch relativ; die sogenannte Sparquote (= Prozentsatz des gesparten Einkommensteils) steigt. Ein vierköpfiger Haushalt mit einem Monatseinkommen von 5000 Euro mag 300 Euro (= 6%) sparen. Wenn sich das Realeinkommen des Haushalts verdoppelt, so wird die Ersparnis regelmäßig nicht gleichfalls nur verdoppelt, sondern sie steigt überproportional zum Einkommenszuwachs – z.B. auf 10% (1000 Euro). In der wirtschaftswissenschaftlichen Literatur ist diese Gesetzmäßigkeit als Keynes' fundamentales psychologisches Gesetz des Sparverhaltens oder auch als Brentano-Keynessches Gesetz bezeichnet worden (Zinn, 1993): Aus niedrigen Einkommen wird prozentual weniger gespart als aus hohen. Daraus ergibt sich, dass die gesamtwirtschaftliche Ersparnis wesentlich von der mehr oder weniger gleichmäßigen Einkommensverteilung mitbedingt wird. Egalitäre Einkommmensverteilung geht mit geringerer gesamtwirtschaftlicher Ersparnis einher, und starke Einkommensungleichheit führt zu höheren Ersparnissen. In Phasen mit hohem Investitionsbedarf erscheint somit Einkommensungleichheit vorteilhaft für die Investitionstätigkeit. Bei schwächerer Investitionsneigung würde hingegen eine gleichmäßigere Einkommensverteilung wegen der damit geringeren Ersparnis der Situation besser entsprechen. Es läßt sich also keine allgemeine Regel derart aufstellen, dass gleichmäßige oder ungleichmäßige Verteilung bzw. niedrigere oder höhere Ersparnis vorteilhafter im Hinblick auf die gesamtwirtschaftliche Entwicklung ist. Vielmehr kommt es auf die jeweilige Gesamtkonstellation an, aus der sich die höhere oder geringere Investitionsneigung herleitet.

Wir hatten gesehen, dass die (gesamtwirtschaftliche) Gewinnhöhe vom Ausgabeverhalten der Gewinnempfänger selbst bestimmt wird. Wenn die Investitionstätigkeit wächst, ohne dass der Konsum der Gewinnempfänger reduziert wird, so steigt uno actu auch der Gewinn entsprechend dem Theorem vom Krug der Witwe: Die Unternehmer als gesamtwirtschaftliche Sozialschicht verdienen mehr, wenn sie mehr ausgeben. Diese gesamtwirtschaftliche Selbsterzeugung der Unternehmereinkommen durch Unternehmerausgaben ist selbstverständlich für die einzelne Investitionsentscheidung irrelevant. Investiert wird gemäß der konkreten, einzelwirtschaftlichen Erwartungen über (steigende) Absatzchancen und/oder Kostenreduktionen durch Rationalisierung. Um das Investitionsverhalten einschätzen zu können, sind also die jeweiligen Einflußfaktoren der Nachfrageentwicklung und die technischen sowie organisatorischen Möglichkeiten der Rationalisierung des einzelnen Betriebs zu ermitteln. Denn die einzelwirtschaftlichen Gewinnaussichten werden von der Absatz- bzw. Nachfrageentwicklung und den Kosten bestimmt. Um die Bedeutung der Masseneinkommen in diesem Zusammenhang richtig zu erfassen, muß ihr Einfluß auf die Nachfrageentwicklung untersucht werden. Quasi als Nebeneffekt dieser Analyse fällt dann auch neues Licht auf die Kaufkrafttheorie des Lohns.

Steigende Masseneinkommen verbessern die Absatzaussichten aller Unternehmen, die für den Massenkonsum produzieren. Sie werden also Erweiterungsinvestitionen vornehmen, sofern sie bereits an der

Kapazitätsgrenze operieren und damit rechnen, dass die Nachfragesteigerung von einiger Dauer ist. Indem durch steigende Masseneinkomen Nachfragewachstum ausgelöst wird und es dadurch zu Investitionssteigerungen kommt, beginnt auch der Mechanismus zu wirken, der höhere Investitionen (= Nachfragewachstum der Unternehmen) in höhere Gewinne transformiert. Höhere Gewinne bzw. verbesserte Gewinnerwartungen sind notwendige Bedingung, um die Investitionen steigen zu lassen, die dann jene Gewinnerwartungen mehr oder weniger als zutreffend bestätigen. Die Kaufkrafttheorie des Lohns wirkt also nicht nach der simplen Gleichung höhere Löhne = höhere Nachfrage = höhere Produktion und Beschäftigung, sondern unter kapitalistischen Verhältnissen muß mit der Nachfragesteigerung auch eine Gewinnzunahme verbunden sein. Lohnsteigerungen sind aber bekanntlich zugleich auch Kostensteigerungen. Wenn die daraus resultierenden pessimistisch stimmenden Einflüsse auf die Unternehmererwartungen jene optimistischen Aussichten, die aus der Nachfragesteigerung folgen, überwiegen, so kommt es eben nicht zu steigenden, sondern möglicherweise zu sinkenden (Erweiterungs)Investitionen. Jedoch ist nun noch das zweite Investitionsmotiv, die Rationalisierung, in Rechnung zu stellen. Höhere Löhne verstärken das Bemühen, lebendige Arbeit wegzurationalisieren. Dies setzt selbstverständlich entsprechende rationalisierungstechnische Möglichkeiten voraus, aber bisher waren sie meist vorhanden. Steigende Rationalisierungsinvestitionen stellen ebenfalls eine Nachfrageausdehnung der Unternehmen dar, und der Nachfrageeffekt von Rationalisierungsinvestitionen erhöht die Gewinne in gleicher Weise wie andere Ausgabensteigerungen der Unternehmer. Der Nachfrageeffekt bewirkt auch erst einmal Beschäftigungszunahmen, ungeachtet der später, nach vollzogener Rationalisierung eintretenden Arbeitsplatzverluste. Rationalisierung zielt auf Produktivitätssteigerung bzw. Stückkostensenkung. Mit gleicher Arbeitsmenge kann mehr produziert werden. Um also die Beschäftigung mindestens zu stabilisieren, muß die Produktion entsprechend dem Produktivitätszuwachs ausgedehnt werden. Ob dies geschieht, hängt von der Nachfrageentwicklung ab. Insofern ist das Problem der sogenannten technologischen Arbeitslosigkeit, also rationalisierungsbedingter Arbeitsplatzverluste, letztlich doch ein Nachfrageproblem, wie bereits David Ricardo, der Pessimist der nationalökonomischen Klassiker, erkannt hatte (Ricardo,1972, 287 ff.). In der Vergangenheit wurde angenommen, dass ein Anstieg der Masseneinkommen im Gleichschritt mit dem Produktivitätswachstum (= produktivitätsorientierte Lohnpolitik) ausreichen würde, um die negativen Beschäftigungseffekte der Rationalisierung auszugleichen. Doch produktivitätsorientierte Verteilungspolitik heißt, dass Löhne *und* Gewinne entsprechend der Produktivität steigen müßten. Der Gewinnanstieg setzt jedoch eine entsprechende gesamtwirtschaftliche Nachfragezunahme der Unternehmerklasse voraus – für Konsum und/oder Investition. Doch sind die Unternehmer in jedem Fall zu dieser Nachfrageerhöhung im gebotenen Ausmaß bereit? Der gesamtwirtschaftliche Kreislaufmechanismus, der die einzelnen Konsum- und Investitionsausgaben der Unternehmer zur gesamtwirtschaftlichen Gewinnsumme aggregiert, spielt für das konkrete Ausgabeverhalten keine Rolle. Der Konsum und die Investition der einzelnen Unternehmer hängen von den spezifischen einzelwirtschaftlichen Konstellationen ab. Solange etwa auch die Gewinnempfänger selbst noch hohen ungedeckten Konsumbedarf haben und somit eine relativ hohe Konsumquote aufweisen, wie dies beispielsweise in der unmittelbaren Nachkriegszeit der Fall war, kann auch mit hohem Zuwachs des Unternehmerkonsums gerechnet werden. Wenn hingegen das Konsumniveau der Gewinnempfänger kaum noch Wünsche offenläßt, so dass ihre Konsumnachfrage keine größeren Wachstumsspielräume bietet, dann kommt als Nachfragekomponente eben nur die (zusätzliche) Investition in Frage. Investitionen hängen aber – wie gerade erläutert wurde – von den Absatzaussichten und den Rationalisierungsmöglichkeiten ab, so dass bei nachlassender Konsumexpansion auch die Erweiterungsinvestitionen sinken. Es wäre allenfalls eine Ausnahme, wenn dieser Investitionsrückgang bei den kapazitäts- und arbeitsplatzschaffenden Investitionen durch einen Rationalisierungsboom auch nur kurzfristig kompensiert würde. Zu den Eigenarten der kapitalistischen Akkumulation gehört aber auch jene Erscheinung, die als spekulative Überinvestition bezeichnet werden kann. Ein Aufschwung der Investitionstätigkeit führt entsprechend jenem „Selbsterzeugungsmechanismus", dass höhere Ausgaben der Gewinnempfänger auch höhere Gewinne nach sich ziehen, zu mehr oder weniger überoptimistischen Erwartungen derart, dass sich der Aufschwung auf unabsehbare Zukunft fortsetzen werde. Obgleich aus der Vergangenheit bekannt ist, dass der kapitalistische Wachstumsprozess immer wieder von Krisen unterbrochen wurde, verflüchtigt sich dieses Wissen zeitweilig, und Investoren übersehen die Warnsignale des kommenden Abschwungs. Es wird dann weitaus mehr investiert, als sich bei realistischer Zukunftseinschätzung dauerhaft rentiert. Der Akkumulationsprozess verstärkt sich somit eine gewisse Zeit lang von allein. Selbst wenn Investoren sich bewußt sind, dass es zu Fehlinvestitionen kommt, so hält doch der *einzelne* seine Entscheidungen für richtig und meint, nur die anderen lägen falsch. Je stärker diese kollektive Fehleinschätzung Platz greift, desto umfangreicher fallen die Fehlinvestitionen aus. Solange der Boom der Fehlinvestitionen anhält, solange wächst die Wirtschaft, und alle glauben sich in ihren Erwartungen auf „ewige Prosperität" bestätigt. Der relativ starke Aufschwung, den die USA nach 1995 erlebten, folgte genau jenem Muster: Spekulativer Überoptimismus schürt die Investitionsbereitschaft, generiert einen besonders ausgeprägten Aufschwung und endet mit entsprechend vielen Pleiten, Zusammenbrüchen und Kapitalverlusten. Die „New Economy" war also eine alte Sache.

f) Von der Ausbeutung zur Arbeitslosigkeit – Ursachen der Beschäftigungskrisen

Die Ausführungen zur Ausbeutung der Arbeit und zur Aneignung von Mehrproduktteilen durch eine herrschende Klasse vermittelten den Eindruck, dass im Laufe der Geschichte ständig ein mehr oder weniger starker Mangel an Arbeitskräften herrschte. Arbeitslosigkeit, wie sie im Zuge des immer wieder durch Krisen unterbrochenen Industrialisierungsprozesses aufkam und im letzten Viertel des 20. Jahrhunderts zum gesellschaftlichen Hauptproblem der wohlhabenden Länder wurde, stellt in der Tat eine moderne Erscheinung dar. Arbeitslosigkeit in vorindustriellen Gesellschaften ergab sich nicht primär aus den organisatorischen Mängeln der Volkswirtschaften. Nicht die Produktionsverhältnisse, sondern der Mangel an landwirtschaftlicher Nutzfläche, an Arbeitsmitteln und anderen Komplementärfaktoren der Arbeit hinderte die volle Nutzung der verfügbaren Arbeitskräfte. Zudem trat Arbeitslosigkeit meist nicht offen zutage, sondern blieb verborgen – in vielen Feiertagen, in unproduktiven Handlangerdiensten, in landwirtschaftlichen Betrieben mit Überbesatz an Arbeitskräften und dergleichen. Diese Konstellation findet sich gegenwärtig in vielen armen Ländern der Dritten Welt, und dort wird es daher sinnvoll sein, nicht die modernste, kapitalintensive Technik zu verwenden, sondern arbeitsintensive Produktionsverfahren zu bevorzugen. Dort stellt sich die Lage analog zu schwer kriegesgeschädigten Volkswirtschaften dar, wie sie 1946 das Oberhaupt der ordoliberalen Schule, Walter Eucken (1891 – 1950), mit Blick auf die deutsche Situation konstatierte: „Nicht Arbeitsersparnis und Mechanisierung, sondern arbeitsintensive Produktion und Einsparung von Kapital sind in einer Zeit der Armut und der Überbevölkerung geboten“ (Eucken, 1999, 35). Massenarbeitslosigkeit in den gegenwärtigen „Wohlstandsgesellschaften“ erklärt sich hingegen nicht durch einen Mangel an komplementären Faktoren. Kapital im weiten Sinn ist reichlich vorhanden, und Arbeitslose repräsentieren sozusagen nicht-produzierte Kapitalgüter; Arbeitslosigkeit ist „latentes Kapital“ (Friedlaender-Prechtl, 1976, 96). „Es kann durch Störungen im Wirtschaftsprozeß vorkommen, dass Kapital, nämlich Arbeitskraft und Arbeitsmittel, in Hülle und Fülle vorhanden sind – und sie können nicht zusammen kommen...“ (ebenda, 89). Die heute existierenden Wirtschaftssysteme sind den Anforderungen des Vollbeschäftigungszustandes nicht gewachsen. Daher gibt es keine andere Antwort auf die Beschäftigungsfrage als tiefgreifende Reformen. Die moderne Arbeitslosigkeit ist kein Mangel–, sondern ein Überflußproblem, und insofern auch nicht im entferntesten Sinn natürlich bzw. naturbedingt, sondern historischen Konstellationen geschuldet. Geschichtliche Entwicklungen unterliegen jedoch menschlichem Handeln, und daher ist das Beschäftigungsproblem prinzipiell zu lösen. Es ist eine politische Machtfrage, ob und wie

Vollbeschäftigung erreicht wird und wie Reichtum in gesellschaftlichen Wohlstand übersetzt wird.

Den Wirtschaftseliten der reichen Volkswirtschaften fließt Dank der durch den technischen Fortschritt extrem gesteigerten Arbeitsproduktivität ein historisch unvergleichlicher Reichtum zu. Der Reichtum ist jedoch nicht nur absolut extrem gewachsen, sondern auch die Reichtumskonzentration hat zugenommen. Insbesondere während der vergangenen zwei Krisenjahrzehnte wuchs infolge der Diffamierung der Sozialstaatsidee wieder die Verteilungsungleichheit der Vermögen und Einkommen in den meisten Industrieländern und vor allem zwischen den reichen und armen Volkswirtschaften. Aus dem ersten „Armuts- und Reichtumsbericht“ (Lebenslagen, 2001, 45), den eine deutsche Bundesregierung vorgelegt hat, geht hervor, dass das reichste Fünftel der westdeutschen Haushalte über 63,4% (pro Haushalt im Durchschnitt: 806.000 Deutsche Mark) des gesamten Nettohaushaltsvermögens verfügt; das ärmste Fünftel weist hingegen Nettoschulden auf, d.h. sein Vermögensanteil ist mit – 0,3% negativ (pro Haushalt im Durchschnitt: – 4.000 Deutsche Mark). Die Vermögenskonzentration betrifft jedoch nicht nur die Differenz zwischen Habenichtsen und Vermögensbesitzern, sondern auch innerhalb der Gruppe der Eigentümer gibt es starke Verteilungsunterschiede. Vom gesamten Produktivvermögen der deutschen Volkswirtschaft (ohne den zum Finanzvermögen gerechneten Aktienbesitz) entfielen 1995 34% auf nur 1. 6% aller Eigentümer von Produktivkapital (Bach/Bartholmai, 2001, 776).

Die Verteilungsungleichheit ist nichts Neues, aber es erscheint doch überraschend, dass sich Demokratie und Sozialstaat als nicht stark genug erwiesen, um das humane Terrain zu verteidigen, das sie dem Kapitalismus mühsam abgerungen hatten. Vielleicht gibt die in der Tat neue Dimension der ideologischen Apparaturen eine Erklärung, warum solidarische Moral und Gemeinschaftsgeist erneut in die Defensive gerieten. Tocqueville befürchtete trotz all seiner Sympathie für die (amerikanische) Demokratie ihren Niedergang, wenn die staatsbürgerliche Aufklärung fehlt:

„Wenn die Staatsbürger trotz fortschreitender Gleichheit unwissend und un-

gebildet blieben, so kann man schlecht voraussehen, bis zu welcher törichten Übertreibung sie ihr Egoismus führen könnte, in welches schimpfliche Elend sie sich selbst stürzen würden, aus Angst, ihr Wohlergehen teilweise der allgemeinen Wohlfahrt opfern zu müssen" (Tocqueville, 1985, 258). „Je niedriger jedoch der Flug der Phantasie wird, und je stärker ein jeder sich auf sich selbst konzentriert, desto mehr schrecken die Moralisten vor dieser Idee des Opfers zurück und wagen nicht mehr, sie dem menschlichen Geist anzubieten; sie beschränken sich also darauf, herauszufinden, ob es nicht ein individueller Vorteil wäre, für das Allgemeinwohl zu arbeiten, wenn sie einen Punkt gefunden haben, in dem Privatinteresse und Allgemeininteresse sich begegnen, so weisen sie gleich darauf hin" (ebenda, 254).

Daten zur Vermögens- und Einkommensverteilung waren bisher nur relativ spärlich verfügbar. Die amtlichen Statistiken äußerten sich hierzu nur unzulänglich. Dies liegt nicht in erster Linie an statistischen Erfassungsproblemen, sondern an der politische Tabuisierung der brisanten Verteilungsdaten. Beispielsweise scheiterten frühere Versuche, vom statistischen Bundesamt eine regelmäßige Verteilungsstatistik für die Bundesrepublik erstellen zu lassen, immer wieder an politischen Widerständen. Wie erwähnt, wurde erstmals im Frühjahr 2001 von einer deutschen Bundesregierung – auf Initiative der rot-grünen Koalitionsfraktionen vom Mai 1999 – ein Bericht zur Reichtums- und Armutslage in Deutschland vorgelegt (Lebenslagen, 2001). Doch auch die in diesem regierungsamtlichen Dokument enthaltenen Angaben zur Einkommens- und Vermögensverteilung in Deutschland sind weniger der amtlichen Statistik und weit mehr der Arbeit einzelner Wissenschaftler zu verdanken. Im Jahr 1997 hatte das Deutsche Institut für Wirtschaftsforschung im Auftrag der Friedrich-Ebert-Stiftung bereits eine Berechnung der Vermögensverteilung erarbeitet, aus der die extreme Ungleichverteilung des Vermögens deutlich wurde (DIW, 1997c):

„Für ein Zehntel der westdeutschen Haushalte, die 1993 Geldvermögen besaßen, betrug dieses höchstens 4000 DM; für die Hälfte der Haushalte blieb es unter 38 000 DM. Die ›reichsten‹ 6 vH der Haushalte hatten

jedoch finanzielle Rücklagen von mehr als 200.000 DM; auf sie entfiel fast ein Drittel des in der Einkommens- und Verbrauchsstichprobe erfaßten Bruttogeldvermögensstocks der westdeutschen Privathaushalte (von insgesamt 4,3 Billionen DM netto; d.V.). ... Tendenziell nimmt die Disparität in der Vermögensverteilung auf die privaten Haushalte seit langem zu... Über Immobilienvermögen verfügten 1993 in Westdeutschland 51 vH, in Ostdeutschland 28 vH der privaten Haushalte. ...der Anteil der Haushalte mit Haus- und Grundbesitz fällt um so größer aus, je höher das Haushaltseinkommen ist. Im Durchschnitt hatte das Immobilienvermögen der westdeutschen Haushalte 1993 einen Verkehrswert von 426 000 DM, das der ostdeutschen Haushalte einen solchen von 211 000 DM. In beiden Teilen Deutschlands übertraf der durchschnittliche Haus- und Grundbesitz der Selbständigen-Haushalte den der anderen Haushaltsgruppen, war das durchschnittliche Immobilienvermögen der Arbeitslosen-Haushalte vergleichsweise gering.

In Westdeutschland hatten 1993 von den Haushalten mit Haus- und Grundbesitz ein Zehntel ein Immobilienvermögen von höchstens 158 000 DM, die Hälfte von maximal 351 000 DM. Für die ›reichsten‹ 5 vH der Haushalte belief sich der Haus- und Grundbesitz auf 1 Mill. DM oder mehr; auf sie entfiel fast ein Fünftel des gesamten Immobilienvermögens. ... Die Disparität in der Verteilung des Grundvermögens ist geringer als die in der Verteilung des Geldvermögens, wenn man ausschließlich diejenigen Haushalte betrachtet, die Grundvermögen besitzen. Bezieht man allerdings die Haushalte ein, die 1993 nicht über Haus- und Grundbesitz verfügten – 49 vH der westdeutschen und 72 vH der ostdeutschen –, so liegen die Disparitäten über denen in der Verteilung des Geldvermögens. ... Die Disparität in der Verteilung des Gesamtvermögens der privaten Haushalte, die aus den Daten der Vermögenssteuerstatistik 1989 berechnet wurde, ist höher als die Disparitäten in der Verteilung des Geld- und Grundvermögens, die auf Daten der Einkommens- und Verbrauchsstichprobe 1993 beruhen. Besonders stark fällt das ins Auge, wenn man die 97 vH aller Haushalte in die Betrachtung einbezieht, die nicht in der Vermögenssteuerstatistik erscheinen: Dann entfielen 100 vH des Gesamtvermögens auf 3 vH der Haushalte, 59 vH des Vermögens auf 0,4 vH der Haushalte mit einem solchen von mehr als 1 Mill. DM, 25 vH des Vermögens auf = 0,02 vH der Haushalte mit einem solchen von 10 Mill. DM oder mehr. ... Als Fazit dieser Untersuchung bleibt festzuhalten, dass es in Deutschland eine beträchtliche Disparität der Vermögensverteilung gibt und dass diese Disparität tendenziell zugenommen hat." (DIW, 1997c, 14, 16f.)

Die Ungleichheit der Vermögensverteilung bedingt selbstverständlich auch erhebliche Unterschiede in den Vermögenseinkommen. Im Jahr 1995 betrug das gesamte Vermögenseinkommen bundesdeutscher Haushalte 203,0 Mrd DM. Das durchschnittliche Vermögenseinkommen der Haushalte belief sich auf 5 600 DM. Wie sich aus nachstehender Tabelle ergibt, standen die Selbständigenhaushalte außerhalb der Landwirtschaft mit 19 400 DM Vermögenseinkommen an der Spitze, und das Schlußlicht bildeten die Arbeitslosenhaushalte.

Tabelle:
Vermögenseinkommen im Jahr 1995 nach Haushaltsgruppen (DM je Haushalt)

Selbständige in der Landwirtschaft	9 900
Selbständige außerhalb der Landwirtschaft	19 400
Angestellte	5 400
Beamte	5 400
Arbeiter	3 100
Arbeitslose	1 200
Rentner	4 600
Pensionäre	6 900
sonstige Personen	9 300
Privathaushalte insgesamt	5 600

Quelle: DIW, 1997c, 39.

Für die internationalen Verteilungsrelationen gibt es ebenfalls nur relativ wenige Informationsquellen. Zu den wichtigsten gehört der vom „Entwicklungsprogramm der Vereinten Nationen" seit Anfang der neunziger Jahre jährlich publizierte „Bericht über die menschliche Entwicklung". (vgl. Menschliche Entwicklung 1994 ff.) Dort wird festgestellt, dass

„die reichste Milliarde Menschen... über ein 60 mal so hohes Einkommen (verfügt) wie die ärmste Milliarde“ (Menschliche Entwicklung, 1994, 2) und „in den Industrieländern leben mehr als 100 Millionen Menschen unter der einkommensbezogenen Armutsgrenze... 37 Millionen sind arbeitslos.“ (Menschliche Entwicklung, 1997, 2) „Die Welt ist heute stärker polarisiert, und die Kluft zwischen Armen und Reichen hat sich weiter vertieft. Von den 23 Billionen Dollar, auf die sich das globale Bruttoinlandsprodukt (BIP) 1993 belief, entfielen 18 Billionen Dollar auf die Industrieländer und nur 5 Billionen Dollar auf die Entwicklungsländer, obwohl dort fast 80% der Weltbevölkerung leben. Die ärmsten 20% der Weltbevölkerung erlebten in den vergangenen 30 Jahren einen Rückgang ihres Anteils am Welteinkommen von 2,3% auf 1,4%. Dagegen stieg der Anteil der reichsten 20% von 70% auf 85% an...Das Vermögen der 358 Milliardäre auf der Welt überstieg das jährliche Gesamteinkommen der Länder, in denen 45% der Weltbevölkerung leben.“ (Menschliche Entwicklung, 1996, S. 2)

Der Blick auf die längerfristige Entwicklung seit Beginn der Industriellen Revolution zeigt ebenfalls, dass sich die Einkommensverteilung auf der Erde ständig zulasten der Armen verändert hat. Mit der Globalisierung hat sich dieser Prozess aber noch erheblich beschleunigt:

„Die Einkommensunterschiede nahmen im Verlauf des 20. Jahrhunderts in einem zuvor nie gekannten Maß zu. Der Einkommensunterschied zwischen den reichsten und den ärmsten Ländern lag 1820 noch bei 3 zu 1, 1950 bei 35 zu 1, 1973 bereits bei 44 zu 1 und 1992 schließlich bei 72 zu 1. Eine vor kurzem durchgeführte Studie über die weltweite Einkommensverteilung auf die Haushalte ergibt einen drastischen Anstieg der Ungleichheit; der Gini-Koeffizient, bei dem ein Wert von 0 vollkommene Gleichheit, ein Wert von 1 vollkommene Ungleichheit bedeutet, verschlechterte sich zwischen 1988 und 1999 (also in dem Jahrzehnt rapiden Vormarsches der Globalisierung; d. V.) und stieg von 0.63 auf 0.66. In vielen Ländern vertiefte sich die Kluft zwischen Arm und Reich: In Russland stieg der Gini-Koeffizient zwischen 1987 und 1995 von 0.24 auf 0.48. In Schweden, in Großbritannien und in den Vereinigten Staaten stieg er in den achtziger und neunziger Jahren um mehr als 16%. .... Gleichzeitig stagniert seit einiger Zeit das Wirtschaftswachstum in vielen Entwicklungsländern. Das durch-

schnittliche jährliche Wachstum des Pro-Kopf-Einkommens war im Zeitraum 1990-98 in 50 Ländern negativ, nur eins davon war ein OECD-Land (= Organisation für wirtschaftliche Zusammenarbeit und Entwicklung, Paris, ist der Zusammenschluss der Industrie- und einiger Schwellenländer; d. V.)." (vgl. Menschliche Entwicklung, 2000, S. 7)

Die immense Reichtumsanhäufung in der modernen Welt ist jedoch – anders als in den vorindustriellen, unentwickelten Ökonomien – nicht mehr darauf angewiesen, möglichst *alle* Arbeitskräfte einzusetzen, um aus den vielen kleinen Mehrproduktquanten den großen Mammon anzuhäufen, sondern ein steigender Teil der verfügbaren Arbeitskraft bleibt ungenutzt, was sich in den erschreckenden Arbeitslosenzahlen widerspiegelt. Arbeit wird überflüssig in dem Sinn, dass die Kapitalverwertung das Ausbeutungsobjekt Mensch nicht mehr voll zu nutzen vermag. Dass mit der steigenden Arbeitslosigkeit auch der Druck auf die noch beschäftigte Arbeitskraft zunimmt, also Arbeitslosigkeit den Ausbeutungsgrad steigert, ist eine altbekannte Tatsache. Die alte „Industrielle Reservearmee" des 19. Jahrhunderts wurde immer wieder in Konjunkturaufschwüngen reduziert, verschwand kurzzeitig fast gänzlich. Jedenfalls zeigte sich kein langfristiger Trend *steigender* Unterbeschäftigung. Die Grundkonstellation hat sich allem Anschein nach seit etwa zwei Jahrzehnten verändert. Seitdem nimmt die Massenarbeitslosigkeit der entwickelten Länder im Trend zu, und es spricht wenig dafür, dass durch einen herkömmlichen Konjunkturaufschwung eine Wende herbeigeführt wird. Ein Musterbeispiel sowohl für die Kurzlebigkeit neuer Hoffnungen auf „ewiges Wachstum" als auch für die ideologisch bedingte Geistesverwirrung in Wissenschaft und Öffentlichkeit bietet der Wunderglaube an die „New Economy" in den USA zwischen 1996 und Sommer 2000. Es steht zwar außer Zweifel, dass sich in jenen Jahren ein außerordentlicher Investitionsboom im Bereich der informations- und kommunikationstechnischen Produktionen abgespielt hat, aber es handelte sich, wie schon bemerkt wurde, um eine spekulativ extrem übersteigerte Bewegung. Der Konsum der amerikanischen Privathaushalte und damit auch die Beschäftigung entwickelten sich expansiv, ohne dass es zu den erwarteten

Preisniveausteigerungen kam. Die erstaunlich geringe Inflationsrate verdankte sich aber nicht zuletzt der Überbewertung des US-Dollars und den dadurch stimulierten Importüberschüssen. Die amerikanischen Leistungsbilanzdefizite und die steigende Auslandsverschuldung des Landes stehen auf der Rückseite der Medaille. Der spekulativ aufgeblähte Boom fordert seinen Preis. Der irrationale Exzess der New Economy zeigte sich, wie inzwischen hinlänglich bekannt ist, vor allem in der Kursexplosion auf den „Neuen Märkten". Die von „fundamentalen" Faktoren weitgehend unbeeinflußten Kapitalanlagen mußten mittlerweile bis auf klägliche Restgrößen abgeschrieben werden. Ausländische und amerikanische Kapitalanleger haben Milliardenbeträge verloren. Immerhin wurde auf diesem Wege Finanzkapital vernichtet und die Auslandsverschuldung der USA faktisch reduziert. Den Spekulationsverlusten der einen entspricht die Entschuldung anderer Akteure des Kasino-Kapitalismus.

Arthur Spiethoff (1873 – 1957), ein Altmeister der deutschen Konjunkturforschung, hatte am Ende des Ersten Weltkriegs den kollektiven Wahnsinn während einer „Überspekulationskrise" in bestechender Klarheit charakterisiert – und damit ein Psychogramm auch für die jüngste Manie der Neuen Märkte skizziert:

> *„Der Begriff der Überspekulation pflegt nicht für einzelne Personen angewendet zu werden, sondern bezieht sich auf den Zustand eines bestimmten Kollektivindividuums, eines Gewerbes, eines Marktes, einer ganzen Volkswirtschaft. Die Überspekulation ist nicht schlechthin nur eine falsche, eine sich schließlich als verfehlt herausstellende Spekulation, sondern sie geht von Voraussetzungen aus, die bei klarer Überlegung, bei sachlicher Würdigung der vorliegenden Verhältnisse und der Zuhilfenahme gewisser Erfahrungstatsachen sich jedem einigermaßen Bewanderten als handgreiflich unmöglich erweisen. Es handelt sich um eine weitere und jedenfalls für ein bestimmtes Gebiet maß- und ausschlaggebende Kreise beherrschende Beurteilung von Zukunftsereignissen, die zu anderen Zeiten, wenn sie bei einer einzelnen Person auftritt, allgemein als verrückt und selbstmörderisch bezeichnet wird. Jedenfalls hat der einer Überspekulation zugrunde liegende zeitweilige Gesamtseelenzustand einen Stich ins Psychopathische und stellt zum mindesten*

eine Urteilsbenommenheit dar. Eine Überspekulation ist unmöglich ohne das Vorhandensein einer Manie und gewisser fixer Ideen, ohne das Fehlen derjenigen vorurteilslosen Überlegung und Tatsachenwürdigung, die vorher und nachher in denselben Kreisen herrscht.

....

Die Art der Wertpapierbörsenkrise ist im wesentlichen eine einheitliche. Grundsätzlich handelt es sich stets um dasselbe, wenn auch die äußeren Formen der einzelnen geschichtlichen Krisen je nach den Einrichtungen und Handelsgegenständen ein verschiedenes Bild zeigen. Das Ausschlaggebende, was die ganze Erscheinung kennzeichnet, ist die Kurstreiberei, d.h. die Kursspekulation in der Form einer Kurssteigerung ins Unendliche. Der Erwerb der Papiere erfolgt nicht, um das Erträgnis zu genießen und um einer dauernden Kapitalanlage willen. Vielmehr herrscht die Absicht des meistens sehr baldigen Wiederverkaufs, bei dem mit Hilfe einer inzwischen erfolgten Kurssteigerung ein einmaliger privatwirtschaftlicher Kapitalgewinn erhofft wird. Dieses gänzliche Absehen von einem Gewinn am Ertrage und die alleinige Verfolgung von Kursbereicherung machen es verständlich, wenn der Ertrag bei der Kursbildung vernachlässigt wird." ... Es ... „erfolgen die wahnsinnigsten, in dem inneren Wert der Papiere gänzlich unbegründeten Kurserhöhungen. Selbst bei Annahme der kühnsten Ertragsgewinne würden die Papiere nur eine ganz mäßige, kaum für Rentenpapiere ausreichende Verzinsung gewähren, zu schweigen von einer Berücksichtigung der im hohen Preise liegenden Gefahr und der mit den Wechsellagen gegebenen Möglichkeit der Gewinnminderung oder gänzlichen Ertraglosigkeit. Kurssteigerungen um das Mehrfache des Neuwertes sind keine Seltenheit, sondern finden sich bei jeder Überspekulation.

... es sind bei jeder Überspekulation doch eine umrissene Menge von Gebieten und Wertpapieren, die im Mittelpunkte stehen, auf die sich die Bewegung vornehmlich richtet, die sogenannten leitenden Spekulationspapiere, die Spielpapiere. Namentlich die Aktien von Unternehmungen, wie zum Beispiel Spekulationsbanken, deren Erträge wesentlich vom Stande der Wechsellage bestimmt werden, sind mit Vorliebe hierzu benutzt, da jedes Ereignis zu einer Beeinflussung ihres Preises verwendet werden kann. ... Auch die Aktien von Neugründungen sind bevorzugte Gegenstände in der Überspekulationszeit, da man diesen unbeschriebenen Blättern schwer nachzuprüfende Aussichten

und Gewinngelegenheiten zueignen kann. Aus ähnlichen Gründen bevorzugt die Spekulation Bezugsrechte bei Kapitalerhöhungen und Ausschreibungen auf junge Aktien. Neuausgaben, ohne dass die alten Aktien vollgezahlt sind, kommen den Spekulanten liebevoll entgegen.“ (Spiethoff, 1918,)

Die gegenwärtige Vorherrschaft der neoklassischen Wirtschaftstheorie führte in der Öffentlichkeit zu der Vorstellung, die Beschäftigungskrise sei vor allem eine Kostenkrise, insbesondere die Arbeitskosten seien zu hoch, um den Unternehmen im internationalen Wettbewerb jene Kampfkraft zu geben, die ihnen die Rückkehr zu einem Produktionsvolumen auf Vollbeschäftigungsniveau erlaube. Diese Argumentation basiert auf dem zentralen Dogma des klassischen Wirtschaftsliberalismus, dem „Sayschen Theorem“, dass sich jedes Angebot seine Nachfrage schaffe und deshalb eine allgemeine Überproduktionskrise ausgeschlossen sei. Arbeitslosigkeit resultiere im wesentlichen aus „überhöhten“ Löhnen bzw. den Inflexibilitäten der Arbeitsmärkte, die eben eine Lohnanpassung nach unten verhinderten. Die aus dieser Realitätsdeutung abgeleiteten wirtschaftspolitischen Konsequenzen sind bekannt: Lohnzurückhaltung, Reduktion der Lohnnebenkosten, d.h. Abbau von Sozialleistungen, Flexibilisierung, Privatisierung, Deregulierung, um die Marktkräfte unbehindert zu Entfaltung kommen zu lassen. Versprochen wird eine Innovationsdynamik, die dann die Wirtschaft aus dem Krisensumpf reiße. Auch in früheren großen Krisen wurde mit diesen Argumenten operiert, wie wir am Beispiel der wirtschaftspolitischen Diskussion zum Ende der Weimarer Republik noch genauer erfahren werden. Im folgenden sollen jener Krisendeutung der orthodoxen Wirtschaftstheorie solche krisentheoretischen Erklärungen gegenübergestellt werden, die von der tatsächlichen Entwicklung immer wieder bestätigt wurden. Selbstverständlich geht es hier nicht um einen lehrbuchartigen Überblick zu allen relevanten krisen- und konjunkturtheoretischen Ansätzen, sondern wir konzentrieren uns auf die realitätstüchtigsten, d.h. die mit hoher Vorhersagekraft (vgl. Zinn, 2002a). Denn: „Die Möglichkeit der Voraussicht ist der Prüfstein für jede Wissenschaft vom Wirklichen“ (Horkheimer, 1933, 150).

Überakkumulation

Die „normale“ Wirtschaftskrise entwickelter kapitalistischer Ökonomien äußert sich in einem Ungleichgewicht zwischen Angebot und Nachfrage, das als „Überproduktion“ sichtbar wird. Doch die Ursachen der Überproduktion sind keineswegs sofort zu erkennen: Fehlt es an der Nachfrage oder wurde einfach zuviel bzw. in den falschen Bereichen investiert, so dass selbst bei einer allgemeinen Kaufkraftsteigerung – man könnte sich vorstellen, es werde neues Geld gedruckt und an die Haushalte verteilt, wie dies etwa bei der Erstausstattung der ostdeutschen Haushalte mit Westwährung anläßlich der deutsch-deutschen Währungsunion der Fall war – nicht alle Kapazitäten voll beansprucht werden? Wenn sich der Produktionsapparat trotz vorhandener Massenkaufkraft nicht voll auslasten läßt, so ist zu vermuten, dass in einigen oder im Extremfall sogar in fast allen Branchen zuviel investiert wurde. Es handelt sich um eine Überakkumulationskrise. Ihr wesentlicher Grund liegt in der Konkurrenz der Anbieter bzw. Investoren und gegebenenfalls im irrationalen Überoptimismus eines Spekulationsbooms. Je stärker der Wettbewerb der Anbieter, desto bedrohter ist das ökonomische Überleben jedes einzelnen Unternehmens. Die Konkurrenz zwingt dazu, sich um „Innovationen“ zu bemühen, also die Produktionsanlagen laufend zu modernisieren und/oder durch neue Produkte die Konkurrenz zu überflügeln. Wenn dies alle Unternehmen tun, so kann es nicht verwundern, dass immer wieder Überkapazitäten entstehen, dass die tatsächlichen oder auch nur scheinbaren Produktinnovationen doch nicht so attraktiv für die potentiellen Kunden sind, wie sich das der Anbieter gedacht hatte. Unternehmerische Fehlleistungen treten um so häufiger auf, je hektischer die Innovationskonkurrenz verläuft und je schneller die Produktlebenszyklen verkürzt werden, so dass die Forschungs- und Entwicklungsarbeit der Unternehmen fehleranfälliger wird. Bei der atemlosen Innovationsbeschleunigung steigt das Unfallrisiko – selbst für Produktinnovationen aus Nobelfirmen wie Daimler-Benz.

Weiterhin können sich aufgrund von Geschmacksänderungen oder des Wertewandels der Kunden (z.B. Konsumbeschränkung aus Umweltschutzgründen) manche Angebote als verfehlt erweisen. Es mangelt in solchen Fällen nicht an der Kaufkraft der potentiellen Kunden, sondern das Angebot entspricht quantitativ und/oder qualitativ nicht mehr ihrem Bedarf oder der Bedarf ist überhaupt schon gedeckt. Am einfachsten läßt sich eine Überakkumulation infolge intensiver Marktanteilskonkurrenz erklären. Stellen wir uns beispielsweise zehn miteinander konkurrierende Automobilfirmen vor. Jede produziert jährlich 500 000 Personenwagen, zusammen also 5 Millionen. Alle Firmen prognostizieren das Wachstum des gesamten Kraftfahrzeugmarktes zutreffend auf 3 Prozent, also auf 150 000 zusätzlich verkaufbare Fahrzeuge. Wenn nun jeder Anbieter seinen bisherigen Marktanteil auf Kosten der Konkurrenz auszuweiten versucht, muß er entsprechende Kapazitäten aufbauen bzw. vorhalten, so dass das Kapazitätswachstum über jene realistisch eingeschätzten 3 Prozent Marktwachstum hinausschießen wird. Wenn die Kapazitäten insgesamt um 3 + x Prozent wachsen, so entsteht in Höhe von x Prozent Überkapazität. Einige oder auch alle Anbieter sehen sich in ihren Absatzplänen enttäuscht und werden dann wohl ihre kapazitätsbildenden Investitionen einschränken und sich eventuell verstärkt auf Rationalisierungen verlegen, um über Stückkosten- und Preissenkungen doch noch ihren Marktanteilsgewinn erreichen zu können. Auch hierbei wird jedoch die durch die Konkurrenz bewirkte Verhaltenssynchronisierung zu einer breiten Rationalisierungswelle führen, ohne dass damit der Gesamtabsatz an Kraftfahrzeugen wesentlich gesteigert werden kann. Alle Anbieter sehen sich u.U. sogar einer insgesamt verschlechterten Absatzlage gegenüber. Denn die Rationalisierungen führen wohl zu Entlassungen, womit Massenkaufkraft fortfällt, die wiederum auch die Kraftfahrzeugverkäufe tangiert. Weiterhin ist mit der Einschränkung von Erweiterungsinvestitionen trotz der eventuellen Zunahme der Rationalisierungsanlagen meist ein absoluter Rückgang des gesamten volkswirtschaftlichen Investitionsvolumens verbunden. Damit erleidet die Investitionsgüter produzierende Industrie Absatzeinbußen. Der Anlagen- und Maschinenbau wird also zu Produktions- und Beschäftigungsreduktionen gezwungen. Diese kreislauftheoretisch offenkundigen Rückwirkungen des Arbeitsplatzabbaus im einzelnen Unternehmen auf den Absatz anderer Unternehmen und schließlich auf den jenes Unternehmens selbst treten natürlich mit zeitlicher Verzögerung auf. Aus der mikroökonomischen Froschperspektive kommen solche makroökonomischen Folgeerscheinungen in aller Regel gar nicht erst in den Blick (Oberhauser, 1996). Doch selbst wenn sich das Management des einzelnen Unternehmens jener gesamtwirtschaftlichen Zusammenhänge bewußt wäre, so folgte daraus kaum ein anderes Verhalten, als es die Konkurrenz erzwingt. Jeder Anbieter hofft bzw. rechnet ja damit, dass seine Strategie des Marktanteilsgewinns aufgeht. Nicht den Ersten, den Letzten beißen die Hunde.

Kapitalistische Konkurrenzwirtschaft ist eben nur um den Preis des Marktrisikos möglich. Das Risiko ist denn auch ein zentraler Begriff der gesamten Markttheorie. Es liegt dabei zumindest nahe, sämtliche Fehlentwicklungen kurzerhand als hinzunehmende Begleiterscheinung des mit der Marktwirtschaft verknüpften Risikos zu interpretieren. Es versteht sich, dass mit solch pauschalisierender Ideologie die Differenzierung zwischen notwendigen und vermeidbaren Risiken sowie die abwägende Beurteilung zwischen normalen Bankrotten, sozusagen jenen, die dem marktwirtschaftlichen „Reinigungsprozeß" zuzurechnen sind, und den volkswirtschaftlich nur schädlichen Fehlentwicklungen erschwert, wenn nicht überhaupt ausgeschlossen wird.

Der skizzierte Fall der Überakkumulation als Folge intensiven Marktanteilswettbewerbs wird in einer Phase starken Markt- bzw. Absatzwachstums weniger schädliche Effekte haben als unter Bedingungen relativ gesättigter, stagnierender Märkte. Denn in Zeiten hohen Wachstums – etwa während der ersten Jahrzehnte nach dem Zweiten Weltkrieg – stößt die Nachfrage immer wieder in die (zeitweiligen) Überkapazitäten vor. Außerdem ist bei starkem Nachfragewachstum der Kampf um Marktanteile weit weniger dringend, da die Unternehmen eben auch ohne Marktanteilsgewinne ihre Kapazitäten erheblich ausbauen und dennoch auslasten können. Stagnationsphasen rufen somit zugleich einen intensiveren Marktanteilswettbewerb hervor, erhöhen damit die Gefahr der Überakkumulation. Nachfrageseitige Wachstums- und Beschäftigungsbarrieren verstärken also zugleich die Überakkumulationstendenz. Relative Sättigung und Stagnation sind eindeutig nachfrageseitig bedingte Faktoren, auf die im folgenden Abschnitt eingegangen wird.

Nachfragemangel

Wie schon mehrmals erwähnt, läßt sich ein Großteil der für reiche Volkswirtschaften charakteristischen Überproduktions- bzw. Überangebotskonstellationen auf fehlenden Absatz, also auf nachfrageseitige Faktoren zurückführen. Nachfragemangel weist zwei grundverschiedene, allerdings meist gleichzeitig wirksame Ursachen auf: Kaufkraftmangel und relative Sättigung. Kaufkraftmangel bedeutet, dass aufgrund der mehr oder weniger ungleichen Einkommensverteilung die Massenkaufkraft zu niedrig liegt, um dem vorhandenen Produktionspotential die zu seiner Vollauslastung erforderliche Nachfrage zu gewährleisten. Somit ist zwar grundsätzlich ein entsprechend höherer Anteil des Volkseinkommens für Investitionen und/oder den Staatsverbrauch verfügbar, aber die Investitionstätigkeit absorbiert zu wenig von der (potentiellen) Ersparnis, die dem Vollbeschäftigungsniveau entspräche. Dies hat, wie früher schon angedeutet, eine einfache Erklärung, nämlich den Zusammenhang zwischen Konsumnachfrage und Investitionsgüternachfrage. Letztere ist, zumindest soweit es um arbeitsplatzschaffende Erweiterungsinvestitionen geht, auf die künftige, von den Investoren erwartete Nachfrage gerichtet. Die heutigen Investitionsgüter können sozusagen als die Konsumgüter von morgen oder übermorgen charakterisiert werden. In wirtschaftswissenschaftlicher Fachterminologie wird von (nachfrage)*induzierten Investitionen* gesprochen. Dieser Zusammenhang liegt dem sogenannten *Akzelerator-Theorem* zugrunde: Die Investoren reagieren auf Veränderungen der Gesamtnachfrage. Dabei muß man sich deutlich machen, dass ein bestimmtes Investitionsvolumen, das ja Jahr für Jahr zusätzliche Kapazitäten schafft, nur dann rentabel sein kann, wenn die Nachfrage in diese Kapazitäten hineinwächst. Bereits der bloße Rückgang eines immer noch positiven Nachfragewachstums läßt die Investitionstätigkeit sinken. Stellen wir uns beispielsweise vor, mit einer gesamtwirtschaftlichen Investitionssumme von 100 Milliarden Mark werde eine *zusätzliche Jahreskapazität* für 50 Milliarden Sozialprodukteinheiten erstellt. Solange das Nachfragewachstum dieser Größenordnung entspricht, wird es sich auch lohnen, jene Kapazität aufzubauen, also 100 Milliarden Mark jährlich zu investieren. Geht das Nachfragewachstum beispielsweise um 20 Prozent, also auf 40 Milliarden Sozialprodukteinheiten zurück, so würde es genügen, ein entsprechend geringeres Kapazitätswachstum vorzusehen. Eine Kapazitätszunahme von 40 Milliarden Sozialprodukteinheiten wird bereits mit einer Investitionssumme von 80 Milliarden sichergestellt. Wir haben im vorstehenden Zahlenbeispiel dann aber eine um insgesamt 30 Milliarden reduzierte gesamtwirtschaftliche Nachfrage zu erwarten: Um 10 Milliarden ist das Konsumnachfragewachstum gesunken und die induzierte Investition geht deshalb sogar um 20 Milliarden zurück. Die Investitionsminderung beschleunigt (akzeleriert, deshalb Akzelerator) den Abwärtsprozeß; analog wirkt der Akzelerator selbstverständlich auch in einer Expansionsphase. Wir halten fest: Nachfrageschwankungen ziehen in der Regel überproportionale Schwankungen der Investitionen nach sich.

Die Nachfrageeinschränkung der privaten Haushalte und der privaten Investoren könnte durch wirtschaftspolitische Maßnahmen kompensiert werden, nämlich durch sogenannte *antizyklische* Ausgabenpolitik des Staates. Sie wurde theoretisch am umfassendsten von John Maynard Keynes in seiner 1936 erschienenen Abhandlung „Allgemeine Theorie der Beschäftigung, des Zinses und des Geldes“ begründet. Dieses Buch gilt als das Hauptwerk von Keynes, aber die „Allgemeine Theorie“ war auch fast die einzige Originalquelle, an der sich die breite Keynes-Rezeption orientiert hat. Die daraus folgende Verengung der Keynes-Darstellung in der Lehrbuchliteratur führte zu der verhängnisvollen Verkürzung seiner Theorie um die Langfristanalyse der kapitalistischen Entwicklung, d.h. um die Stagnationstheorie. Die wirtschaftspolitisch wichtigen Grundgedanken jener Schrift wurden aber sowohl von Keynes selbst als auch von anderen Autoren bereits in den 1920er Jahren vorweggenommen. Wir werden noch sehen, dass vor allem die Vorschläge der deutschen Wirtschaftsreformer am Ende der Weimarer Republik frappierende Parallelen zum späteren Keynesianismus aufweisen. Eine Kompensation fehlender privater Konsum- und Investitionsgüternachfrage durch staatliche Ausgaben erfordert eine entsprechende Finanzierung. Der Staat muß sich entweder verschulden und/oder eine höhere Steuerbelastung erzwingen. Beides trifft auf politische, ideologische und emotionale Widerstände. Eine höhere Staatsquote bedeutet Veränderung der Verteilungsstrukturen, und für die Kapitaleigner ist es letztlich gleichgültig, ob ihre Nettogewinnposition infolge höherer Löhne oder höherer Gewinnsteuern schlechter *erscheint*; ob die Gewinnsituation auch tatsächlich, nach Ablauf der Kreislaufeffekte, schlechter ausfällt, ist damit noch gar nicht ausgemacht. In beiden Fällen kann es zwar zu Investitionseinschränkungen kommen, da die Unternehmer *meinen*, die erwünschte bzw. als notwendig erachtete Kapitalrentabilität lasse sich nicht erreichen, aber die staatlichen Ankurbelungsmaßnahmen vermögen bei richtiger Dosierung auch zu erheblichen Gewinnsteigerungen zu führen, wie sich an den meisten Rüstungsökonomien erkennen läßt. Grundsätzlich besteht jedoch das bereits erwähnte Dilemma: Entweder reicht die Nachfrage (infolge niedriger Masseneinkommen und/oder niedrigen Staatsanteils) nicht aus, um die (wachsenden) Kapazitäten auszulasten; oder es gibt zwar keinen Nachfragemangel, aber die erreichbaren Gewinnspannen werden als zu niedrig eingeschätzt, um das zur Vollbeschäftigung hinreichende Investitionsvolumen zu realisieren. Dieses systembedingte Dilemma des Kapitalismus kann auch die staatliche Nachfragepolitik nicht dauerhaft beseitigen. Ein Ausweg aus dem Dilemma, der zudem in der Vergangenheit schon mit gewissem Erfolg begangen wurde, sei jedoch erwähnt, nämlich die Instrumentalisierung gewinnwirtschaftlicher Unternehmen der öffentlichen Hände für beschäftigungs-, wachstums- und strukturpolitische Ziele. Es geht also um eine Art „Sozialisierung der Investitionstätigkeit", wie sie Keynes 1936 propagiert hatte, wie später noch ausgeführt wird.

Staatsunternehmen bzw. privatrechtliche Unternehmen in Staatseigentum können durchaus erfolgreich unter Konkurrenzbedingungen operieren, aber statt der einseitigen Gewinnorientierung wird die Zielfunktion dieser Unternehmen um gesamtwirtschaftliche Aufgaben erweitert. Beispielsweise stand dem Aufstieg des Volkswagenwerks keineswegs entgegen, dass es sich bis zur ersten Privatisierungswelle Anfang der 1960er Jahre voll in öffentlichem Eigentum befand und die öffentliche Hand auch bis heute noch Anteilseigner des VW-Werks geblieben ist. Öffentliche Unternehmen, die sich am Konkurrenzmarkt bewähren müssen, müssen zwar auf Dauer verlustfrei wirtschaften, aber sie sind nicht gezwungen, höchstmögliche Gewinne zu erreichen, sondern können eben noch auf andere, gesellschaftlich erwünschte Aufgaben verpflichtet werden. Der Verzicht auf Gewinnmaximierung ermöglicht es, Investitionen nicht nur unter reinen Renditeaspekten, sondern auch unter Rücksichtnahme auf gesamtwirtschaftliche Zielsetzungen vorzunehmen. So kann ein öffentliches Unternehmen etwa darauf verzichten, seine Produktion nur deshalb ins Ausland zu verlagern, weil dort ein kleiner Renditevorteil winkt. Grundsätzlich muß zwischen dem marktwirtschaftlichen Koordinationsmechanismus einerseits und der Eigentumsverfassung andererseits klar unterschieden werden. Marktwirtschaften sind voll funktionsfähig mit sehr verschiedenen Eigentumsstrukturen. Privateigentum an den Unternehmen ist zwar die gewohnte und ideologisch präferierte Form, aber auch Staatseigentum oder genossenschaftliches Eigentum sind möglich. Zudem macht es einen erheblichen Unterschied, ob das Privateigentum an den Produktionsmitteln hoch konzentriert in den wenigen Händen von Großkapitalisten liegt oder breit gestreut ist („Volkskapitalismus"). Die vorherrschende, gesellschaftlich ungünstigste Eigentumsregelung, nämlich hoch konzentriertes Privateigentum, ist nicht nur wegen der extrem unsozialen Verteilungsungleichheit kritikwürdig, sondern birgt auch die ständige Gefahr, dass die ökonomische Macht politisch mißbraucht wird, d.h., dass Wirtschaftsmacht in Staatsmacht transformiert wird. An Beispielen für diese Aushöhlung der Demokratie fehlt es im Inland und Ausland nicht.

Vom Interessenstandpunkt aus betrachtet läßt sich eine grobe Gegenüberstellung von Gegnern und Befürwortern der nachfrageorientierten Beschäftigungspolitik vornehmen. Die Gegner fanden sich bisher meist im konservativen Lager, insbesondere auf seiten der Unternehmer und Kapitaleigner, während die Gewerkschaften und die (ehemaligen) Linksparteien stärker zur Nachfragepolitik bzw. zu einer deutlichen Ergänzung angebotspolitischer Maßnahmen durch nachfrageseitige Instrumente neigten. Die bundesdeutschen Regierungen gehörten seit den frühen 1980er Jahren zu den vehementesten Gegnern der Nachfragepolitik, und sie wurden in dieser Haltung von der Mehrheit des „Sachverständigenrates zur Begutachtung der gesamtwirtschaftlichen Entwicklung", den von den Massenmedien sogenannten „Fünf Weisen", sowie von der Deutschen Bundesbank in der Ablehnung nachfragepolitischer Programme immer wieder unterstützt. Dabei ist allerdings in Rechnung zu stellen, dass die Regierung wesentlichen Einfluß auf die Rekrutierung von Sachverständigenrat und Zentralbankrat nimmt, sich also verständlicher Weise genehme „Kritiker" aussuchen wird.

Die permanente Vernachlässigung der binnenwirtschaftlichen Nachfrage in der Bundesrepublik Deutschland zeigt sich unter anderem daran, dass die Zuwachsraten des (Massen)Konsums insbesondere während der jüngsten Vergangenheit (nach 1997) im Vergleich zu anderen Ländern deutlich schwächer ausfielen (vgl. Tabelle).

Tabelle: Reale Veränderungsraten (i. v. H.) während des New-Economy-Booms

Land	Konsum				Staatsverbrauch				Bruttoanlage-Investitionen			
	1997	'98	'99	2000	1997	'98	'99	2000	1997	'98	'99	2000
BRD	0.7	2.0	2.6	1.6	-0.9	0.5	-0.1	1.4	0.6	3.0	3.3	2.4
F	0.1	3.6	2.7	2.4	2.1	0.3	2.6	1.8	0	6.6	7.3	6.7
GB	3.9	4.6	4.4	3.7	-1.4	1.1	4.0	2.7	7.5	10.1	5.4	2.6
USA	3.6	4.7	5.3	5.3	1.8	1.5	2.1	2.0	8.9	10.7	9.2	8.8
Jap.	0.8	0.1	1.2	0.5	1.3	1.9	4.0	3.6	1.0	-4.0	-0.9	1.1
EU	2.1	3.4	3.2	2.8	0.5	1.2	2.0	1.9	3.4	6.2	5.5	4.6
OECD	2.9	2.9	3.9	3.7	1.3	1.6	2.4	2.3	6.3	5.5	5.5	6.3

Quelle: OECD, 2001/1, 271 ff.

Es liegt auf der Hand, dass die binnenwirtschaftliche Nachfrageschwäche der Bundesrepublik, der stärksten Volkswirtschaft in der Europäischen Union, eine starke Belastung für das gesamteuropäische Beschäftigungsniveau bedeutet. Deutschland bewegte sich nicht nur beim privaten Konsum, sondern auch beim Staatsverbrauch und vor allem bei den Bruttoanlageinvestitionen unter dem Durchschnitt der Europäischen Union. Die EU-Werte für Konsum und Investitionen lagen ohnehin unter dem Durchschnitt aller OECD-Länder. Besonders eindrucksvoll zeigt der BRD-Frankreich-Vergleich, dass eine gezielte Belebung der binnenwirtschaftlichen Expansion – allen defätistischen Globalisierungsformeln zuwider – möglich und erfolgreich sein kann. Die Jospin-Regierung brachte das kleine Wirtschaftswunder zustande, das Wachstum der Bruttoanlageinvestitionen in Frankreich von 1998 an nicht nur über den Durchschnitt der Europäischen Union, sondern auch über den der OECD zu heben (Tabelle) und damit Deutschland klar hinter sich zu lassen (Zinn, 2002b). Es zeigt sich ganz offenkundig, dass die fast gegensätzliche Wirtschaftspolitik der französischen und deutschen Regierungen für die unterschiedliche gesamtwirtschaftliche Leistung der beiden Länder verantwortlich ist.

Wie sich aus der Tabelle ersehen läßt, erreichten die Wachstumsraten des Konsums und der Anlageinvestitionen in den USA während des New-Economy-Boom eine weit über dem langfristigen Durchschnitt liegendes Niveau. Als Gegenpol sticht Japan mit seiner äußerst schwachen Konsum- und Investitionsentwicklung hervor (vgl. nachstehende Tabelle).

Tabelle: Reale Veränderungsraten (in vH) im Mehrjahresdurchschnitt

	Konsum			Staatsverbrauch			Bruttoanlage-investitionen		
Land	1973-83	1984-90	1991-00	1973-83	1984-90	1991-00	1973-83	1984-90	1991-00
BRD	2.0	3.0	2.2	2.2	1.6	1.2	-0.4	3.4	1,7
F	2.3	2.3	1.3	3.3	2.4	1.9	-0.1	4.5	1.4
GB	1.3	4.1	2.5	1.6	0.8	1.3	-0.2	6.1	2.8
EU	2.1	3.1	2.0	2.9	2.1	1.4	-0.3	4.7	2.1
USA	2.6	3.7	3.5	1.8	2.9	0.9	1.8	4.5	6.4
Jap	3.2	3.9	1.1	4.9	2.9	2.9	0.9	7.6	-0.05
OECD	2.7	2.5	2.7	3.1	2.7	1.6	1.5	5.5	3.8

Quelle: OECD, 2001/1, 271-273, eig. Berechnung.

Die bei bundesdeutschen Wirtschaftspolitikern beliebte Erwartung, dass binnenwirtschaftliche Nachfrageschwäche vollständig oder gar dauerhaft durch Exportüberschüsse kompensiert werden kann, ist aus mehreren Gründen illusionär. Erstens sind auch relativ hohe Exportüberschüsse in der Regel zu gering, um massive Nachfragedefizite am Binnenmarkt ausgleichen zu können. Zweitens setzen die Exportüberschüsse des einen Landes entsprechende Defizite bei anderen Ländern voraus. Solche Ungleichgewichte zwischen den Leistungsbilanzen verschiedener Handelspartner, also diese „beggar-my-neighbour-policy", sind jedoch auf Dauer weder erwünscht noch überhaupt durchzuhalten. Drittens begibt sich ein Land, das sein Wachstum zu einseitig auf den Export(überschuß) gründet, in steigende Abhängigkeit vom Konjunkturverlauf des Auslandes.

Der erbitterte Widerstand der deutschen Bundesregierung und ihrer Berater aus Wissenschaft, Medien und Unternehmenssektor gegen eine konsequente nachfrageorientierte Beschäftigungspolitik blockierte seit Jahren jede europäische Initiative eines wirksamen Beschäftigungsprogramms (HB, 1997/223, 6) und führte auch zum faktischen Scheitern des Luxemburger „Beschäftigungsgipfels" im November 1997. Selbst als die rezessive Abschwächung im Herbst 2001 durch den weltweiten Schock, den der Terroranschlag des 11. September 2001 auslöste, noch verstärkt wurde, kam es zu keiner grundsätzlichen wirtschaftspolitischen Neuorientierung der deutschen Regierung.

Die Gegner der Nachfragepolitik sind bisher jeden Beweis schuldig geblieben, dass sie mit ihrem angebotspolitischen Rezept bessere, ja überhaupt irgendwelche dauerhaften beschäftigungspolitischen Erfolge erzielen – außer einer Ausweitung von prekärer Niedriglohnbeschäftigung. Seitdem die Angebotspolitik dominiert, steigen auch die Arbeitslosenzahlen kontinuierlich an, und als Folge der Arbeitslosigkeit nimmt die soziale Armut zu. Das „Deutsche Institut für Wirtschaftsforschung" (Berlin), in dem die Keynessche Theorie auch zum Ende des 20. Jahrhunderts noch nicht ganz und gar in Vergessenheit geraten war, hatte im Jahr 1997 erneut eine detaillierte Analyse über die kärglichen beschäftigungspolitischen Effekte der Angebotspolitik vorgelegt und für nachfrageseitige Maßnahmen plädiert:

„In der öffentlichen Diskussion wird häufig der Eindruck vermittelt, es gebe

für die traditionellen Instrumente zur Ankurbelung einer Wirtschaft, also die nachfrageseitig ansetzenden Instrumente, keinen Handlungsspielraum mehr. Der Einsatz der Finanzpolitik wird ausgeschlossen, weil die öffentlichen Defizite und der Schuldenstand ohnehin sehr hoch und die öffentlichen Haushalte mit den Zinsbelastungen überfordert seien. Ein weiterer Einsatz der Geldpolitik wird abgelehnt, weil die kurzfristigen Zinsen historisch niedrig seien und selbst eine weitere Zinssenkung nicht ausreiche, die Investitionsneigung zu beleben, sondern allenfalls die Stabilität gefährde.
Selbst wenn man diese Einwände gegen Anregungen auf der Nachfrageseite akzeptierte, müßte man zeigen, dass es andere Instrumente gibt, die in gleicher oder zumindest ähnlicher Weise für mehr Investitionsdynamik und mehr Arbeitsplätze sorgen können. Das ist...bisher nicht gelungen.
In der politischen Debatte besteht daher die Gefahr, dass man sich mit der Abarbeitung langer Listen von Placebo-Maßnahmen beschäftigt und dabei kostbare Zeit verlorengeht. Eine Wirtschaft, die erst einmal auf einen abschüssigen Pfad eingeschwenkt ist, wieder auf einen Wachstumspfad zurückzuführen, ist bedeutend schwerer, als eine kurze Krise zu überwinden. Verbraucher und Investoren sind nach einer langen Stagnationsphase so verunsichert, dass sie schon hohe Dosen der richtigen Medizin benötigen, um zu einem Normalverhalten zurückzukehren. ... Ohne eine radikale Umkehr der Wirtschaftspolitik ist eine durchgreifende Besserung nicht möglich. ... Es gibt kein einziges Beispiel dafür, dass eine Volkswirtschaft nur mit Umstrukturierung und einem Abbau des Staatsanteils seine wirtschaftliche Situation durchgreifend verbessert hätte. In allen Fällen gab es offene oder verdeckte Nachfrageanstöße, die das höhere Wachstum und den Abbau der Arbeitslosigkeit erklären können, ohne dass man dazu auf Scheinerklärungen der Angebotspolitik zurückgreifen müßte. Dass das so ist, entspricht grundlegender gesamtwirtschaftlicher Logik, der man sich schlicht nicht entziehen kann. Will man also sowohl auf die Finanzpolitik als auch auf die Geldpolitik beim Kampf gegen die Arbeitslosigkeit verzichten, gibt es keinen anderen Weg, als auf eine ›beggar my neighbour-policy‹ mit Hilfe massiver Kostensenkung seitens des Staates und der Tarifpartner, also auf eine reale Abwertung der eigenen Währung, zu setzen. Da dies nicht auf Dauer und niemals für alle Länder funktonieren kann, muß diese unmoderne Art der Wirtschaftspolitik letztlich scheitern. (DIW, 27-28/97b, 484 ff.)

Diese unmissverständliche Warnung vor den verheerenden Beschäftigungswirkungen einer einseitigen Angebotspolitik war noch an die Regierung von Bundeskanzler Kohl gerichtet, aber inzwischen ist deutlich geworden, dass auch nach 1998 keine wirtschaftspolitische Kursänderung stattgefunden hat (Zinn, 2002b). Der Regierungswechsel zu Rot-Grün im Herbst 1998 schien die Erwartung vieler Menschen, dass die neue Regierung die gebotene beschäftigungspolitische Verantwortung nun wieder wahrnehmen würde, und das hätte bedeutet, die nachfragepolitische Seite des Handelns angemessen aufzuwerten, zuerst zu bestätigen. Bundeskanzler Schröder verkündete denn auch in der Regierungserklärung, seine Politik solle sich vor allem am beschäftigungspolitischen Erfolg messen lassen. Doch spätestens mit dem problematischen Abgang von Oskar Lafontaine im Frühjahr 1999, um die Sache etwas zu personalisieren, zerstob die große Hoffnung. Weiterhin lag die Bundesrepublik bei Wachstum, Beschäftigungsentwicklung und Anlageinvestitionen, wie bereits ausgeführt, deutlich unter dem Durchschnitt der Europäischen Union. Der Versuch der liberalkonservativen Bundesregierung, die beschäftigungspolitische Verantwortung des Staates auf das „Bündnis für Arbeit" abzuschieben, war zwar zum Scheitern verurteilt, und das hatte sich schon sehr früh erkennen lassen (Zinn, 1996; Zinn, 1999). Dennoch übernahm die Regierung Schröder dieses beschäftigungspolitisch stumpfe Instrument und bemühte sich, in jenem „Bündnis" der Lohnzurückhaltung besonderes Gewicht zu verschaffen. Die beabsichtigte politische Funktion des „Bündnisses", nämlich die Regierung scheinbar von der Verantwortung für das Beschäftigungsproblem zu entlasten, erwies sich – wie vorhersehbar war – als äußerst kontraproduktiv. Denn auf diese Weise wurde ein an sich heilsamer Druck von der Wirtschaftspolitik genommen, sich rechtzeitig um richtige Beschäftigungsmaßnahmen zu kümmern. Mit großen Hausvaterworten stolzierte die bundesdeutsche Finanzpolitik im Biedermantel fast Brüningscher Sparbuchhalterei daher und verkehrte das kritische Diktum des John Kenneth Galbraith „Privater Reichtum und öffentliche Armut" zu einer Regierungsdevise. Der „Volkswagenkonzern" hat inzwischen Acht- und Zwölfzylinder im Angebot, aber die Schlaglöcher bundesdeutscher Hauptstraßen werden zahlreicher und größer – übertroffen nur noch von dem baulichen Verfall vieler Grundschulen der Nation. Wie bereits beim Vergleich mit der französischen Wirtschaftspolitik erwähnt, gab es durchaus Alternativen. In Deutschland stieg das gesamtwirtschaftliche Arbeitsvolumen zwischen 1997 und 2000 um ca. um 2,2%, in Frankreich hingegen um etwa 3,5%. Entsprechend stärker fiel der Rückgang der französischen Arbeitslosenquote aus – von 12,5% im Jahr 1997 auf 8,5% im Jahr 2001 (DIW, 40/01, Abb.3). Für diesen klaren beschäftigungspolitischen Leistungsunterschied der beiden Länder ist vor allem die unterschiedliche Nachfrageentwicklung am jeweiligen Binnenmarkt ausschlaggebend. In Frankreich wuchs die Binnenmarktnachfrage zwischen 1997 und 2001 um rund 14%, in Deutschland nur um 8,5% (DIW, 40/01, Abb. 2).

> *„Bei gleichen geldpolitischen Rahmenbedingungen ist es in Frankreich anders als in Deutschland gelungen, das Wirtschaftswachstum auf breiter Basis zu stimulieren. Maßgeblich dafür war das Zusammenspiel verschiedener wirtschaftspolitischer Maßnahmen: einer antizyklischen Finanzpolitik, einer Lohnpolitik, die den Verteilungsspielraum weitgehend ausschöpfte, einer Verstärkung der Anreize zur Arbeitsaufnahme und einer Verkürzung der Arbeitszeit. Dadurch konnte die Beschäftigung deutlich erhöht und die Arbeitslosigkeit spürbar gesenkt werden“ (DIW, 40/01).*

Die Keynessche Kapitalismus-Analyse und die sich daraus ergebenden wirtschaftspolitischen Strategievorschläge gehen jedoch weit über jenen kurzfristigen Aspekt antizyklischer Politik hinaus, wie er im vorhergehenden Zitat leitend ist. Für die gegenwärtige Wirtschaftslage liefert Keynes' Theorie der langfristigen Entwicklung reicher Ökonomien das sachgerechte Erklärungs- und Handlungsmodell. Unter langfristigem Gesichtspunkt gelangt die Keynessche Theorie zu dem Ergebnis, dass der Wachstumsprozeß schließlich Stagnation *hervorbringt*; Wachstum in reichen Volkswirtschaften geht nicht aus irgendwelchen „exogenen“ Gründen (z.B. Politikversagen, Umweltbelastungen, extreme Rohstoffverknappung) in Stagnation über, sondern Stagnation wird sozusagen vom Wachstum selbst erzeugt! Die Stagnationstheorie liefert eine empirisch bestätigte Erklärung der gegenwärtigen Krise. Die hohe Erklärungskraft des Stagnationstheorems erweist sich an seiner prognostischen Leistungsfähigkeit. Die Stagnationstheorie ist aber von der herrschenden Wirtschaftslehre und der an der Status-quo-Ideologie ausgerichteten Wirtschaftspolitik verdrängt worden. Die offizielle Lesart läuft darauf hinaus, die Stagnationstheorie sei eine abwegige, allenfalls aus der Großen Depression der 1930er Jahre heraus erklärbare Meinung eines zwar bedeutenden, aber vor allfälligen Irrtümern doch nicht gefeiten Großmeisters der ökonomischen Wissenschaft. Hier besteht also erheblicher Aufklärungsbedarf. Deshalb müssen an dieser Stelle die Grundzüge des außerordentlich erklärungstüchtigen und prognostisch leistungsfähigen Stagnationstheorems kurz dargelegt werden (vgl. ausführlicher Reuter, 2000; Zinn, 2000a).

Stagnation

Unter Stagnation wird eine Wachstumsverminderung unter jenes Expansionsniveau verstanden, das – bei gegebenem Arbeitsangebot – einen Vollbeschäftigungszustand gewährleisten würde. Stagnation liegt also nicht erst dann vor, wenn auf längere Zeit gar kein Wachstum des Sozialprodukts mehr stattfindet oder gar eine Tendenz zur Schrumpfung sichtbar wird. Wesentlich für das Stagnationstheorem ist die über mehrere Konjunkturzyklen anhaltende Wachstumsschwäche. Stagnation setzt also keineswegs den Mechanismus der zyklischen Auf- und Abschwungsbewegungen der Konjunktur außer Kraft, aber die Aufschwünge führen nicht mehr bis auf das Vollbeschäftigungsniveau zurück. Vielmehr wird von Zyklus zu Zyklus ein steigender „Arbeitslosensockel" aufgebaut.

Das Stagnationstheorem erklärt die Krisen der hochentwickelten kapitalistischen Volkswirtschaften als Überfluß- bzw. Sättigungsphänomen. Wenn der technische Fortschritt das Produktivitätsniveau so stark angehoben hat, dass ein erheblicher Teil, vielleicht die Mehrheit der Bevölkerung einen Wohlstand genießt, der weit mehr als nur den lebenswichtigen Konsum umfaßt, dann werden Sättigungserscheinungen allmählich eine Dimension erreichen, die weiteres Wachstum von der Nachfrageseite her begrenzt.

Die Abschwächung der Nachfragedynamik hat im wesentlichen zwei miteinander verbundene Gründe: Relative Sättigung des Konsums und (zunehmende) Ersparnisbildung. Kompensierende Faktoren, wie etwa starke Bevölkerungszunahme, die Erschließung neuer Wirtschaftsgebiete (beispielsweise die Vertreibung und Vernichtung der nordamerikanischen Indianer im 19. Jahrhundert und die Neubesiedlung der Gebiete durch europäische Einwanderer) oder völlig neue *große* Wachstumsfelder, wie sie der technische Fortschritt beispielsweise mit der Automobilisierung und deren komplementären Effekten (Straßenbau, Reparaturwerkstätten, Unfallhilfe und -medizin, Verkehrsgerichtsbarkeit etc.) erschlossen hat, fehlen heute und sind auch künftig kaum noch zu erwarten.

Relative Sättigung

Betrachten wir jetzt die beiden Faktoren, relative Sättigung und steigende Ersparnisbildung, in ihren psychologischen Ursachen und in ihren gesamtwirtschaftlichen Auswirkungen etwas eingehender. Wie im Zusammenhang mit der Arbeitswertlehre bereits erwähnt wurde, trat dieser Theorie im 19. Jahrhundert die subjektive Werttheorie oder auch Grenznutzentheorie als vermeintliche Alternative entgegen. Der Deutsche Hermann Heinrich Gossen (1810 – 1858) veröffentlichte 1854 eine epochale Schrift unter dem Titel „Entwicklung der Gesetze des menschlichen Verkehrs und der daraus fließenden Regeln für menschliches Handeln". Dieses schwer lesbare Werk blieb zu Lebzeiten seines Autors völlig unbekannt. Erst posthum wurde Gossen die ihm gebührende wissenschaftliche Anerkennung zuteil. Gossen faßte die für Ökonomie und Psychologie gleichermaßen wichtige Erkenntnis in Gesetze, dass die menschlichen Bedürfnisse – jedenfalls die meisten und insbesondere die lebenswichtigen – sättigungsfähig sind. Das „Sättigungsgesetz" (Synonyme: Gesetz vom abnehmenden Grenznutzen; Erstes Gossensches Gesetz) besagt, dass die von einer bestimmten Güterart von einem Menschen in einem bestimmten Zeitraum (Tag, Woche, Jahr, ganzes Menschenleben) konsumierbare Menge nicht nur begrenzt ist, weil es irgendwann zur Sättigung kommt, sondern dass sich die Sättigung schrittweise einstellt. Der Durstige empfindet das erste Glas Wasser (subjektiv) als wertvoller; es ist für ihn von höherem Nutzen als alle folgenden. Der subjektiv empfundene Nutzen jeder zusätzlichen Gütereinheit, der sogenannte Grenz-Nutzen, sinkt fortlaufend – bis auf Null und wird dann negativ (Ekel, Abscheu, Schaden, Leid). Mit der Höhe des (Grenz)Nutzens korrespondiert die Zahlungsbereitschaft. Deshalb würde der Durstige für das erste Glas Wasser einen höheren Preis bezahlen als für das zweite etc., wenn er zu solcher Preisdifferenzierung gezwungen würde. Das Sättigungsgesetz gilt nicht nur für das einzelne Bedürfnis bzw. die einzelne Güterart, sondern für (fast) alle Bedürfnisse und Güter. Deshalb kommt es ja auch bei steigendem Wohlstandsniveau auf mehr und mehr Märkten zur Nachfragesättigung. Die Güterproduzenten merken dies daran, dass trotz vorhandener Kaufkraft ihrer Kunden kein Nachfragewachstum mehr zu erreichen ist, mögen die Werbekosten und die Reklameraffinessen auch überborden. Nun gut, wenn man genug zu essen hat, gibt es noch viele andere unbefriedigte Bedürfnisse, die nachfragewirksam werden können, sofern Kaufkraft vorhanden ist. Doch auch hier schlägt der Sättigungsmechanismus irgendwann zu. Erstens fehlt häufig die zum Konsum komplementäre Zeit, um das, was man sich finanziell leisten könnte, auch zeitlich zu nutzen. Es ist eben nicht sehr sinnvoll, alle möglichen Freizeitgüter zu kaufen, wenn es an der Nutzungs- bzw. Konsumzeit fehlt. Zweitens lassen sich viele Bedürfnisse gehobener Art, insbesondere aber Bedürfnisse der „Geisteskultur", relativ preiswert befriedigen. Gemessen am heutigen Einkommensniveau sind beispielsweise Bücher extrem billig geworden. Die eigentlichen Kosten des Bücherkonsums bestehen in der knappen Lese- bzw. Lebenszeit. Drittens sind wohl die wichtigsten, interessantesten, für die Lebensqualität gehaltvollsten Güter in den meisten Haushalten reicher Volkswirtschaften bereits in ausreichendem Maße vorhanden, so dass die noch unbefriedigten Bedürfnisse relativ geringe Spannungsintensität aufweisen. Damit wird es auch immer schwieriger für die Anbieter, solche „Produktinnovationen" hervorzubringen, die geeignet sind, aus zahlungsfähigen auch zahlungswillige Konsumenten zu machen.

Zur These von der Unbegrenztheit der Bedürfnisse

Dem Gossenschen Sättigungsgesetz, also der Erkenntnis, dass Bedürfnisse im Zuge ihrer immer besseren Befriedigung schließlich abgesättigt werden, so dass sie auch keinen Anreiz für weitere Konsumgüternachfrage bewirken, wird seit alters her und mit besonderer Vehemenz von einigen klassischen und allen neoklassischen Lehrherren und -damen die These von der „Unbegrenztheit menschlicher Bedürfnisse" entgegengestellt. Damit kann zweierlei gemeint sein. Erstens mag zwar jedes einzelne Bedürfnis wie Hunger, Durst usw. der Sättigung unterliegen, aber die Zahl der Bedürfnisse könnte unendlich sein. Dann verlagert sich die Konsumnachfrage immer wieder auf neue Sachgüter und Dienstleistungen, die die bisher nicht oder nur unzulänglich befriedigten Bedürfnisse bedienten. Zweitens gibt es aber auch Bedürfnisse, die dem Sättigungsgesetz nicht gehorchen, so dass auch die entsprechende Konsumnachfrage unbegrenzt bleiben kann. Beide Gegenargumente zum Sättigungsgesetz sind triftig, aber schauen wir sie uns genauer an. Eine unbegrenzte Zahl verschiedener Bedürfnisse würde, selbst wenn es sich so verhielte, nicht bedeuten, dass auch der Konsum unbegrenzt wächst. Denn erstens sind gerade die „höheren" Bedürfnisse, die sich dann durchzusetzen beginnen, wenn die „einfachen", lebensnotwendigen, also die biologischen Grundbedürfnisse befriedigt wurden, meist immaterieller Art, d.h. sie lassen sich nicht sachgerecht durch simple Konsumsteigerung befriedigen. Welche Konsumnachfrage wird etwa durch das Bedürfnis nach Muße oder Geselligkeit mobilisiert? Gewiß keine sehr exzessive – außer im Fall neurotischer Deformationen, aber solche Pervertierung der Lebensäußerungen haben keine „natürlichen", sondern Gründe, die in der sozialökonomischen Umwelt liegen. Die von Schopenhauer und anderen erwartete Steigerung der „Geisteskultur" im Zuge wachsenden materiellen Wohlstands einer Gesellschaft läßt sich gerade nicht durch Anhäufung von Konsumgütern herbeiführen; der erfolgversprechende Weg läuft eher in Gegenrichtung.

Wenn die Zahl der durch Konsumsteigerung zu befriedigenden Bedürfnisse wohl doch nicht so unbegrenzt ist, wie die Unbegrenztheitsthese vorgibt, so bleibt immer noch die Möglichkeit, dass bestimmte Einzelbedürfnisse vom Sättigungsgesetz ausgenommen sind. Dies ist in der Tat der Fall. Es geht – mit der Keynesschen Bedürfnisklassifikation gesprochen (Keynes, 1930) – um „relative" Bedürfnisse im Unterschied zu den „absoluten" Bedürfnissen. Grob gesprochen handelt es sich bei den relativen Bedürfnissen um Prestige- und Machtbedürfnisse. Dass sie keiner Sättigung unterliegen, drückte schon Schopenhauer in einem prägnanten Aphorismus aus: „Der Reichtum gleicht dem Seewasser; je mehr man davon trinkt, desto durstiger wird man. Das Selbe gilt vom Ruhm." Die relativen Bedürfnisse drängen das Individuum, sich von seinen Mitmenschen abzusetzen, sich über sie zu erheben, sie direkt oder indirekt zu beherrschen. Es geht also um die Abwehr von Nivellierung und Gleichheit zugunsten der eigenen Überhöhung. Fred Hirsch nennt die Güter, die zur Befriedigung der relativen Bedürfnisse dienen, zutreffend „Positionsgüter" (Hirsch, 1980). Sie sind *immer* begrenzt, d.h. nicht durch technischen Fortschritt vermehrbar, weil ihr Wesensmerkmal gerade darin besteht, dass nur wenige das betreffende Gut besitzen. Sobald es zu einem Massenkonsumgut würde, verlöre es seinen Positionscharakter, könnte das relative Bedürfnis nicht mehr befriedigen. Ein „Volks-Rolls-Royce" ist eine Unmöglichkeit! Selbst wer mit nur halboffenen Augen unsere Konsumwelt betrachtet, wird rasch erkennen, dass inzwischen der wohl größere Teil des Mittel- und Oberschichtenkonsums nicht auf den handfesten Gebrauchswert der Güter gerichtet ist, sondern der Befriedigung der relativen Bedürfnisse dient. Die Konsumwerbung macht sich das weidlich zunutze. „Hast Du was, bist Du was", formulierten die Werbekreativen schon in den fünfziger Jahren, und „Ähnliches ist nicht dasselbe", wissen alle Kunden der Exklusivboutiquen und teuren Herrenausstatter. Die Absatzstrategie transnationaler Konsumkonzerne zielt denn auch auf Prestige und kaum auf Gebrauchswerte. „Marke statt Produkte" lautet die Devise (vgl. ausführlich Klein, 2002). Snobeffekt und Veblen-Effekt, d.h. das Konsumieren des Ausgefallenen bzw. des der breiten Masse entzogenen Hochpreisigen, sind bekannte Phänomene im Verbraucherverhalten. Es war eben schon immer etwas kostspieliger, einen besonderen Geschmack zu haben. Über die konsumstimulierende Wirkung der relativen Bedürfnisse kann es gar keinen Zweifel geben. Jedoch sind auch hier einige Gegenargumente zur Unbegrenztheitsthese bedeutsam. Erstens lassen sich relative Bedürfnisse auch auf anderen Wegen als denen der extensiven Konsumexklusivität befriedigen – beispielsweise durch Bildung, herausragende soziale Aktivitäten, demonstratives Mußeverhalten etc. Zweitens sind im Unterschied zu den lebensnotwendigen Grundbedürfnissen, wie immer sie im konkreten Fall abgegrenzt werden mögen, viele andere, insbesondere die relativen Bedürfnisse zudem der geistigen, reflektiven Beeinflussung zugänglich. Der Mönch, der ein Armutsgelübde abgelegt hat, und der Anhänger des Zen, der sich um die „innere Leere und große Freiheit" bemüht, werden dennoch ihre Grundbedürfnisse befriedigen müssen, aber alles, was darüber hinausgeht, hat für sie – mehr oder weniger – den Reiz bzw. (subjektiven) Nutzen verloren. „An alle Begierden richte die Frage: Was wird mir geschehen, wenn das erfüllt wird, was die Begierde erstrebt, und was, wenn es nicht erfüllt wird?", lautet eine Empfehlung Epikurs (341 – 271 v. C.), die zu formulieren und zu befolgen nur der menschlichen Spezies gegeben ist; und nur der Mensch vermag, seinem Glück auf diesem Weg vernünftiger Überlegung nahe zu kommen. Wenn er nämlich erkennt, dass ihn gewisse Begierden unglücklich machen, insbesondere dann, wenn ihre Erfüllung versagt ist, so hat der Mensch die Möglichkeit, sich seiner Begierden zu entledigen; mag es auch schwierig sein und Geduld erfordern. Die relativen Bedürfnisse sind nicht derart zwingend wie die absoluten. Der Mensch oder genauer: die menschliche Vernunft kann zwar nicht den Hunger, den Durst, die Sexualität und dergleichen existenzielle Grundbedürfnisse ausschalten bzw. durch reflektive Bedürfnisklärung neutralisieren, dies gelingt aber sehr wohl bei den relativen Bedürfnissen. Auch wenn intersubjektive Unterschiede in der jeweiligen Bedürfnisintensität einerseits und dem kognitiven und emotionalen Vermögen des kontemplativen Umgangs mit den relativen Bedürfnissen andererseits vorhanden sind, so ist es doch grundsätzlich möglich, die Befriedigung relativer Bedürfnisse auf derart verschiedene Weise zu erreichen, dass eine unabänderliche Notwendigkeit, dies über den materiellen Konsum laufen zu lassen, kategorisch verneint werden kann. Damit ist aber auch der Einwand widerlegt, die relativen Bedürfnisse bildeten ein unüberwindbares natürliches Bollwerk gegen Konsumsättigung (vgl. ausführlich: Reuter, 2000).

Die Unbegrenztheitsthese erscheint auch aus evolutionsbiologischer Perspektive nicht plausibel. Es entspricht nicht der Logik der Evolution, dass unsere Spezies während ihrer phylogenetischen Entwicklung darauf programmiert wurde, Unersättlichkeit als ihr Wesensmerkmal mitschleppen zu müssen und ihre Glückserfahrungen an ein endlos steigendes Konsumniveau geknüpft zu erleben. Vielmehr sind die größten Glückserfahrungen fern vom Konsum, gar den Konsumexzessen angesiedelt. Der unter bestimmten sozialökonomischen Bedingungen antrainierte Konsumfetischismus ergibt sich wohl eher als mäßige Ersatzbefriedigung von Bedürfnissen, deren adäquate Abstillung verwehrt ist. Die Abdrängung der Menschen aufs geldausgebende Konsumieren als Befriedigungsersatz für bestimmte geistige und seelische Bedürfnisse, deren immaterielle Qualität im Marktkonsum systematisch ausgeschlossen und vom kapitalistischen Markt der Konsumstimulierung halber sogar deformiert wird, ist ein historisches Phänomen, und somit liegt es auch im Möglichkeitsspektrum evolutionsbiologischer Disposition des Menschen, die relativen Bedürfnisse konsumintensiv oder aber auch konsumabstinent zu befriedigen. Die sozialen und kulturellen Verhältnisse enthalten wohl die entscheidenden Einflußgrößen für das jeweilige Verhalten im Umgang mit seinen relativen Bedürfnissen. Jedenfalls gibt es keinen evolutionsbiologischen Zwang, die relativen Bedürfnisse auf ganz bestimmte Weise zu bedienen. Dass die konsumintensive Befriedigung relativer Bedürfnisse wegen der durch Wirtschaftswachstum verursachten Umweltzerstörungen und der Ausrottung ungezählter Tier- und Pflanzenarten (Engelhardt, 1997) auch für die menschliche Spezies selbst nachteilig ist, bedarf keiner weiteren Erläuterung.

Die anthropologischen Grundlagen des Sparverhaltens

Die evolutionsbiologische Betrachtungsweise vermag auch bei der Erklärung der neben dem Konsumieren zweiten Möglichkeit der Einkommensverwendung, der Ersparnisbildung, gewisse Einsichten zu vermitteln. Sparverhalten läuft auf eine Art Reservebildung hinaus; es geht also um Zukunftsvorsorge. Sie fließt, wie erwähnt, aus einem Bedürfnis, das „Sorge" genannt werden kann. Sorge stellt – wie andere Bedürfnisse – eine innere Spannung dar, die auf spannungsreduzierendes Verhalten drängt. Wer Sorgen hat, hat vielleicht auch Likör, aber es gibt bekanntlich bessere Möglichkeiten, seinen Sorgen zu begegnen, und am besten ist es, möglichen Sorgen vorzubeugen. Dass dazu die Ersparnisbildung ein geeignetes Mittel ist, bedarf keiner weiteren Erläuterung.

Wer spart, verwendet einen Teil seines laufenden Einkommens, um sich von Zukunftssorgen zu entlasten. Damit wird aber gegenwärtiges Einkommen vorerst nicht nachfragewirksam. Ersparnisbildung bzw. Vorsorge stellt also neben der Sättigung eine weitere, zusätzliche Komponente bei der Erklärung nachlassender Konsumdynamik dar. In Naturalwirtschaften wird dem Vorsorgebedürfnis ausschließlich durch materielle Vorratshaltung nach dem Eichhörnchen-Prinzip entsprochen. In entwickelten Geldwirtschaften findet Vorsorge in anderen Formen statt – vor allem durch die Ersparnis von monetären Einkommensteilen, also Nichtverausgabung von verfügbaren Geldbeträgen. Die in der Wirtschaftswissenschaft übliche Charakterisierung der Ersparnisbildung als Konsum*verzicht* ist zumindest mißverständlich. Man könnte auch umgekehrt behaupten, dass jemand, der sein ganzes Geldeinkommen konsumiert, *Sparverzicht* leistet, d.h. das Vorsorgebedürfnis nicht befriedigt, beispielsweise weil er zu einer neurotischen Verschwendungssucht oder verantwortungsloser Sorglosigkeit sozialisiert wurde. Im Normalfall liegen aber Sorge und das darauf bezogene Bedürfnis nach Ersparnisbildung vor. Es sei am Rande vermerkt, dass des eigenständigen Sparbedürfnisses halber ein Sparzins im Sinn eines Entgelts für den (fälschlich angenommenen) Konsum*verzicht* gar nicht notwendig ist, um zum Sparen zu motivieren.

Von dem deutschen Nationalökonomen Lujo Brentano (1844 – 1931) wurde zu Beginn des 20. Jahrhunderts darauf hingewiesen, dass die Menschen ein eigenständiges Bedürfnis der Vorsorge haben und zur Befriedigung dieses Bedürfnisses ein Teil des Einkommens verwendet wird, d.h. gespart werden muß. Mit steigendem Einkommen steigt jedoch die Ersparnis nicht nur absolut und lediglich proportional zum Einkommen, sondern überproportional. Dies ist psychologisch relativ leicht nachvollziehbar. Die allgemeine Zukunftsunsicherheit ist der wesentliche Motivator der Vorsorge. Nur solange die unmittelbaren, lebenswichtigen Bedürfnisse unterbefriedigt sind, wird jenes Vorsorgebedürfnis hintangestellt. Auf gehobenem Wohlstandsniveau ist es hingegen recht vernünftig, sich diesen Standard auch für die Zukunft zu erhalten, zumal kaum jemand weiß, wie lange das Leben dauern wird. Das erfordert aber Vorsorge – eben Ersparnisbildung. Brentanos Erkenntnis geriet zeitweilig in Vergessenheit. Es war dann John Maynard Keynes, der jenen Zusammenhang zwischen steigendem Einkommen und tendenziell überproportionalem Anstieg der Ersparnis Anfang der 1930er Jahre neu entdeckte und dann in seine „Allgemeine Theorie" integrierte. Keynes gab diesem einkommensabhängigen Ersparniszuwachs Gesetzesform; er nannte ihn „fundamentales psychologisches Gesetz" und drückte dieses in der mathematisch formalisierten Sparfunktion aus[2]. Der theoriegeschichtlichen Korrektheit halber sollte jedoch vom „Brentano-Keynesschen Gesetz" gesprochen werden.

Das prekäre Gleichgewicht von Sparen und Investieren

Höhere Ersparnisse bedeuten im ersten Schritt einen entsprechenden Nachfrageausfall. Wenn die privaten Haushalte von ihrem Gesamteinkommen – sagen wir mal – in Höhe von 5 Billionen Mark 20 Prozent sparen, so fehlt eine Nachfrage von 1 Billion. Unter günstigen Umständen wird dieses Geld auf dem Kreditwege an Investoren weiterge-

2 Setzten wir Y = Einkommen, S = Ersparnis, dann ergibt sich in allgemeiner Form die Sparfunktion als $S = f(Y)$.

leitet, die es dann für Investitionen verwenden. An die Stelle von 1 Billion Konsumausgaben der Haushalte tritt Investitionsgüternachfrage der Unternehmen in entsprechender Höhe. Doch wenn das bereits erreichte, mit steigendem Volkseinkommen sogar weiter steigende Sparvolumen nicht voll durch Investitionen absorbiert wird, dann ergibt sich eine gesamtwirtschaftliche Nachfragelücke. Es entstehen Absatzprobleme, die wiederum zur Produktions- und Investitonseinschränkung veranlassen. Es kommt eine Abwärtsspirale in Gang. Die Gefahr ihres Auftretens ist um so größer, je höher der *Anteil* der gesamtwirtschaftlichen Ersparnis am Volkseinkommen, also die gesamtwirtschaftliche Sparquote, ausfällt. Denn relativ hohe Ersparnis ist ein Indikator für relativ schwache Konsumdynamik. Bei schwacher Konsumdynamik befürchten die Investoren aber zu Recht, dass es sich nicht lohnt, weitere Investitionen vorzunehmen, also Kapazitäten aufzubauen, die dann über die Nachfrageentwicklung hinausgehen. Keynes sah in der Diskrepanz zwischen der freiwilligen Ersparnis auf Vollbeschäftigungsniveau und der freiwilligen Investition das Grundproblem hochentwickelter Marktwirtschaften. Der Überhang der Ersparnisse über die Investitionen muß daher abgebaut werden. Der dazu notwendige Prozeß führt über eine sukzessive Produktions- bzw. Einkommensreduktion zu steigender Arbeitslosigkeit. Die Kontraktion endet erst, wenn auf niedrigerem Einkommens- und Beschäftigungsniveau die Ersparnis soweit gesunken ist, dass sie mit der Investition wieder in Einklang kommt. Dieser Zustand wird mit dem etwas widersprüchlichen Begriff „Unterbeschäftigungsgleichgewicht" bezeichnet; widersprüchlich, weil ein Unterbeschäftigungszustand ja ein Ungleichgewicht am Arbeitsmarkt bedeutet.

Der Marktmechanismus führt zwar, wie beschrieben, von allein zu einer Übereinstimmung von Ersparnis und Investitionen, aber eben nicht automatisch auf ein Vollbeschäftigungsniveau. Vollbeschäftigung bildet aus Keynesscher Sicht eine seltene Ausnahme, weshalb Vollbeschäftigung – gar als permanenter Zustand – nur durch beschäftigungspolitische Staatsinterventionen zu erreichen ist. Der Blick auf die wirtschaftsgeschichtliche Realität zeigt, dass Keynes Recht hat. Dies gilt selbstverständlich nicht nur für eine geschlossene Binnenwirtschaft.

Auch in einer Weltwirtschaft, in der die einzelnen nationalen Ökonomien „offen“ sind, d.h. infolge eines mehr oder weniger stark liberalisierten Außenhandels quasi eine „internationale Gesamtwirtschaft“ bilden, stellen sich analoge Probleme, und die beschäftigungspolitischen Interventionen müßten alle Länder erfassen.

Keynes’ Vorhersage der gegenwärtigen Stagnationskrise

Die orthodoxe Wirtschaftstheorie, gegen die Keynes Front gemacht hatte, die aber seit den 1980er Jahren wieder den Ton in Wirtschaftswissenschaft und Wirtschaftspolitik angibt, hegt ganz andere Vorstellungen über den Zusammenhang von Sparen und Investieren. Grundsätzlich wird an der klassischen Harmonieauffassung in der Form des „Sayschen Theorems“ festgehalten, dass sich jedes Angebot seine Nachfrage schaffe. Hohe Ersparnisse würden zu sinkenden Kreditzinsen führen, und da – so die Annahme – die Investitionstätigkeit weitgehend von der Zinshöhe abhinge, bewirkten die niedrigen Zinsen entsprechend hohe Investitionen. Abgesehen von kurzfristigen Friktionen und Anpassungsverzögerungen komme jedenfalls in einer „freien Konkurrenzwirtschaft“ über diesen klassischen Zinsmechanismus ein Gleichgewicht von Ersparnis und Investitionen, und *zwar auf Vollbeschäftigungsniveau* zustande, sofern Preise, vor allem Löhne flexibel sind. Vor dem Hintergrund dieses Glaubens an eine Vollbeschäftigungsautomatik der freien Konkurrenzwirtschaft wird verständlich, dass der marktradikale Neoliberalismus alle Beschäftigungs- und Wachstumsprobleme auf sogenannte „Verkrustungen“ – sprich: Sozialstaat, Arbeits- und Kündigungsschutz, Mitbestimmung und andere gesellschaftliche Fortschritte – zurückführt und deren Beseitigung verlangt. Halten wir fest: Sowohl Keynes als auch die orthodoxen Wirtschaftstheoretiker sehen einen marktwirtschaftlichen Automatismus, der Sparen und Investieren in Übereinstimmung bringt. Der wesentliche Unterschied zwischen den beiden Positionen besteht jedoch darin, dass Keynes die Unterbeschäftigung als den Normalzustand einer von beschäftigungspolitischen Interventionen „freien" Marktwirtschaft erkennt, während die Orthodoxie gerade das Gegenteil behauptet, nämlich dass der Marktmechanismus ganz von alleine Vollbeschäftigung herbeiführe, weshalb gerade die Interventionen für Arbeitslosigkeit verantwortlich seien.

Die klassisch-neoklassische Lehre vom Marktautomatismus vermochte weder zutreffende Prognosen der Langfristentwicklung, schon gar nicht des über wiederkehrende Krisen verlaufenden ungleichgewichtigen Wachstums zu geben, noch enthält jene Theorie von ihren Prämissen her überhaupt die Möglichkeit, die Veränderungen der Wachstumsvoraussetzungen aus dem Akkumulationsprozeß selbst heraus zu erklären – und zu prognostizieren. Dies leistet jedoch die Keynessche Stagnationstheorie, auf die wir uns hier beschränken, während wir andere prognosetüchtige Theorien – etwa die Marxsche Krisentheorie – beiseite lassen. Der Deutlichkeit halber sei noch eine kurze Passage der Keynesschen Langfristprognose aus dem Kriegsjahr 1943 (!) zitiert. Damals konnte sich wohl kaum jemand Sättigung und nachfragebedingte Wachstumshindernisse vorstellen. Doch war Keynes dazu aufgrund der logisch konsequenten Anwendung seiner Theorie in der Lage. Er sah die tatsächliche Wirtschaftsentwicklung des dem Kriegsende folgenden halben Jahrhunderts vorher:

> *„Nach dem Krieg sind drei Phasen der Wirtschaftsentwicklung zu gewärtigen:*
> *a) wenn die Investitionsanreize unkontrolliert zu einem Investitionsvolumen führen, das größer ist als die (unter Vollbeschäftigungsbedingungen) angezeigte Sparquote, nachdem Bewirtschaftung und andere Kontrollen aufgehoben sind.*
> *b) wenn das dringend notwendige Investitionsniveau der (unter freien Marktverhältnissen entstandenen) Sparquote entspricht, aber die Möglichkeiten bestehen, die Investitionsquote dem gewünschten Zustand anzugleichen durch Ermutigung oder Beschleunigung zwar weniger dringender, aber durchaus nützlicher Investitionen.*
> *c) wenn die Nachfrage nach Investitionen soweit befriedigt ist, dass sie nicht auf das angezeigte Sparniveau angehoben werden kann, ohne sich auf verschwenderische oder unnötige Unternehmungen einzulassen.*

...

Wir treten dann in die zweite Phase ein... Wenn 2/3 oder 3/4 aller Investitionen von öffentlichen oder halböffentlichen Körperschaften getätigt oder zumindest gesteuert werden, sollten wir mit einem langfristig angelegten Investitionsprogramm in der Lage sein, mögliche Schwankungen/Fluktuationen des Wirtschaftswachstums wesentlich geringer zu gestalten, als es früher der Fall war, als nur ein kleiner Teil der Investitionen unter öffentlicher Kontrolle stand... Die Hauptaufgabe besteht darin, größere Schwankungen durch ein kontinuierliches, langfristiges Programm zu verhindern. Wenn das gelingt, sollte es nicht schwerfallen, kleinere Schwankungen dadurch auszugleichen, dass man einige Ausgabenkomponenten des langfristigen Programms entweder beschleunigt oder verzögert.
Was nun die dritte Phase anbelangt, ... wird (es) notwendig sein, sinnvollen Konsum zu ermutigen, vom Sparen abzuraten und einen Teil des unerwünschten Surplus durch vermehrte Freizeit zu absorbieren – mehr Urlaub (eine wunderbare Art, Geld loszuwerden!) und weniger Arbeitsstunden.“ (Keynes, 1943)

Das kurze Zitat belegt zweifelsfrei unsere Behauptung, dass Keynes die langfristige Entwicklung nicht als einen Prozeß fortlaufenden exponentiellen Wachstums verstand, wie es lange Zeit von den etablierten Nachkriegsökonomen für ausgemacht gehalten wurde, sondern dass sich die Wachstumsvoraussetzungen durch das Wachstum selbst verändern, also eine dialektische Bewegung abläuft. Zunehmende Sättigung und Ersparnis leiten in eine Stagnationsphase über, in der sich Vollbeschäftigung nur aufrechterhalten läßt, wenn der Staatsanteil (an den gesamtwirtschaftlichen) Investitionen zunimmt, die Arbeitszeiten reduziert werden und der ganze Übergangsprozeß nach Maßgabe einer längerfristig angelegten makroökonomischen Orientierungsvorgabe gesteuert wird. Bereits im Schlußkapitel der „Allgemeinen Theorie“, das er als „Abschließende Bemerkungen zur Sozialphilosophie, die sich aus der Allgemeinen Theorie ergeben“ betitelte, hatte Keynes 1936 die „Sozialisierung der Investitionstätigkeit“ als notwendige Langfristaufgabe der Wirtschaftspolitik postuliert:

„In mancher Hinsicht weist die vorgetragene Theorie konservative Züge auf. Denn obgleich sie die existenzielle Wichtigkeit von zentralen Kontrollen in etlichen Bereichen hervorhebt, die gegenwärtig noch der Initiative des Einzelnen überlassen sind, bleiben weite Bereiche davon unberührt. Der Staat muß wesentlichen Einfluß auf die Konsumneigung ausüben – durch sein Steuersystem, durch Festlegung des Zinssatzes und wohl auch noch auf andere Weise. Außerdem ist es unwahrscheinlich, dass die Zinspolitik des Bankensektors genügt, um ein optimales Investitionsvolumen zu erreichen. Ich denke daher, dass eine ziemlich umfassende Sozialisierung der Investitionen die einzige Möglichkeit bietet, annähernd das Vollbeschäftigungsniveau zu erreichen; damit sind keineswegs alle möglichen Arten von kooperativen Kompromissen und Abstimmungen zwischen der öffentlichen Hand und Privatinitiative ausgeschlossen. Doch darüber hinaus besteht keine Notwendigkeit für ein staatssozialistisches System, das den Großteil der Wirtschaft einschlösse. Das Eigentum an den Produktionsmitteln braucht der Staat nicht zu übernehmen. Wenn der Staat in der Lage ist, die erforderlichen Investitionen zu mobilisieren, und deren Eignern die erforderliche Rendite gewährleistet, hat er alles Notwendige getan. Zudem lassen sich die erforderlichen Sozialisierungsmaßnahmen schrittweise vornehmen, und zwar ohne einen Bruch mit den verbreiteten Traditionen der Gesellschaft." (Keynes, 1936, 377f.; Übersetzung v. V.)

Unter „Sozialisierung der Investitionen" verstand Keynes also nicht die Verstaatlichung des Produktionsmitteleigentums, sondern es ging ihm darum, ein zur Vollbeschäftigung hinreichendes Investitionsvolumen durch nachfrageorientierte Intervention zu erreichen. Allerdings ist dazu eine relativ weitgehende Investitionslenkung erforderlich, wie sie beispielsweise lange Zeit recht erfolgreich in Japan praktiziert worden war, ehe der Zusammenbruch der japanischen Finanzspekulationen das Land Anfang der 1990er Jahre in eine anhaltende Krise stürzte. Die „antizyklische Fiskalpolitik", die von der um die Stagnationstheorie verkürzten Keynes-Rezeption der Universitätsökonomie als „der" Keynesianismus ausgegeben wird, spielt im Keynesschen Theoriegebäude keineswegs die herausragende Rolle, die ihr von jener verengten Keynes-Interpretation zugewiesen wurde. Wie auch vorstehendes Zitat belegt, stellt die antizyklische Konjunkturbeeinflussung nur eine Ergänzung der grundsätzlich auf zyklusübergreifende Stabilität und Kontinuität der gesamtwirtschaftlichen Investitionsentwicklung anzulegenden makroökonomischen Steuerung dar.

Strukturwandel und Strukturkrise

Vom unbewältigten Strukturwandel ist die Rede, wenn Politiker und andere veröffentlichte Personen sich anschicken, den Menschen draußen im Lande die Ökonomie zu erklären. Wirtschaftlicher Strukturwandel ist aber eine sehr alte und ganz normale Erscheinung in Wachstumsökonomien. Das Problem ist also nicht der Strukturwandel, sondern sein stockender Verlauf. Es gibt kein langfristiges, intensives Wachstum ohne Strukturwandel. Wenn infolge des technischen Fortschritts die Arbeitsproduktivität und das statistische Durchschnittseinkommen einer Gesellschaft steigen, dann macht sich das Sättigungsgesetz auf mehr und mehr Märkten geltend. Beispielsweise sind die Märkte für Agrargüter in den wohlhabenden Volkswirtschaften weitgehend gesättigt. Deshalb gibt es dort kein merkliches Wachstum mehr, und die Zahl der landwirtschaftlichen Arbeitskräfte sinkt (immer noch). Dass es zugleich Mangel an lebenswichtigen Gütern und Ernährungsdefizite bei den unteren Schichten gibt, gehört zu den verteilungsbedingten Paradoxien reicher Gesellschaften.

Wenn ein Markt gesättigt ist, also selbst bei stärkeren Preissenkungen kaum noch eine Steigerung der Absatzmengen erreicht werden kann, so stagniert die Produktion. Soweit das Produktivitätswachstum anhält, was für die meisten Branchen zutrifft, läßt sich die absetzbare Produktionsmenge mit immer weniger Arbeitskräften herstellen: Rationalisierung vernichtet Arbeitsplätze. Solange nun den stagnierenden oder gar schrumpfenden Branchen genügend Wachstumsbereiche gegenüberstehen, können – je nach geografischer und beruflicher Mobilität – die von Stagnationsunternehmen entlassenen Arbeitskräfte in den Wachstumsindustrien neue Beschäftigung finden. Die Wachs-

Abbildung:
Langfristiger Strukturwandel der Beschäftigung (%-Anteile der Sektoren)

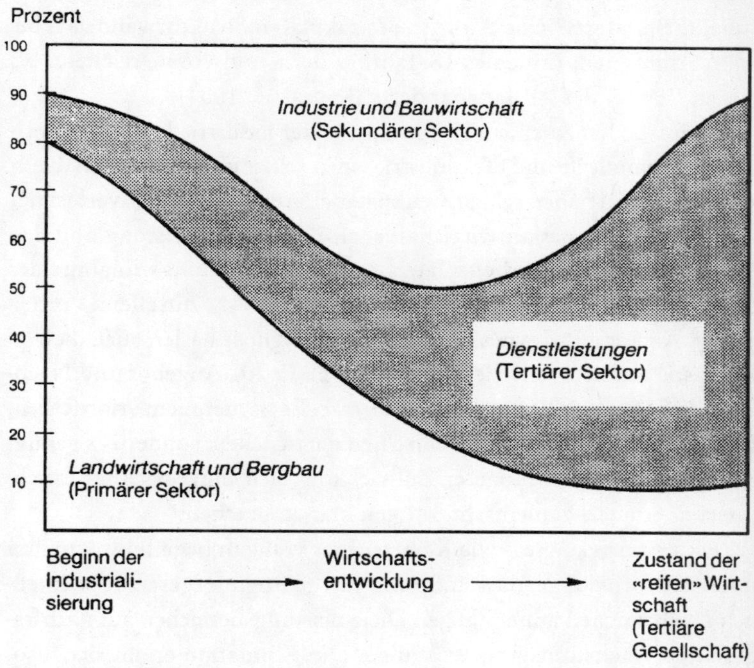

Quelle: Kneschaurek, 1990, 106.

tumsbereiche weiten ihre Anteile an der gesamtwirtschaftlichen Wertschöpfung und Beschäftigung aus. Das ist Strukturwandel. Er spielt sich kurzfristig innerhalb größerer Sektoren wie Landwirtschaft, Industrie oder Dienstleistungssektor zwischen den Unternehmen ab (intrasektoraler Strukturwandel) und längerfristig zwischen den Sektoren selbst (intersektoraler Strukturwandel). Strukturwandel ergibt sich also aus dem Zusammenwirken von produktivitätssteigerndem technischen Fortschritt, sukzessiver Sättigung und dem Auftreten neuer Wachstumsindustrien. Solange diese drei Grundtendenzen wirksam bleiben, schreitet auch der Strukturwandel voran. Daher war es auch gar nicht so schwierig, Langfristprognosen zum Strukturwandel zu stellen. Der in diesem Zusammenhang wohl bekannteste Autor ist der Franzose Jean Fourastié (1907 – 1990). Kurz nach Ende des Zweiten Weltkrieges publizierte er unter dem Titel „Die große Hoffnung des zwanzigsten Jahrhunderts“ eine Analyse des säkularen Strukturwandels – beginnend mit dem Ende des 18. Jahrhunderts und vorausreichend bis in den Beginn des 21. Jahrhunderts (Fourastié, 1954).

Fourastié hat zu einem Zeitpunkt, als der industrielle Bereich noch kräftig expandierte und die Industrie einen schier unbegrenzten Arbeitskräftebedarf zu haben schien, den später eintretenden Anteilsverlust der Industrie an der gesamtwirtschaflichen Produktionsleistung und den Abbau industrieller Arbeitsplätze sowie die Bedeutungszunahme der Dienstleistungen, die sogenannte „Tertiarisierung“, zutreffend vorhergesagt. Analog zur Keynesschen Langfristprognose basiert auch die von Fourastié auf theoretischen Einsichten in die für Angebot und Nachfrage wesentlichen Entwicklungsprozesse. Es ist hier nicht erforderlich, Fourastiés Überlegungen im einzelnen darzustellen, sondern es genügt zum Verständnis der jüngeren Entwicklung, sich einige wichtige Ergebnisse, aber auch Fehleinschätzungen klar zu machen.

Fourastié gelangte – wie Keynes, aber völlig unbeeinflußt von ihm – zu der Vorhersage, dass aufgrund des „Sättigungsgesetzes“ schließlich alle Branchen außer einigen Dienstleistungsbereichen auf nachfrageseitige Wachstumsgrenzen stoßen. Diese Situation ergibt sich also, wenn die Zahl der Wachstumsbranchen hinter die der stagnierenden und schrumpfenden zurückfällt. Dann beginnt der Strukturwandel zu stocken, was als „unbewältigter“ Strukturwandel erscheint. Doch „bewältigen“ läßt sich diese strukturelle Schieflage nicht mehr auf dem alten Wachstumspfad, sondern die reichen Ökonomien müssen ihr Wirtschaftssystem einer tiefgreifenden Reform unterwerfen, weil Stagnation kein behebbarer Betriebsunfall ist, sondern den Beginn einer neuen Wirtschaftsepoche signalisiert. Die Zukunft *könnte* das „ökonomische Paradies“ bringen, nämlich die endgültige Überwindung des Mangels an lebenswichtigen Dingen – für alle Menschen. Diese realistische Utopie hatten beide – Keynes und Fourastié – vor Augen.

Für den Dienstleistungssektor unterstellte Fourastié – 1949 noch eine recht plausible Prämisse –, dass dort keine wesentlichen Rationa-

Tabelle: Strukturelle Beschäftigungsentwicklung (% der Gesamtbeschäftigung)

Land	Agrarsektor		Industrie		Dienstleistungen	
	1997	1987	1997	1987	1997	1987
BRD	3.2	4.2	36.5	40.4	60.2	55.4
F	4.5	7.0	25.6	30.8	69.9	62.2
GB	1.9	2.3	26.9	32.9	71.3	64.8
USA	2.7	3.0	23.9	27.1	73.4	69.9
Japan	5.3	8.3	33.1	33.8	61.6	57.9
EU-15	5.0	7.7	29.8	33.4	65.2	59.0
OECD	8.2	-	27.7	-	64.1	-

Quelle: OECD, 1999, 16.

lisierungsmöglichkeiten bestünden. Die Nachfrage nach Dienstleistungen würde sich daher auf einem zur Vollbeschäftigung hinreichenden Niveau halten. Denn wenn Dienstleistungen nicht rationalisierbar sind, dort also keine wesentlichen Stückkosten- und Preissenkungen eintreten, stößt die Nachfrage auch nicht auf Sättigungsgrenzen. Doch Fourastié hatte das technisch Machbare unterschätzt und dachte zudem viel zu optimistisch im Hinblick auf den „Hunger nach Tertiärem“, den er den Menschen unterstellte. Die „Große Hoffnung“, dass der Dienstleistungssektor als Beschäftigungsreservoir alle in der Landwirtschaft und Industrie überflüssig werdenden Arbeitskräfte aufnehmen würde und ihnen Beschäftigung bei mindestens gleichen Lohn- und Sozialstandards wie auf den verlorenen Arbeitsplätzen böte, trog. Wir wissen heute, dass vor allem durch die Mikroelektronik auch der Dienstleistungssektor der Rationalisierung unterworfen wird. Damit läuft auch hier die gleiche Sequenz von Produktivitätssteigerung, anfänglichem Produktions- und Beschäftigungswachstum, dann aber Übergang zu Stagnation und Beschäftigungsabbau wie in den anderen Sektoren ab. Wenn nun aber, wie gegenwärtig in allen entwickelten Volkswirtschaften der Fall, nur noch relativ wenige Wachstumsbereiche vorhanden sind, so dass die Stagnations- und Schrumpfungsbranchen bei weitem überwiegen, kann es auf Dauer kein (stärkeres) Wachstum mehr geben, und vor allem übersteigt die Zahl der vernichteten Arbeitsplätze bei weitem die der neu entstehenden. Per Saldo muß die Massenarbeitslosigkeit zunehmen, wenn ihr nicht wirtschafts- und gesellschaftspolitisch begegnet wird. Über die leider nicht undenkbare neue Rüstungsprosperität möchten wir hier nicht reden.

Die reichen Volkswirtschaften werden sich also auf Stagnation einrichten müssen. Es mag kleine Zwischenphasen geben, in denen durch Produktinnovationen oder zeitweiliges Exportwachstum der Anschein einer Rückkehr in die Wachstumswelt erweckt wird, aber der Schein trügt. Die Logik der ökonomischen Gesetze, die richtig erkannt und angewandt zu haben den Langfristprognosen von Keynes und Fourastié ihre Realitätstüchtigkeit verschafft hat, wird weder durch Politikerfrohsinn noch durch die Gleichgewichtsdogmatik hegemonialer Wirtschaftsideologie außer Kraft gesetzt. Wenn aber der Wachstumsweg sein Ende erreicht, gibt es letztlich keine andere Möglichkeit, Vollbeschäftigung zurückzugewinnen, als eine Neuverteilung der Arbeit. Dies erfordert auch eine veränderte Einkommensverteilung. Es ist sowohl sozial unerträglich als auch gesamtwirtschaftlich unsinnig, kürzere Arbeitszeiten völlig ohne Lohnausgleich zu realisieren, also lediglich Teilzeitarbeit im großen Stil zu praktizieren. Denn damit entsteht die Notwendigkeit, dass sich die Wenigverdiener eine zweite oder dritte Beschäftigungsmöglichkeit verschaffen, was zum weiteren Anstieg der Schwarzarbeit beiträgt. Das Nachfrageproblem wird ja durch bloße Umverteilung der Arbeit ohne gleichzeitige Umverteilung der Einkommen nicht gelöst. Es bliebe bei dem sättigungsbedingten Nachfragedefizit der Mittel- und Oberschichten.

2. Überfluß und Mangel – das Paradoxon kapitalistischen Wohlstands

Der vorhergehende Überblick zu den von der Wirtschaftsgeschichte bestätigten krisentheoretischen Erklärungen ließ zwar bereits erkennen, wo die wahren Ursachen der gegenwärtigen Massenarbeitslosigkeit der reichen Länder zu finden sind, nämlich bei den Überproduktionsfaktoren, doch ist der Deutlichkeit halber eine kurze Anwendung der Theorien auf die reale Entwicklung der vergangenen Jahrzehnte sinnvoll.

Zwischen Ende des Zweiten Weltkriegs und der zweiten Hälfte der sechziger Jahre erreichten die entwickelten Industrieländer eine bis dahin historisch einmalige Wachstumsphase. Die Nachkriegsarbeitslosigkeit wurde relativ rasch überwunden, die Masseneinkommen stiegen, wenn auch langsamer als die Besitzeinkommen, und das starke Wirtschaftswachstum war von etwa doppelt so hohen Produktivitätssteigerungen begleitet, wie sie dann seit Beginn der Wachstumskrise Mitte der 70er Jahre registriert wurden. Bereits dieser Sachverhalt, dass sowohl hoher Produktivitätsfortschritt als auch hohe Wachstumsraten des Bruttosozialproduktes, und zwar näherungsweise auf Vollbeschäftigungsniveau, über mehr als zwei Jahrzehnte hinweg miteinander vereinbar waren, läßt Zweifel an den jüngst populär gewordenen Vorstellungen aufkommen, die Massenarbeitslosigkeit sei vorwiegend dem rapiden technischen Wandel bzw. der Rationalisierung zuzuschreiben. Es handele sich sozusagen um „technologische Arbeitslosigkeit“. Dem muß deutlich widersprochen werden. Wenn der Produktivitätsfortschritt der Industrieländer seit etwa einem viertel Jahrhundert weit unter dem Produktivitätszuwachs der vorhergehenden Vollbeschäftigungsperiode rangiert, so ist die These, dass die Massenarbeitslosigkeit vor allem durch Rationalisierung verursacht würde, nicht sehr plausibel. Vielmehr ist festzustellen, dass die Massenarbeitslosigkeit zugenommen hat, *obgleich* die Wachstumsraten der Arbeitsproduktivität zurückgingen und somit die Beschäftigungsschwelle sank: je höher (geringer) das Produktivitätswachstum, desto geringer (stärker) sind die Beschäftigungseffekte des Sozialproduktwachstums.

Tabelle:
Wachstumsraten des Bruttosozialprodukts pro Kopf im Mehrjahresdurchschnitt

Land	1870-1960	1960-80	1980-94
Australien	0.90	2.43	1.22
Belgien	1.05	3.70	1.52
Dänemark	1.66	2.77	1.99
Deutschland	1.66	3.03	1.56
Finland	1.91	3.77	1.09
Frankreich	1.56	3.53	1.31
Großbritannien	1.08	2.02	1.31
Italien	1.54	4.16	1.62
Japan	1.86	6.28	2.87
Kanada	1.85	3.32	0.86
Neuseeland	1.24	1.39	1.28
Niederlande	1.25	2.90	1.29
Norwegen	1.81	3.78	2.08
Österreich	1.40	3.81	1.58
Schweden	1.85	2.74	0.81
Schweiz	1.94	2.07	0.84
USA	1.70	2.48	1.52
Durchschnitt vor=stehender Länder	1.54	3.19	1.51

Quelle: Pritchett, 1997, 5

Im Wachstum des Bruttosozialprodukts pro Kopf spiegelt sich der Produktivitätsfortschritt wider. Aus vorstehender Tabelle geht eindeutig hervor, dass die Wachstumsraten des BSP pro Kopf bzw. der Produktivität im Zeitraum 1960-80 mehr als doppelt so hoch waren wie 1980-94 und während der 90 Jahre zwischen 1870 und 1960. In die jüngere Periode fällt aber der Anstieg der Massenarbeitslosigkeit, während die vorhergehenden beiden Jahrzehnte ein hohes Beschäftigungsniveau aufwiesen. Beispielsweise erfordert ein gesamtwirtschaftliches Produktivitätswachstum von 4 Prozent, dass auch das Sozialprodukt um 4 Prozent wachsen muß, damit das bisherige Beschäftigungsniveau gehalten wird. Sinkt das Produktionswachstum unter jene 4 Prozent – z.B. auf 3% –, so wird grob gerechnet die Beschäftigung um 1 Prozent abnehmen. Es wäre daher sinnvoll, solche Diskrepanzen zwischen Produktivitäts- und Produktionswachstum durch entsprechende Arbeitszeitverkürzung in ihren Beschäftigungseffekten zu neutralisieren. In expansiver Richtung wurde dies unter Vollbeschäftigungsbedingungen auch stets praktiziert: Wenn das reale Wachstum das Produktivitätswachstum überstieg, so dass der Arbeitskraftbedarf wuchs, wurden Überstunden, Sonderschichten, Wochenendarbeit vereinbart. Außerdem bemühten sich die Unternehmen um ausländische Arbeitskräfte. Von Anfang der sechziger Jahre bis 1973 warben bundesdeutsche Unternehmen etwa 2,5 Millionen Ausländer an, um die damaligen Personalengpässe zu beseitigen.

a) Wachstumsfaktoren der Nachkriegszeit

Wie war es aber überhaupt möglich, dass nach Ende des Zweiten Weltkrieges eine relativ lange Phase derart hohen Wirtschaftswachstums realisiert wurde? Die Antwort auf diese Frage gibt auch Hinweise darauf, warum sich jener Wachstumsprozeß nicht auf dem einstmaligen Niveau fortsetzen ließ, dass vielmehr das kräftige Wachstum während der ersten Nachkriegsdezennien die Voraussetzungen weiteren Wachstums derart fundamental veränderte, dass nunmehr seit über 25 Jahren im Mehrjahresdurchschnitt weitaus geringere Wachstumsraten als früher zustande kommen, also die Keynessche Stagnationsprognose von 1943 bestätigt wurde.

Am Beispiel des kriegszerstörten Deutschland läßt sich der wirtschaftliche Nachkriegsaufstieg, den mehr oder weniger alle Industrieländer vollzogen, besonders deutlich erkennen. Was als „Wirtschaftswunder" in Erinnerung blieb, ist jedoch alles andere als ein Wunder. Die wesentlichen Wachstumsfaktoren waren bereits im voraus abschätzbar gewesen. Die von Keynes 1943 aufgestellte Nachkriegsprognose hatte, wie dargelegt, für die Zeit unmittelbar nach Kriegsende eine Phase kräftiger Investitionstätigkeit und damit verbunden relativ hohes Wachstum bei steigender Beschäftigung umrissen. Auch wenn Keynes die britische Situation im Auge hatte, so betraf seine theoretisch fundierte Vorhersage doch mehr oder weniger alle Industrieländer – durchaus auch Deutschland. Dort bestand Unsicherheit über die Politik der Alliierten. Würde ein ökonomisches Wiedererstarken von ihnen als Gefahr gefürchtet und unterbunden werden, oder würden die Westmächte eine Regeneration der wirtschaftlichen Leistungsfähigkeit des besiegten Deutschland akzeptieren? Der deutsche Nachkriegspessimismus legte sich rasch. Die breitere Öffentlichkeit sah, dass es vorwärts ging, verstand allerdings nicht so recht warum, weshalb die Legendenbildung vom Wirtschaftswunder und seines Zaubermittels Währungsreform gläubig aufgenommen wurde. Wer die kriegszerstörten deutschen Städte kannte, sich des Zusammenbruchs der Verkehrssysteme bewußt war und zudem noch von Demontagen hörte, der mußte in der Tat zu der plausibel erscheinenden Vorstellung kommen, Deutschland wäre völlig verarmt, entblößt von allen Produktionskräften und -faktoren, so dass eben nur ein „Wunder" aus dem Trümmertal helfen könnte. Der Analogieschluß von den zerbombten Städten, Brücken, Straßen und Schienensystemen auf den gesamten deutschen Kapitalstock war jedoch falsch (Abelshauser, 1983). Die industriellen Produktionsanlagen waren weit weniger zerstört worden als die Infrastruktur. Vor allem war aber der entscheidende Produktionsfaktor, das qualifizierte Arbeitskräftepotential, trotz der furchtbaren Menschenverluste während des Krieges noch in erheblichem Umfang vorhanden. Was in der ökonomischen Literatur als „Humankapital" bezeichnet und heute wieder als das mit Abstand wichtigste Leistungspotential einer Volkswirtschaft gesehen wird, stand in Deutschland relativ reichlich zur

Verfügung. Es kam also darauf an, die vorhandenen Produktionskräfte zu nutzen, und dies erforderte, eine funktionsfähige Wirtschaftsordnung zu errichten. Die „Soziale Marktwirtschaft“, deren Entwurf und Name von Alfred Müller-Armack (19o1 – 1978) im ersten Nachkriegsjahr konzipiert wurden (Müller-Armack, 1946), folgte trotz gewisser bundesdeutscher Spezifika, die auf den ordoliberalen Einfluß der Freiburger Schule und ihres herausragenden Vertreters Walter Eucken zurückzuführen sind, den in den meisten Industrieländern nach dem Zweiten Weltkrieg platzgreifenden Prinzipien des sozial- und beschäftigungspolitischen Interventionismus. Mit der Regeneration gesunder Währungsverhältnisse durch die Währungsreform im Sommer 1948 und dem sukzessiven Abbau der noch aus der Kriegswirtschaft in die Nachkriegsjahre übernommenen Bewirtschaftungsmaßnahmen waren die wesentlichen Voraussetzungen für die Renaissance der kapitalistischen Marktwirtschaft gegeben; zu jener Zeit aber eben modifiziert durch die Sozialstaatsidee und den beschäftigungspolitischen Interventionismus à la Keynes.

Die Hauptfaktoren des Nachkriegswachstums lassen sich relativ knapp auflisten und bedürfen kaum einer ausführlichen Erläuterung, denn sie sind weitgehend selbsterklärend:

* Wie erwähnt waren der industrielle Kapitalstock und das Humankapital Deutschlands quantitativ und qualitativ vom Krieg weit weniger betroffen als die Infrastruktur und der Wohnungsbestand. Daher konnte rasch mit dem Wiederaufbau – aus eigener Kraft – begonnen werden.
* Die bundesdeutsche Industrie entwickelte sich während des ersten Jahrzehnts weitgehend geschützt vor ausländischer Konkurrenz. Die Liberalisierung des Welthandels setzte erst in den sechziger Jahren voll ein (Kennedy-Runde im Rahmen des „Allgemeinen Zoll- und Handelsabkommens“ = GATT), und an eine Überliberalisierung, wie sie in jüngerer Zeit mit ihren auf internationale Vernichtungskonkurrenz hinauslaufenden Effekten betrieben wird, dachte niemand – selbst nicht die vehementesten Freihandelsanhänger. Die Abwehr der Importkonkurrenz und die Begünstigung des deutschen Exports gründeten aber nicht

nur auf dem tarifären Außenhandelsprotektionismus von Zöllen und Kontingenten, sondern bis 1958 bestand keine freie Konvertibilität der Deutschen Mark zur amerikanischen Währung, so dass Importe aus dem Dollarraum auch wegen Devisenknappheit beschränkt blieben. Das auf der Konferenz von Bretton Woods 1944 vereinbarte System fester Wechselkurse bot der Bundesrepublik zudem die Möglichkeit, ihre Währung gegenüber anderen Währungen unterbewertet zu halten. Der Verzicht auf bzw. das lange Hinauszögern an sich fälliger Aufwertungen der Deutschen Mark gab den westdeutschen Exporteuren einen Wettbewerbsvorteil am Weltmarkt. Die Exportindustrien eroberten sich Weltmarktanteile, und seit jener Zeit erzielte die Bundesrepublik Exportüberschüsse, geriet damit aber zugleich auch in die problematische Abhängigkeit von Auslandskonjunkturen. Bisher gab es kein einziges Jahr mit einem Handelsbilanzdefizit – auch nicht nach der deutschen Einheit mit ihrem starken Importsog. Meistens wurde sogar ein Leistungsbilanzüberschuß erreicht, und erst mit der deutsch-deutschen Währungsreform änderte sich diese Konstellation für ein Dutzend Jahre.

* Zu den vorstehend aufgeführten Wachstumsfaktoren kam nun noch das sehr günstige Innovationspotential der Nachkriegszeit hinzu. In der langen Krise der dreißiger Jahre und der Weltkriegszeit war der technologische Fortschritt ja keineswegs zum Stillstand gekommen – im Gegenteil. Jedoch ließen sich wegen der Krise bzw. der kriegswirtschaftlichen Prioritäten die neuen Erfindungen und technischen Verbesserungen nur ganz spärlich für die zivile Produktion nutzen. Dies änderte sich im Zuge des Nachkriegswachstums. Den Industrien standen also vielfältige Möglichkeiten offen, neue Produktionsverfahren (Prozeßinnovationen) und neue Produkte (Produktinnovationen) einzusetzen bzw. herzustellen, ohne dass es dazu eines hohen Forschungs- und Entwicklungsaufwandes bedurft hätte.
* Aufgrund des im „Allgemeinen Zoll- und Handelsabkommen" (General Agreement on Tariffs and Trade = GATT) 1947/48 vorgesehenen freien Zugangs zu den Rohstoff- und Energiequel-

len der Erde und der politischen Durchsetzungsmacht der USA kamen die Industrieländer – so auch die Bundesrepublik Deutschland – in den Genuß preisgünstiger Naturressourcen. Die niedrigen Rohölpreise verschlechterten zwar seit Ende der fünfziger Jahre die Konkurrenzposition des europäischen Kohlebergbaus, und es kam zu sektoralen bzw. regionalen Strukturkrisen, aber für die Volkswirtschaften insgesamt wirkte sich die kostengünstige Energiesituation wachstumsfördernd aus. Der strukturelle Anpassungsprozess lief damals wegen des kräftigen gesamtwirtschaftlichen Wachstums, d.h. wegen des Überwiegens der Wachstums- gegenüber den Stagnationsbereiche(n), relativ geschmeidig, sozusagen „normal" ab. Die gegenwärtigen Strukturprobleme lassen sich hingegen wegen der verminderten Wachstumskräfte nicht mehr so bruchlos bewältigen. Doch das liegt eben nicht am Strukturwandel per se, sondern an den grundsätzlich veränderten Nachfragekonstellationen.

* Die trotz Kriegszerstörungen doch recht günstigen Angebotsbedingungen der Wiederaufbauzeit stellten eine notwendige, aber keineswegs eine hinreichende Voraussetzung für das Wachstum dar. Erforderlich war nämlich auch eine Nachfrageentwicklung, die mit dem steigenden Angebot Schritt hielt und den Investoren signalisierte, dass sie mit ihren Rationalsierungs- und Erweiterungsinvestitionen nicht ins Leere laufen würden, sondern immer wieder auf kapazitätsauslastende Nachfrage träfen. Die ausgebombten Haushalte hatten einen schier unbegrenzten Bedarf an lebensnotwendigen Gütern, und im Zuge allmählicher Sättigung in der Grundversorgung verlagerte sich die Nachfrage auf die breite Palette der gehobenen Konsumgüter – von der weißen Ware der Haushaltsgeräte, über die Unterhaltungselektronik bis zum Personenwagen und den Ferienreisen. Das Konsumwachstum induzierte entsprechende Investitionen auf allen vorgelagerten Produktionsstufen, und die starke Investitionstätigkeit ließ wiederum Produktivität und Einkommen – auf Vollbeschäftigungsniveau – wachsen. Die Vollbeschäftigungssituation bot den Gewerkschaften günstigere Bedingungen als

gegenwärtig, ihre Forderungen durchzusetzen. Damit stiegen die Masseneinkommen und die Arbeitszeit wurde schrittweise reduziert – von 48 auf 40 Wochenstunden und von der Sechs- auf die Fünftagewoche. Während der gesamten Wiederaufbaujahrzehnte herrschte zudem Wohnungsmangel, so dass auch die Wohnungsbauinvestitionen – neben den anderen Bauinvestitionen für Industrie und Infrastruktur – prosperierten und das Wachstum mit trugen.

* Der Nachholbedarf von Konsumenten und Investoren sowie die Wiederaufbauerfordernisse bildeten selbstverständlich die Hauptkomponenten der extensiven Nachfragedynamik, aber es kamen noch einige weitere Momente hinzu. Gleich zu Beginn der bundesdeutschen Wirtschaftsgeschichte profitierten die Exporteure vom sogenannten Korea-Boom, also der durch den Korea-Krieg (1950 – 1953) ausgelösten Nachfragesteigerung am Weltmarkt. Auf die wechselkurs- und protektionsbedingte Exportbegünstigung der bundesdeutschen Wirtschaft war schon hingewiesen worden. Ihr ist es mit zu verdanken, dass bei konjunkturellen Nachfrageabschwächungen am Binnenmarkt die Ausfuhrschleuse weit geöffnet werden konnte und die Exportzunahme das verminderte Inlandsgeschäft teilweise kompensierte. Deshalb hinterließen die ersten Konjunkturzyklen in der Bundesrepublik nur Dellen im anhaltenden Wachstumstrend, es kam aber nicht zu depressiven Konjunktureinbrüchen. Entsprechend gering blieb auch die konjunkturelle Arbeitslosigkeit. Dennoch löste der aus heutiger Sicht betrachtet geringfügige Anstieg der Arbeitslosenzahlen vom Spätjahr 1966 an eine intensive wirtschaftspolitische Aktivität aus, in der sich die damals noch hohe Sensibilität der bundesdeutschen Öffentlichkeit für steigende Arbeitslosenzahlen niederschlug. Der Rezession von 1966/67 verdankte sich der Regierungswechsel im Dezember 1966, der zur Großen Koalition aus CDU/CSU/SPD führte. 1967 wurde eine Grundgesetzänderung beschlossen, um das sogenannte „Stabilitätsgesetz“ (= Gesetz zur Förderung der Stabilität und des Wachstums der Wirtschaft) verabschieden zu

können. Es installierte die antizyklische Fiskalpolitik, also jenen um die stagnationstheoretische Langfristanalyse verkürzten „Bastard-Keynesianismus" (ein von der britischen Ökonomin Joan Robinson geprägter Begriff) in die bundesdeutsche Wirtschaftsordnung. Das Gesetz wurde als Jahrhundertwerk gefeiert, und Politik und Wählervolk versprachen sich von diesem „modernsten" aller gesetzlichen Instrumente der Wirtschaftspolitik ewige Prosperität. Doch die Rezession von 1967, die dank eines Beschäftigungsprogramms, aber auch infolge eines erneuten Anstiegs der Exportüberschüsse, relativ schnell überwunden wurde, war das Vorsignal für den fundamentalen Wandel der Wachstumsbedingungen in der Bundesrepublik und in den entwickelten Industrieländern. Die Jahrzehnte des von der französischen Regulationsschule als „Fordismus"[3] bezeichneten Gleichgewichts von Angebots- und Nachfragewachstum neigten sich ihrem Ende zu.

b) Dollarkrise, Ende des Festkurssystems und der Beginn der Spekulationsökonomie

Die USA hatten in den sechziger Jahren den Vietnamkrieg begonnen und konnten oder wollten die Kriegslast nicht mehr alleine tragen. Daher importierte das reichste Land der Erde mehr, als es exportierte. Die Welt wurde von Dollars überschwemmt, und der Dollarkurs begann zu wanken. Ende der sechziger Jahre kam es zur Dollarkrise. Damit setzte der über mehrere Jahre verlaufende Niedergang des bis dahin bewährten Systems fester Wechselkurse ein. 1973 war es offiziell am Ende. Seitdem „floaten" die Wechselkurse, und der US-Dollar, der japanische Yen und die Deutsche Mark bzw. seit 1999 der

3 Der Ausdruck „Fordismus" nimmt Bezug auf die von Henry Ford angeblich praktizierte Lohnpolitik, die den Ford-Arbeitern ein Einkommensniveau verschaffen sollte, das ihnen den Kauf von Ford-Pkw ermöglichte.

EURO erleiden immer wieder erhebliche Schwankungen mit entsprechenden Störeffekten für die internationalen Wirtschaftsbeziehungen. Die neue Instabilität im internationalen Währungssystem wurde durch die (erste) Ölpreisanhebung des Kartells der ölexportierenden Länder (OPEC) verstärkt. Die abrupte Störung der Rohöleinfuhren zog lang anhaltende Zahlungsbilanzschwierigkeiten vieler Länder nach sich.

Flexible Kurse sind mit erheblichen Wechselkursunsicherheiten verbunden. Dagegen versuchen sich die Unternehmen abzusichern. Doch die Wechselkursabsicherung ist nicht kostenlos. Aus dem Erfordernis dieser Absicherungsgeschäfte gegen Wechselkursänderungen ergab sich die Notwendigkeit, die Spekulation auf den Finanzmärkten auszuweiten. Denn Kurssicherungsgeschäfte erfordern spekulationsorientierte Partner auf der Gegenseite. Was jedoch anfangs als sinnvolle Begleiterscheinung realwirtschaftlicher Prozesse begann, hat sich sehr rasch von den realwirtschaftlichen Kreisläufen gelöst. Die Spekulation wurde zum Selbstzweck, genauer: die Spekulation auf den Finanzmärkten entwickelte sich sozusagen zu einer eigenständigen Branche, deren Boom im Frühjahr 2000 ihren Gipfel erreichte; danach ging es rapide abwärts, und viele Anleger und Jungmanager der New Economy sahen ihre Millionärshoffnungen in Rauch aufgehen. Mit der Finanzspekulation wird Geld verdient, ohne dass irgendwelche realen Leistungen zugrunde liegen (hierzu ausführlich: Huffschmidt, 1999). Das Umsatzwachstum an den Börsen bescherte eine lang anhaltende Jahrhunderthausse. Bereits in den achtziger Jahren, als die realwirtschaftliche Entwicklung lahmte, stiegen die Börsenkurse weit stärker als in den Zeiten kräftigen realwirtschaftlichen Wachstums. Doch der langfristige Spekulationsboom ist keine Ursache der Wachstumsschwäche, sondern – zum Teil – ihre Folge: Wenn die Rendite der Sachinvestitionen relativ unbefriedigend erscheint, wandert das gewinnsuchende Kapital eben in die Spekulation. Wie in der bereits zitierten Passage aus Spiethoffs Analyse der Überspekulationskrise deutlich wurde, löst sich die Spekulation zeitweilig von allen ökonomisch vernünftigen Überlegungen und nimmt pathologische Züge an. Die Abkoppelung der Finanzmärkte von den realen Gütermärkten zieht früher oder später negative Rückwirkungen auf die Realwirtschaft nach sich. Ein Zusammenbruch der Börsenkurse – wie 1929 – greift sehr rasch auf die Gesamtwirtschaft über, sofern nicht – wie beispielsweise beim Börsencrash im Oktober 1987 und bei der südostasiatischen Finanzkrise im Herbst 1997 – die Zentralbanken der Industrieländer bzw. der Internationale Währungsfonds bereit sind, durch Liquiditätshilfen dem Zerreißen von Kreditketten, dem Zusammenbruch von Banken und der Zahlungsunfähigkeit von Ländern zu begegnen. Es sollte aber nicht übersehen werden, dass diese mehr oder weniger erfolgreichen Rettungsversuche zugunsten der internationalen Finanzbeziehungen die realwirtschaftlichen Verluste, insbesondere die Verluste von Arbeitsplätzen und Einkommen gerade der armen Schichten in den betroffenen Ländern nicht kompensieren konnten.

> *„In den meisten Ländern Ostasiens nahm die Armut infolge der Finanzkrisen gegen Ende der 1990er Jahre zu. Schätzungen zufolge nahm sie in Indonesien um nahezu 50 Prozent zu, während sich in der Republik Korea die Zahl der Armen in den städtischen Gebieten verdoppelte. In beiden Ländern ging die Armut jedoch zurück, als sich die Wirtschaft erholte. In Rußland stieg die Armutshäufigkeit zwischen 1996 und 1998 von 21.7 Prozent auf 32.7 Prozent. Während jeder Krise in Lateinamerika und der Karibik nahm die Armutshäufigkeit zu und war noch einige Jahre später höher als vor der Krise. .... In Lateinamerika nahm der Einkommensanteil der mittleren Fünftel der Bevölkerung während der Schuldenkrise in den 1980er Jahren häufig am stärksten ab, doch der Anteil des oberen Zehntels nahm stets zu, manchmal sogar deutlich." (Armut, 2001, 200 f.)*

c) Der Weg in die Massenarbeitslosigkeit seit Mitte der siebziger Jahre

Die Erklärung realwirtschaftlicher Entwicklungen ist eine theoretische Aufgabe. Es muß von der unüberschaubaren Fülle der Einzelerscheinungen abstrahiert werden, um die wesentlichen Verlaufstrends der

Makroökonomien und die Hauptursachen ihrer Veränderungen herauszudestillieren. Bekanntlich liefert die Wirtschaftswissenschaft recht verschiedene theoretische Deutungen der Realität. In den vorhergehenden Ausführungen wurde der fundamentale Gegensatz zwischen der herrschenden Lehre, der neoklassischen Gleichgewichts- bzw. Harmonieinterpretation des Marktsystems, einerseits und krisentheoretischen Gegenpositionen andererseits herausgestellt.

Wir halten uns hier – was ja kein Geheimnis mehr ist – nicht an die Dogmen der herrschenden Lehre, sondern an Keynes, Fourastié und andere Realisten der politischen Ökonomie. Von ihnen wurde theoretisch begründet und auf der Basis der Theorie prognostiziert, dass und warum die hochentwickelten kapitalistischen Volkswirtschaften schließlich in einen Stagnationszustand übergehen müßten. Für Keynes ergab sich diese Einsicht vor allem aus den beiden anthropologisch begründbaren Tendenzen: der Sättigung des Konsums i. S. des Gossenschen Sättigungsgesetzes und dem Erstarken der Sparneigung – jeweils als Folgen steigenden Einkommens- bzw. Wohlstandsniveaus (= Gossen-Keynessche Regel). Diese Regel vermag nun den *Beginn* der langfristigen Wachstumsabschwächung, die Mitte der siebziger Jahre sichtbar wurde, überzeugend zu erklären. Es gibt gegenwärtig keine bessere theoretische Interpretation für jenen fundamentalen Wechsel von der Wachstums- zur Stagnationsphase, der sich in den reichen Volkswirtschaften vor mehr als 20 Jahren vollzog.

Nun waren aber schon damals keineswegs alle oder auch nur die Mehrzahl der Konsumenten bereits auf einem Wohlstandsniveau angelangt, das ihnen sozusagen ermöglicht hätte, der Gossen-Keynesschen Regel in größerem Ausmaß zu genügen. Sättigung und steigende Ersparnisbildung fanden bei den begüterten und reichen Schichten statt. Solange wegen hohen Wachstums und hohen Kapitalbedarfs Investitionsmittel relativ knapp blieben, hatte die steigende Ersparnis die günstige Wirkung, für Investoren die benötigten Finanzmittel bereitzustellen, ohne dass eine inflationäre Kreditschöpfung stattfand. Mit dem Rückgang der Nachfragedynamik ließ aber auch die Investitionstätigkeit nach. Es ergab sich die von Keynes 1943 vorausgesagte Diskrepanz, dass die auf Vollbeschäftigungsniveau anfallenden Ersparnisse

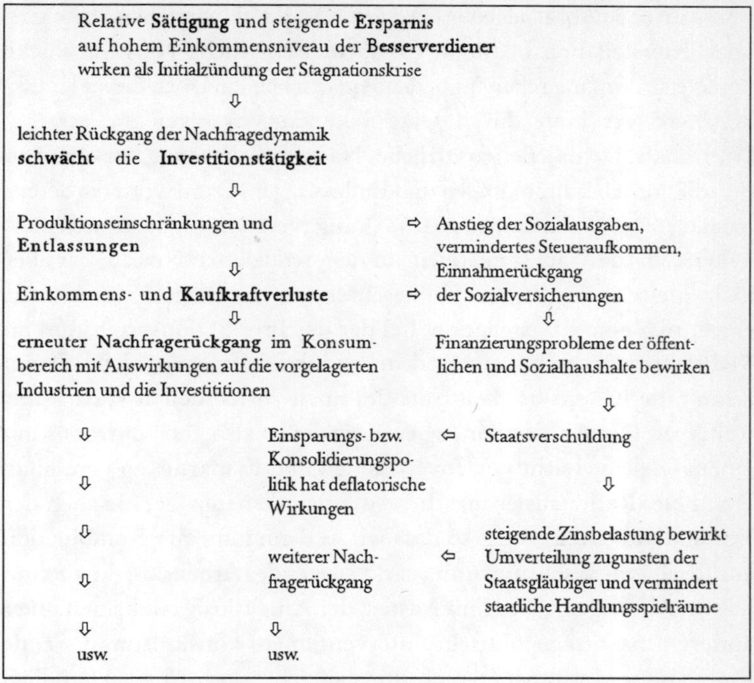

nicht mehr ganz durch die Investitionen absorbiert wurden. Es sei ausdrücklich herausgestellt, dass die sättigungsbedingte Nachfrageschwäche am Anfang der Stagnationskrise nur als auslösendes Moment wirkte.

Der Anstieg der Arbeitslosigkeit setzte erst allmählich ein, aber damit begann sich eine Abwärtsspirale zu drehen, die sich nur durch entsprechend umfangreiche Staatsinterventionen hätte anhalten lassen. Der spiralförmige Kontraktionsprozeß verlief nach folgendem Schema (vgl. auch die Abbildung): Die „Besserverdiener" schränkten ihre Konsumausgaben aus vernünftigen Gründen, d.h. wegen relativer Sättigung und der Vorsorgeersparnis halber ein. Damit entfiel ein Teil der zur Vollbeschäftigung erforderlichen Nachfrage. Dass dies kaum durch vermehrte Privatinvestitionen kompensiert werden konnte, ist verständlich. Denn warum sollte gerade dann *mehr* investiert werden, wenn sich die zu erwartende Absatzlage *verschlechterte*? Die durch vorstehend beschriebene Konstellation bedingte gesamtwirtschaftliche Nachfragelücke mochte am Anfang relativ unbedeutend erscheinen. Doch dieser Krankheitsherd vergiftete durch seine Sekundärwirkungen die gesamte Wirtschaft. Denn jeder zusätzliche Nachfragerückgang veranlaßt zu Produktionseinschränkungen und Entlassungen. Damit wird die bereits eingetretene Wachstumsabschwächung verstärkt, günstigstensfalls halten sich die Wachstumsraten auf dem reduzierten Niveau, das aber nicht mehr ausreicht, um Vollbeschäftigung zu erreichen. Vielmehr ergibt sich eine Konstellation, bei der das Produktionswachstum im Mehrjahresdurchschnitt unter dem Produktivitätsanstieg bleibt. Damit nimmt die Arbeitslosigkeit trotz des noch vorhandenen Wachstums weiter zu. Der Anstieg der Arbeitslosigkeit ist also auch durchaus mit einem Gleichgewicht von Investitionen und Ersparnissen vereinbar. Denn die (Rationalisierungs)Investitionen dienen ja gerade auch der Produktivitätssteigerung, so dass wir es dann mit einer Kombination aus (leichtem) Wachstum und (stark) steigender Arbeitslosigkeit zu tun haben. Als Gegenkräfte zum Anstieg der Arbeitslosigkeit kämen unter anderem nachfragepolitische Interventionen, konsumstimulierende Innovationen, also neue Wachstumsbereiche, und selbstverständlich auch die schrittweise Reduktion des Arbeitskräfteangebots durch Arbeitszeitverkürzung in Frage. Genau diese Kombination verschiedener Instrumentarien wurde in Frankreich von 1997 an mit beachtlichem beschäftigungspolitischem Erfolg praktiziert (DIW, 40/01).

Die Abwärtsspirale *beginnt* mit *Sättigung*, dreht sich *dann aber* immer schneller nicht aufgrund sättigungsbedingten Nachfrageausfalls, sondern weil mit steigenden Arbeitslosenziffern immer mehr Menschen *wegen sinkenden Einkommens*, schließlich in nackter Not, nicht einmal mehr den ganz normalen Bedarf decken können. Hat sich die Abwärtsspirale erst einmal einige Runden gedreht, so dass breite Bevölkerungsschichten der reichen Ökonomien in soziale Armut gestoßen wurden und die krisenbedingten Einsparungszwänge der öffentlichen und Sozialhaushalte auch den Mittelschichten merkliche Wohlstandseinbußen zumuten, dann erscheint es auf den ersten Blick völlig unverständlich, dass die Krise als ein Problem von relativer Sättigung und Überersparnis entstanden sein soll. Die Schwierigkeit, die es vor allem dem ökonomischen Laien meist bereitet, sich über die ökonomischen Kreislaufprozesse und die Sequenz von Sättigung, Nachfrageausfall, Produktions- und Beschäftigungsrückgang und erneutem Nachfrageausfall – nun aber durch Einkommens- bzw. Kaufkraftverlust – Klarheit zu verschaffen, macht verständlich, warum die einfachen Deutungen der herrschenden Wirtschaftslehre so viel leichter zu popularisieren sind. Es ist eben einfacher und deshalb verständlicher, alle wirtschaftlichen Schwierigkeiten auf vermeintlich überhöhte Arbeitskosten, mangelnde Flexibilität und dadurch bedingte Wettbewerbsschwächen oder gar auf Faulheit und Sozialmißbrauch durch Arbeitslose und Arme selbst zurückzuführen, als die kompliziertere Wahrheit zu erklären. Der ideologische Mechanismus, die Krisenopfer in die Rolle der Schuldigen zu drängen, ist nicht neu und entspricht der altbekannten Infamie der Demagogen, öffentliche Unzufriedenheit auf Sündenböcke abzulenken. Wir werden uns noch ausführlicher mit dieser ideologische Seite der Wirtschaftskrise befassen.

d) Die Angstmacher des Establishments

Die Verteidiger des Status quo spielen mit Platzvorteil. Die gegen tiefgreifende Reformen gerichtete Argumentation wäre schlecht beraten, ließe sie sich auf eine rationale, vernünftige Erörterung der Krisenursachen und der möglichen und notwendigen Gegenmaßnahmen ein. Viel öffentlichkeitswirksamer ist es, Ängste zu mobilisieren. Dieses Instrument der politischen Psychologie läßt sich um so erfolgreicher handhaben, wenn die Argumente gegen den sozial- und beschäftigungspolitischen Interventionismus bei den Adressaten auf eine von den Medien ideologisch fein polierte Echomauer treffen. Die Mehrzahl der dem privatkapitalistischen Gewinninteresse verpflichteten Massenmedien konkurrieren um die aufregendsten Banalitäten und flachsten Welterklärungen, aber doch nicht um Wahrheit und Aufklärung. Es bedarf heute oft gar nicht mehr expliziter ideologischer Botschaften, um Ideologie zu verbreiten, sondern es genügt, vom kritischen Nachdenken abzuhalten. Wie weit weicht doch der historische Kurs der kapitalistischen Reichtumsökonomien von jener „Allgemeinheit der Geisteskultur des Menschengeschlechts" ab, die nicht nur Schopenhauer vom wirtschaftlich-technischen Aufstieg erhofft hatte. Exemplarisch seien einige der Angstvokabeln, die von der herrschenden Wirtschaftslehre als ideologische Schrapnells verstreut werden, näher untersucht. Dabei muß beachtet werden, dass alles, was eine wirkungsvolle Ideologie ausmacht, nicht losgelöst von realen Erfahrungen in irgendeiner Scheinwirklichkeit angesiedelt ist, sondern die Argumente geben sich plausibel und realitätsbezogen, aber sie verzerren, verdecken und füllen die bewußt gelassenen Leerstellen mit interessenbestimmten Deutungen auf.

Inflationsfurcht

In der akademischen Diskussion des Inflationsproblems wird meist zwischen verschiedenen Inflationsarten bzw. -ursachen differenziert. Doch von solchen Skrupeln finden sich in der auf die Öffentlichkeit zielenden Inflationswarnungen auch nicht die geringsten Spuren. Vielmehr wird jede Art von Preisniveausteigerung als Riesengefahr für ein geordnetes Wirtschaftsleben verteufelt, als ob eine leichte, Investitionen und Wachstum stimulierende Nachfrageinflation, wie sie beispielsweise von dem wegen seiner Unternehmerelogen wieder sehr geschätzten Joseph Alois Schumpeter (1883 – 1950) als unvermeidlich für eine sich innovativ entwickelnde Wirtschaft erkannt wurde, auch nur im entferntesten etwas mit einer Hyperinflation, also völliger Geldentwertung im Zuge kriegsbedingter Währungszerrüttung *sachlich* zu tun hätte. Jedoch bewirkt die pauschalierende Verknüpfung von wachstumsbegünstigender Stimulierungsinflation mit der hyperinflationären Vernichtung des Geld- bzw. Finanzvermögens beim Laienpublikum starke Ängste, und alles was irgendwie mit Inflationsgefahr assoziiert wird, trifft auf heftige Widerstände. Ein Musterbeispiel für eine solche Inflationshysterie war die EURO-Angst der Normalbürgerinnen und -bürger. Viel wahrscheinlicher war und ist es, dass mit der einheitlichen europäischen Währung deflatorische Stabilitätspolitik von der Europäischen Zentralbank praktiziert wird.

Mit der inflationspolitischen Keule sind im Laufe der Wirtschaftsgeschichte immer wieder wachstums- und beschäftigungswirksame Impulse plattgeschlagen worden. Wir werden noch sehen, welche Rolle die Inflationshysterie auch bei der Rechtfertigung der Deflationspolitik am Ende der Weimarer Republik gespielt hat; also jener Wirtschaftspolitik, mit der die demokratischen Regierungen am Ende der ersten deutschen Demokratie mitverantwortlich für den Weg in die deutsche Katastrophe geworden sind.

Wachstum setzt selbstverständlich voraus, dass die Nachfrage steigt und finanziert wird. Je tiefer sich eine Ökonomie bereits im Sumpf der Massenarbeitslosigkeit befindet, desto stärker müssen die Nachfrageprogramme und um so kühner auch die geld- und kreditvermehrenden Finanzierungstechniken sein, um auf einen zielführenden Weg der Beschäftigungszunahme zu gelangen. Wer mit einiger Aufmerksamkeit und eigenständigem Denkvermögen die Wirtschaftsnachrichten und -kommentare verfolgt, wird immer wieder auf jenes Inflationsargument treffen, das gegen die Vorschläge *wirksamer* Beschäftigungspolitik mobilisiert wird. Da solche Vorschläge nun mal meist von Gruppen, Institutionen und Personen vertreten werden, die in der Wahrnehmung ihrer Gegner als „links“ gelten (das ist ja durchaus auch als ein Kompliment zu verstehen), werden dann Ressentiments mobilisiert: „Linke“ könnten sowieso nicht mit Geld umgehen. Es sei aber daran erinnert, dass die Hyperinflationen der deutschen Geschichte – wie andere Katastrophen auch – von der konservativen bzw. faschistischen Politik verschuldet wurden.

Das Demokratiedefizit der europäischen Währungspolitik

Aus der Theorie der Wirtschaftspolitik ist der Begriff des „magischen Vierecks“ geläufig, worunter das Bündel der vier prozeßpolitischen Ziele verstanden wird: hohes Beschäftigungsniveau, Preisniveaustabilität, außenwirtschaftliches Gleichgewicht und angemessenes, kontinuierliches Wachstum. Diese Zielsetzungen wurden auch als verpflichtende Vorgaben der Wirtschaftspolitik im § 1 des „Stabilitätsgesetzes" von 1967 festgeschrieben. Doch die praktizierte Wirtschaftspolitik bevorzugt mit weitem Abstand nur ein Ziel – die Preisniveaustabilität. Mit Unterstützung der herrschenden Wirtschaftslehre reden sich die Politiker damit heraus, dass Inflationsbekämpfung auch die beste Wachstums- und Beschäftigungspolitik wäre. Doch selbst wenn einzelne Regierungen versuchten, alle vier Ziele ausgewogen zu beachten, so stand stets eine sehr mächtige, demokratischer Kontrolle weitgehend entzogene Institution dem entgegen, nämlich die Deutsche Bundesbank, und die Europäische Zentralbank erweist sich als ergebene Tochter ihrer bundesdeutschen „Mutter". Im Unterschied etwa zur US-amerikanischen Zentralbank, dem Federal Reserve System, die rasch mit deutlichen Leitzinssenkungen auf die Konjunkturabschwächung 2000/01 reagierte, blieb die Zinspolitik der Europäischen Zentralbank viel zu zögerlich. Der Schutz der Geldvermögensbesitzer vor Inflation rangierte vor dem Beschäftigungsziel auch dann noch, als überhaupt keine Inflation mehr zu sehen war.

Die Bundesbank war aufgrund gesetzlicher Vorgabe mit starkem Vorrang auf das Ziel der Währungsstabilität verpflichtet (§ 3 Bundesbankgesetz). Gleiches trifft auf die Europäische Zentralbank zu. Diese Zielsetzung verfolgt sie weitgehend ohne Rücksicht auf die anderen Ziele des magischen Vierecks, insbesondere spielt das Beschäftigungsziel für die Zentralbankpolitik faktisch eine völlig nachrangige Rolle. Es versteht sich, dass die Mitglieder des Zentralbankrates, also des autonomen, weder von der Regierung noch dem Parlament kontrollierten Entscheidungsorgans der geldpolitischen Institution, jene Doktrin von der Inflationsbekämpfung als bester Beschäftigungspolitik zu verkünden nicht müde werden. Die Zentralbanken verfügen über eigene Informationsmedien (u. a. Monatsberichte, Pressemitteilungen, Jahresberichte), mit denen sie nicht zuletzt durch ihre meinungsbildende Wirkung auf Multiplikatoren breite Öffentlichkeitswirkung erzielen. Die Zentralbanken sind somit in der Lage, ihrer konservativen Weltdeutung starken Einfluß zu verschaffen. Immerhin war es noch möglich, das Bundesbankgesetz zu ändern, wenn sich bei einem extremen Konflikt zwischen den demokratischen Institutionen (Regierung, Parlament) einerseits und der selbstherrlichen geld- und kreditpolitischen Obrigkeit Bundesbank andererseits entsprechende parlamentarische Mehrheiten zusammenfanden. Die Europäische Zentralbank unterliegt aber nicht einmal mehr einer solchen demokratischen Eventualkontrolle, sondern wurde zu einer Art europäischer Wirtschaftsregierung ohne jede demokratische Legitimation und parlamentarische Einflußmöglichkeit. Doch noch problematischer als die der demokratischen Kontrolle entzogene autonome Europäische Zentralbank erweist sich die fiskalpolitische Knebelung der nationalen Regierungen durch die im Maastrichter Vertrag verankerte Begrenzung von Haushaltsdefiziten auf maximal 3% des Bruttoinlandsprodukts. Es wird einer Regierung nämlich verwehrt, entsprechend ihren konjunktur- und beschäftigungspolitischen Lageeinschätzungen auch höhere Defizite zuzulassen. Der breiteren Öffentlichkeit wurde diese massive Beschränkung des wirtschaftspolitischen Handlungsspielraums einer demokratisch gewählten Regierung besonders augenfällig beim Hick-Hack um den sogenannten „Blauen Brief", mit dem die EU-Kommission dem deutschen Bundesfinanzminister wegen des Haushaltsdefizits eine Rüge erteilen wollte. Jene Defizitbegrenzung auf 3% hat keine sichere, gar unbestrittene wirtschaftstheoretische Begründung, sondern kam mehr oder weniger zufällig zustande. Im Maastrichter Vertrag hätte eben so gut ein anderer Prozentsatz auftauchen können.

Diese Verlagerung von Entscheidungskompetenzen auf die Organe der Europäischen Union liegt durchaus auf der bisherigen Linie der Aushöhlung demokratischer Regelungs- und Kontrollmechanismen im Verlauf der europäischen Integration. Es bestehen für kritische Betrachter kaum Zweifel daran, dass die in der deutschen Geschichte beispiellose demokratische Qualität, die zumindest dem Geist und Sinne nach im bundesdeutschen Grundgesetz enthalten ist, von den europäischen Institutionen nicht nur weit unterschritten wird, sondern dass die gefährlichen Demokratiedefizite des Gesamtgebildes der Europäischen Union der demokratischen Qualität aller Mitgliedsländer auf Dauer sehr abträglich sein werden. An die Stelle der politischen Demokratie könnte eine Art ökonomische Autokratie treten. Dass es soweit kommen konnte, zeigt, wie schlecht die Öffentlichkeit informiert wird, wieweit aber auch die Privatisierungsideologie im Bewußtsein der breiten Wählerschaft das verdrängt hat, was „engagiertes Demokratiebürgertum" genannt werden kann.

Globalisierung

Die Ungenauigkeit und fast beliebige Undeutlichkeit des Ausdrucks Globalisierung gehören zu seiner ideologischen Qualität. Denn fehlende Begriffspräzision erlaubt, mit dem Hinweis auf die „Herausforderungen" der Globalisierung, so ziemlich jeder sozial-, lohn- und gesellschaftspolitischen Zumutung Plausibilität zu verschaffen. „Schlimm, aber unvermeidlich", soll der Reim lauten, den sich alle auf die Globalisierung zu machen angehalten werden.

Im folgenden geht es nun nicht um die übliche akademische Fingerübung einer exakteren Begriffsdefinition, sondern es sollen die verschiedenen Phänomene genannt und kommentiert werden, die häufig mit dem Wort Globalisierung verknüpft werden.

An erster Stelle steht die alte Tatsache, dass im Verlauf der Industrialisierung die Außenwirtschaftsbeziehungen tendenziell zugenommen haben. Die Vorteile der internationalen Arbeitsteilung sind zwar zwischen den Ländern nie gleichmäßig bzw. „gerecht" verteilt worden, aber im großen und ganzen haben Länder mit etwa gleichem Entwicklungsniveau vom Außenhandel und von den grenzüberschreitenden Kapitalbewegungen profitiert. Für diese Ländergruppe erwies sich auch die von den Freihandelsverfechtern propagierte Außenwirtschaftsliberalisierung als ein Wachstumsfaktor. Über das vernünftige Ausmaß der Liberalisierungspolitik muß jedoch immer wieder nachgedacht werden. Denn zuviel des (vermeintlich nur) Guten kann ins Gegenteil umschlagen. Außenwirtschaftsliberalisierung zwischen Ländern sehr unterschiedlichen Entwicklungsniveaus und bei den zwischenstaatlichen Machtasymmetrien, wie sie heute zwischen reichen und armen Ländern bestehen, mündet jedoch in aller Regel in der sozialökonomischen

Deformation der deutlich schwächeren Volkswirtschaften. Diese sind daher gut beraten, sich nicht von den Freihandelstönen betören zu lassen, sondern ihren Wirtschaftsaufbau hinter Protektionsmauern zu vollziehen. Die erfolgreichen ostasiatischen „Tiger“, Taiwan, Südkorea oder Singapur, wußten sich relativ lange vor einer vorschnellen Liberalisierung ihrer Außenwirtschaftsbeziehungen zu bewahren. Japan, aber auch die USA hatten ihnen schon seit dem 19. Jahrhundert vorgeführt, dass und wie der Außenwirtschaftsprotektionismus dem Aufbau einer leistungsfähigen, modernen Industrie zugute kommt. Der deutsche Freihandelskritiker Friedrich List (1789 – 1846) – viel gefeiert, in seinen Lehren aber verdrängt – formulierte bereits in den 1820er Jahren, geschult am US-amerikanischen Erfolgsmodell des Außenwirtschaftsprotektionismus, die bis heute gültigen Grundregeln einer auf die nationalwirtschaftlichen Interessen bezogenen Außenwirtschaftspolitik: Protektionismus und Liberalisierung sind jeweils sinnvoll in Abhängigkeit vom Entwicklungsstand eines Landes *und* vom Verhalten der Handelspartner. Beispielsweise ist es eben völlig unsinnig und für die nationale Wirtschaft zerstörerisch, wenn die Freihändler für die Aufhebung von Kontingenten, Schutzzöllen etc. werben, ohne zu beachten, ob damit eventuell der Schmutz- und Dumpingkonkurrenz das Tor zum Binnenmarkt geöffnet wird. Die Wirtschaft einer Zivilgesellschaft, die ihren Namen verdient, muß ein akzeptables Lohn- und Sozialniveau aufweisen, ökologischen Erfordernissen genügen, Steuern tragen, die eine niveauvolle materielle und immaterielle Infrastruktur finanzierbar machen; kurz, eine zivilgesellschaftliche Wirtschaftsordnung erfordert ein hohes Maß an Umverteilung des gesellschaftlich erarbeiteten Mehrprodukts. Die zivilgesellschaftlichen Ökonomien werden aber zerrüttet, wenn – wie seit Beginn der 1980er Jahre wieder praktiziert – durch Überliberalisierung und die mit ihr verbundenen Privatisierungs- und Deregulierungsexzesse die internationale Konkurrenz derart fehlgeleitet wird, dass sie, statt dem gesellschaftlichen Wohlstand zu dienen, über die Außenwirtschaftsbeziehungen wieder frühkapitalistische Verhältnisse hervorruft. Die „Gruppe von Lissabon“ hatte vor einigen Jahren in einer scharfsichtigen Analyse der internationalen Wirtschaftsbeziehungen eindringlich vor der weiteren Eskalation des liberalistischen Wettbewerbsfetischismus gewarnt (Gruppe, 1997). Doch wie etliche andere frühere Warnungen verhallte auch jene wieder, bis es zu spät war. Beispielsweise war die ostasiatische Finanzkrise 1997 durch den vom Internationalen Währungsfonds (IWF) erzwungenen Abbau von Kapitalmarkt- und Devisenkontrollen in den Schwellenländern bedingt worden. Bereits nach dem Zweiten Weltkrieg hatten die USA die internationalen Handels- und Finanzbeziehungen nach ihren Vorstellungen neu geordnet. Die Gründung des „Internationalen Währungsfonds" (IWF) und der „Internationalen Bank für Wiederaufbau und Entwicklung" (Weltbank) auf der Bretton-Woods-Konferenz 1944 wie auch das „Allgemeine Zoll- und Handelsabkommen" (GATT I) von 1947, das 1993/95 von der „Welthandelsorganisation" (WTO) abgelöst wurde, festigten dauerhaft die weltwirtschaftliche Vormachtstellung der entwickelten Industrieländer, insbesondere die der USA. Daran hat sich bis heute nichts geändert (vgl. Stiglitz, 2002). Die rechtliche Konstruktion des Internationalen Währungsfonds gibt den führenden Industrieländern, also den Repräsentanten von 10 bis 15% der Weltbevölkerung, die entscheidende Stimmenmehrheit. Die USA verfügen zudem über ein faktisches Vetorecht, d.h. das Land kann bei keiner Entscheidung überstimmt werden.

Der Internationale Währungsfonds hatte sich bis 1973, d.h. bis zum Ende des alten Systems fester Wechselkurse, noch vorwiegend auf seine ursprüngliche Aufgabe konzentriert, die Zahlungsbilanzentwicklungen zu überwachen und mittels Zahlungsbilanzkrediten für Anpassung und Stabilität zu sorgen. Danach wurde der Fonds mehr und mehr zu einer Art Ausführungsorgan für die Weltwirtschaftspolitik der USA umgewandelt. Es sind Fälle bekannt geworden, in denen der IWF im Interesse US-amerikanischer Firmen und unter Mitwirkung von amerikanischen Regierungsstellen einzelne Länder mit erpresserischen Maßnahmen zum „Wohlverhalten" zwang (vgl. Wade, 2001; ausführlicher Johnson, 2000). Der IWF diente seit Beginn der weltwirtschaftlichen Wachstumsreduktion Mitte der 1970er Jahre mehr und mehr als Rammbock für die von den USA und den in ihrem Schlepptau fahrenden anderen Industrieländern forcierten Liberalisierungspolitik gegenüber Dritte-Welt-Staaten. Im Vorfeld der südostasiatischen Finanzkrise (1997) wurden Schwellenländer wie Südkorea, Indonesien u. a. massiv vom IWF gedrängt, ihre Kapitalmarktkontrollen, insbesondere die nach Maßgabe der binnenwirtschaftlichen Aufnahmefähigkeit dosierten Kapitalimporte zu beseitigen. Als Folge strömte kurzfristiges Kapital in die Länder, wurde dort in spekulative, unrentable Anlagen gelenkt, so dass dann bei den absehbaren Zahlungsbilanzproblemen ein abrupter Kapitalabfluß einsetzte und die Länder in die Zahlungsunfähigkeit stürzte, die wiederum Finanzhilfen vom IWF notwendig machten, womit die Abhängigkeit von dieser weltpolitischen Agentur noch weiter verstärkt wurde (vgl. ausführlicher Huffschmid, 1999). Der IWF verfolgte stets eine Politik im Interesse der reichen, Kapital exportierenden Länder und nahm keine Rücksicht auf die sozialen und humanen Erfordernisse der verschuldeten Volkswirtschaften (Stiglitz, 2002, 246). Faktisch konnte der IWF die im Netz der internationalen Verschuldung zappelnden Volkswirtschaften dazu bestimmen, sich seinen (ultraliberalistischen) Politikvorstellungen vollständig zu unterwerfen. Die ostasiatische Finanzkrise hat vor allem wieder deutlich gemacht, dass sogenannte „Hilfen" seitens des IWF und der Industrieländer zwar geeignet sind, *solche* Krisenfolgen abzufangen, die – wie etwa Zahlungsunfähigkeit der verschuldeten Schwellenländer – die Banken und Produktionsunternehmen der Industrieländer selbst schwer in Mitleidenschaft ziehen können, aber Millionen Menschen in den betroffenen Staaten, die arbeitslos und ins Elend gestoßen wurden, gehen dabei leer aus.

Das zentrale Charaktermerkmal der heutigen „Globalisierung" ist die Überliberalisierung im (kurzsichtigen) Interesse der kapitalistichen Unternehmen der reichen Länder, insbesondere die Überliberalisierung der Finanzmärkte, womit auch der Überspekulation wieder Tür und Tor geöffnet wurde. Die Verteilungswirkung der *politisch gemachten* Globalisierung geht in zwei Richtungen: Einerseits wird die Ausbeutung der Arbeitskräfte in den Dritte-Welt-Staaten „liberaler", d.h. erleichtert (vgl. Klein, 2001), so dass das Kapital der reichen Welt unbehindert durch Regulierungen im lokalen Interesse nach Belieben agieren kann. Andererseits verstärkt dieser international erweiterte Handlungsspielraum des „transnationalen Kapitalismus" (Rothschild, 1999) auch den Druck auf die abhängig Beschäftigten und ihre Gewerkschaften in den entwikkelten Industrieländern selbst. Dieser globale Expansionsprozess des Kapitals setzte mit der Weltwirtschaftskrise etwa Mitte der 1970er ein, und es ist der ideologischen Absicherung des Geschehens gelungen, den Mythos aufzubauen, es handele sich um einen quasi naturgesetzlichen Vorgang, eine Art Schicksal, dem nur Toren glaubten, sich widersetzen zu können. Wie schon so oft in der Geschichte, kommt den Ideologen des Globalisierungs-Mythos jedoch eine menschliche Schwäche entgegen, auf die Tocquville in seiner berühmten Schrift über die amerikanische Demokratie hingewiesen hat: *„Nichts ist nämlich dem Menschen geläufiger, als dem, der ihn unterdrückt, eine größere Weisheit zuzuerkennen“* (Tocqueville, 1985, 223). Und speziell auf Nordamerika gemünzt:

> *„In den Vereinigten Staaten nimmt es die Mehrheit auf sich, den Individuen eine Menge Meinungen zu liefern, und enthebt sie so der Verpflichtung, sich eigene zu bilden ...auf den ersten Blick würde man sagen, dass in Amerika die Geister alle nach der gleichen Vorlage gebildet sind, so sehr bewegen sie sich in genau den gleichen Bahnen“ (ebenda, 155).*

Im Unterschied zu der weiter zurück reichenden, langfristigen Entwicklung der internationalen Wirtschaftsbeziehungen, die mit mehr Augenmaß für die richtige Mischung aus Protektion und Freihandel gestaltet wurden, zeigt sich heute ein stark verändertes Handlungsmuster, nämlich die ideologisch verabsolutierte Überliberalisierung. Sie bildet das Spezifikum der „Globalisierung“ als eines politischen Programms. Pierre Bourdieu spricht denn auch mit Blick auf diese willentliche Durchsetzung des kapitalistischen Systems auf Weltebene von der „Politik der Globalisierung“ (Bourdieu, 2002); um klar zu stellen, dass es sich nicht um einen naturgesetzlichen Vorgang, gar ein unabwendbares Schicksal handelt. Die Industrieländer, zwischen denen der Großteil des internationalen Handels abgewickelt wird und auf die die meisten internationalen Kapitalverflechtungen entfallen, haben sich durch die Überliberalisierung in jene Lage manövriert, die sie nun relativ hilflos den „Erpressungen“ des international völlig mobil *gemachten* Kapitals aussetzen. Die Folgen sind: Konkurrenz um niedrigere Löhne, um niedrigere Steuern, um Absenkung der Sozialleistungen, um die größten Vorteile für Besitzeinkommen etc. Die Überliberalisierung ist zwar politisch gewollt und durchgesetzt worden, aber damit ist noch keine hinreichende Erklärung des Geschehens geliefert. Denn es fragt sich, warum Regierungen und WählerInnenmehrheiten von dem sozial- und beschäftigungspolitischen Interventionismus, der bis in die 1970er Jahre hinein dominierte, mehr und mehr abgewichen sind.

Unseres Erachtens lassen sich vier Hauptfaktoren anführen. Erstens die erneuerte Virulenz der materiellen und ideologischen Expansionsdynamik des Kapitalismus, dem durch den wohlfahrtsstaatlichen Interventionismus der Nachkriegsepoche Zügel angelegt worden waren. Zweitens die durch den anhaltenden Wachstumsrückgang nach 1974 provozierte Krisenlage, die nach (wirtschafts)politischer Neuorientierung verlangte. Drittens die auslaufende Erinnerung an die politökonomischen Zusammenhänge zwischen Kapitalismus, Faschismus und Weltkrieg. Viertens die allmählich nachlassende und von 1989 an völlig entfallene Katalysatorwirkung des Ost-West-Konflikts auf das politische Systemmanagement der kapitalistischen Industriestaaten. Die Wachstumskrise der 1970er Jahre traf die „linken" Kräfte, soweit sie überhaupt – wie etwa sozialdemokratische Parteien und Gewerkschaften politischen Einfluß in den parlamentarischen Demokratien ausübten – wirtschaftstheoretisch und ideologisch weitgehend unvorbereitet. Hier wirkte jenes ideologische Gift, das unter dem Etikett „Ende aller Ideologien" verabreicht worden war. Statt die tieferen Krisenursachen zutreffend zu verstehen und sich darüber klar zu werden, dass nicht der Abbau staatlicher Beschäftigungs- und Sozialpolitik, sondern eine offensive Ausweitung des Interventionismus im Interesse der arbeitenden Menschen geboten gewesen wäre, ließen sich die von ihren Traditionen her progressiven Kräfte vom militanten Neoliberalismus in die Defensive drängen, bis ihnen scheinbar nichts anderes mehr übrig blieb, als der Parole zu folgen, „if you can't beat them, join them" – also mitschwimmen, wenn man gegen die Strömung nicht mehr anzukommen glaubt. Der sozialdemokratisch gewendete Neoliberalismus eines „Dritten Weges" für eine vermeintlich „Neue Mitte" mußte scheitern, und wir sehen, dass es von Anfang an ein Irrweg war. Vermutlich spielten auch psychologische Momente in dieser Entwicklung eine Rolle. Der Generationenwechsel in den sozialdemokratischen Parteien und Gewerkschaften brachte Persönlichkeiten mit relativ wenig Traditionsbindungen und ganz anderen Sozialisationserfahrungen in Führungspositionen, als sie für die ältere Generation gültig waren, die die Weltwirtschaftskrise, den Faschismus, den Weltkrieg und die Kargheit der ersten Nachkriegsjahre erlebt hatten. Individuelle Karriereinteressen gewannen mit dem Generationenwechsel stärkeres Gewicht als die Orientierung an bestimmten Werten und Fortschrittsideen. Psychologische Wirkungen des wirtschaftlichen und politischen Klimawechsels machten sich aber auch in der breiteren Öffentlichkeit geltend. Die steigende Massenarbeitslosigkeit steigerte – wie im Deutschland vor 1933 – die Zukunftsängste. Oskar Negt hat in seinem philosophisch ausgreifenden Werk über „Arbeit und menschliche Würde" erneut auf die Instrumentalisierung dieser Ängste durch Herrschaftsinteressen aufmerksam gemacht:

> *„Gesellschaftsordnungen, in denen ein günstiger Nährboden für Existenzängste besteht und das Klima von zerstörten Hoffnungen und gebrochenen Lebensperspektiven bestimmt ist, produzieren autoritätsgebundenes Mitläufertum und verführen dazu, Ersatzschuldige für die Misere zu suchen. Schließlich richten sich die ungelösten inneren Konflikte aggressiv auf den Außenfeind oder, was häufig noch bedrohlicher für den gesellschaftlichen Zusammenhalt ist, toben sich in inneren Ausgrenzungen aus." (Negt, 2002, S. 17)*

Wie erwähnt begann die Überliberalisierung, die der heutigen Globalisierung ihren spezifischen Charakter verlieh, infolge der Krise der 1970er Jahre. In Schema zu Krieg und Globalisierung (vgl. Zinn, 2000c) seien die Wirkungszusammenhänge nochmals verdeutlicht.

Nationale und globale Umverteilung

Die Zunahme der Verteilungsungleichheiten gehört zu den Gesetzmäßigkeiten des Kapitalismus und kann nur begrenzt werden, wenn sich

Abbildung: Schema zu Krise und Globalisierung

Krise/Wachstumsrückgang/Stagnation
auf vielen Industriegütermärkten

⇩

Verstärkter Marktanteilswettbewerb

⇩	⇩
Konzentration: Unternehmenszusammenschlüsse, um gemeinsam die Markt- bzw. Wettbewerbsposition zu verbessern	Neuausrichtung der Wirtschaftspolitik auf Förderung der internationalen Wettbewerbsfähigkeit (Standortdiskussion) Liberalisierung, Deregulierung, Privatisierung
⇩	⇩
Bedeutungsgewinn **transnationaler Konzerne** als eine Facette der Globalisierung	**Selbstentmachtung der Wirtschaftspolitik**

⇩	⇩
verstärkte Machtposition der international operierenden Unternehmen	Liberalisierung der Finanzmärkte führt zur Expansion spekulativer Transaktionen auf den Devisen- und Wertpapiermärkten; Entstehung neuer Spekulationsinstrumente (Derivate)
⇩	⇩
zunehmender politischer Einfluß der Wirtschaft	**Finanzkrisen**
	⇩
	Arbeitslosigkeit, steigende Armut in der Dritten Welt

Gegenkräfte geltend machen. Der sozialstaatliche Interventionismus und die Gewerkschaftsbewegung sind solche Gegenkräfte. Ihre zeitlich verschiedene und von Land zu Land differierende Einflußmächtigkeit beweist, dass einerseits der kapitalistische Verteilungsprozess modifiziert werden kann und dass andererseits die jeweiligen historischen Konstellationen für das Ausmaß solcher Modifikationen bestimmend sind. Wenn die Entwicklung der Einkommensverteilung während der Zeiten hohen Beschäftigungsniveaus bis 1974 mit den folgenden Jahrzehnten verglichen wird, so ergibt sich ein markanter Unterschied. In der ersten Phase stiegen Arbeits- und Besitzeinkommen beide deutlich an, wenn letztere auch stärker zulegten. In der jüngeren Vergangenheit fand jedoch in erheblichem Umfang eine Umverteilung von unten nach oben statt. Die Kapitalrenditen ließen sich nicht mehr „hinreichend“ aus dem Wachstum sichern, sondern gingen auf Kosten der Masseneinkommen. Die staatliche Umverteilungspolitik eliminierte mehr und mehr die nivellierende Steuerprogression und begünstigte die oberen Einkommen. Dieser Wechsel im verteilungspolitischen Konzept weist länderspezifische Unterschiede auf, läßt sich aber in fast allen Industrieländern feststellen. Der in Händen relativ weniger Kapitaleigner konzentrierte Mehrwert erreicht inzwischen historisch einmalige Größenordnungen. Die steuerliche Begünstigung der Besitzeinkommen soll den Investoren „Zukunftsvertrauen“ einflößen, den „Leistungsträgern“ Mut machen, dass sich Leistung wieder lohne, und die Öffentlichkeit zum Glauben bringen, die Gewinne von heute seien die Investitionen von morgen und die Arbeitsplätze von übermorgen. In der Bundesrepublik wurde die relative Steuer- und Abgabenbelastung der Selbständigen, aus der sich die Masse der Investoren rekrutiert, stark reduziert, während den Arbeitnehmern in steigendem Maße Steuern und Abgaben aufgebürdet wurden. Im Jahr 1960 betrug die Belastung der Arbeitseinkommen mit direkten Steuern und Abgaben 15,7%, und sie stieg bis 2000 auf 35.5%. In der gleichen Zeit sank die Belastung der Gewinn- und Vermögenseinkommen von 23% auf 9,7% (Schäfer, 2001, 662). Dennoch hat sich die Investitionstätigkeit keineswegs belebt, und die Zunahme der Massenarbeitslosigkeit wurde nicht gestoppt. Der Anteil der Besitzeinkommen am verfügbaren Gesamteinkommen der Haushalte ist ständig gestiegen, und entsprechend sank der Anteil der Einkommen der Arbeitnehmerhaushalte (vgl. Tabelle). Es fand also eine relative Umverteilung von den Einkommen der abhängig Beschäftigten zu den Vermögenseinkommen statt. Die Finanzierung der steigenden Sozialleistungen erfolgte faktisch allein aus den Arbeitseinkommen, also „Umverteilung in einer Klasse“.

Aus dem bereits erwähnten „Armuts- und Reichtumsbericht“ der Bundesregierung geht hervor, dass die reichsten 20% der bundesdeutschen Haushalte im Jahr 1998 fast die Hälfte (49,2%) aller Vermögenseinkommen bezogen (s. Tabellen). Ihr Anteil an den gesamten Haushaltsersparnissen belief sich auf 68,9%. Der Großteil dieser Vermögenseinkommen wird wieder für die Vermögensbildung verwendet, so dass daraus dann weitere Besitzeinkommen fließen: Wo bereits Vermögen vorhanden ist, kommt immer noch mehr hinzu, während die einkommensschwachen Haushalte auf der Stelle treten.

Tabelle: Verteilungssituation der westdeutschen Haushalte im Jahr 1998

Anteile an der Gesamtverteilung auf das erste, zweite, dritte, vierte, fünfte Fünftel nach dem verfügbaren Einkommen						
Haushalte	100%	20%	20%	20%	20%	20%
Einkommen	100%	6.8	11.7	16.8	23.6	41.0
Nettovermögen	100%	3.1	9.2	16.1	25.8	45.8
Vermögenseinkommen	100%	1.9	7.6	15.2	26.1	49.2
Ersparnis	100%	-2.8	2.6	9.7	21.7	68.9

Quelle: Lebenslagen, 2001.

Tabelle: Quellen des den deutschen Privathaushalten verfügbaren Nettoeinkommens in v. H. (1980: nur altes Bundesgebiet)

Einkommensquelle	1980	1991	1995	2000
Entnommene Gewinne und Vermögenseinkommen	25.5	27.7	28.6	29.7
Masseneinkommen	**78.9**	**71.9**	**71.4**	**69.8**
davon:				
Nettolohn- u. Gehaltssumme	52.7	49.4	46.5	43.8
monetäre Transfers	26.2	22.5	24.9	26.0

Quelle: Schäfer, 2000, 746; 2001, 661.

Mit der globalen Umverteilung von unten nach oben wird das von der theoretischen Seite bereits erläuterte Problem virulent, dass die Summe der (globalen) Besitzeinkommen viel zu groß geworden ist, um noch voll nachfragewirksam zu werden. Daraus erklärt sich die trotz hochschäumenden Luxuskonsums der Wirtschaftseliten zur Vollbeschäftigung der Industrieländer nicht hinreichende Investition. Oberflächlich ist bereits zu erkennen, dass die skizzierte Politik der Überliberalisierung und Privatisierung die Diskrepanz zwischen Produktionsmöglichkeiten (Angebot) und Massenkaufkraft (Nachfrage) immens vergrößert hat, und diese Fehlentwicklung setzt sich fort. Auf der Weltebene spielt sich eine historisch beispiellose Kapitalverschwendung ab. Etwa die Hälfte der globalen Ersparnisse werden von den USA verbraucht. Das ist statistisch ablesbar an den anhaltenden Leistungsbilanzdefiziten der USA, an der Tatsache, dass das reichste Land der Erde die mit Abstand größte Schuldnernation der Welt geworden ist und dass die privaten US-Haushalte und Unternehmen zu einem erheblichen Teil überschuldet sind.

Infolge der Überliberalisierung hat sich auch das Verhältnis zwischen den Industrie- und den armen Volkswirtschaften in gewisser Weise gewandelt. Das Außenhandelsvolumen zwischen entwickelter und armer Hemisphäre ist zwar weltwirtschaftlich immer noch eine nachrangige Größe, aber den Niedriglohnländern, zu denen inzwischen auch die ehemaligen realsozialistischen Planwirtschaften gehören, wurde eine wichtige Rolle in der Disziplinierungsstrategie gegenüber den abhängig Beschäftigten zugewiesen. Die Globalisierungsrhetorik verkündet unermüdlich, dass in einer Welt mit Millionen Arbeitslosen und elenden Arbeitsbedingungen Anpassung geboten sei – Anpassung der Lohnniveaus der entwickelten an ärmere Länder. Es wird der Anschein erweckt, es gäbe keine Alternative dazu, auch im eigenen Lande die „Ansprüche" (gemeint sind selbstverständlich die der Masse der arbeitenden Bevölkerung) zu senken. Die Botschaft von der alternativlosen Globalisierung, die auf den netten Mädchennamen TINA (= there is no alternative) getauft wurde, hört man wohl; und es fehlt ihr nicht der Glaube.

Im Zusammenhang mit der stagnationstheoretischen Krisenerklärung war bereits auf die schwindenden Möglichkeiten hingewiesen worden, die gesamte Ersparnis der entwickelten Volkswirtschaften bei einer den Investoren „hinreichend“ erscheinenden Rentabilität für Sachanlagen zu verwenden. Auf dem (heute nur noch fiktiven) Vollbeschäftigungsniveau bestünde nämlich ein enormer Überhang des Sparkapitalangebots gegenüber dem für Sachinvestitionen nachgefragten Investitionskreditvolumen. Daraus müßten Investitionsschwäche und Wachstumsreduktion folgen, also eine Anpassung der gesamtwirtschaftlichen bzw. globalen Wirtschaftsaktivitäten an die verschlechterten Verwertungsbedingungen des Kapitals. Genau dazu ist es ja auch gekommen. Mit der Verlangsamung der Sachkapitalbildung nahm die spekulative Kapitalverwendung explosionsartig zu. Dieses wirtschaftsgeschichtlich in der Tat neue Phänomen eines globalen Kasino-Kapitalismus, der die Inflation der Börsenkurse anheizte und völlig neue Spekulationsinstrumente, die sogenannten Finanzderivate, hervorbrachte, wäre allerdings nicht ohne die radikale Überliberalisierung möglich gewesen. Viele Kontrollmechanismen, die in den Jahren nach dem Zusammenbruch der New Yorker Börse am Donnerstag, 4. Oktober 1929, von dem die Große Depression ausging, eingeführt worden waren, wurden im Zuge der jüngeren Deregulierungspolitik wieder aufgehoben. Die Überliberalisierung ließ die Zusammenbruchsrisiken der internationalen Finanzmärkte steigen. Die südostasiatische Finanzkrise im Herbst 1997 machte dies erneut deutlich, wie selbst von seiten der Weltbank kritisch vermerkt wurde:

> *„Angesichts von Finanzkrisen in Asien und Amerika sagte Weltbankpräsident James Wolfensohn dem Spiegel: ›Es darf nicht einfach sein, dass Banken ungedeckt riesige Geldbeträge aufnehmen oder Kredite für zwielichtige Zwecke vergeben.‹ Dereguliert werden könne ein Markt nur, wenn er zugleich intensiv beaufsichtigt werde. Die mangelnde Kontrolle sei ein wesentlicher Faktor für die asiatische Währungskrise gewesen“* (SZ, 270/1997).

Der internationale Liberalisierungsprozeß im Finanzsektor, also bei den grenzüberschreitenden Kapitalbewegungen, setzte – von der breiteren Öffentlichkeit fast unbemerkt – sehr viel früher als die jüngere

Außenhandelsliberalisierung ein und verlief weitaus schneller als die Liberalisierungsbemühungen beim Warenverkehr, die sich in dem sehr zäh verlaufenden letzten Verhandlungsmarathon des Allgemeinen Zoll- und Handelsabkommens (GATT), der Uruguay-Runde, drei Jahre über den ursprünglich vorgesehenen Schlußtermin hinauszogen. In den seit 2001 laufenden Verhandlungen im Rahmen der Welthandelsorganisation (WTO) zeichnen sich ähnlich gravierende Konflikte (u.a. über die Agrarpolitik und die Nord-Süd-Probleme) ab.

Spekulationsgeschäfte auf den Wertpapier- und Devisenmärkten standen ursprünglich in relativ engem Zusammenhang mit realwirtschaftlichen Aktivitäten. Als Anfang der 1970er Jahre das vom Bretton-Woods-Abkommen (1944) geschaffene Festkurssystem zu wanken begann und dann 1973 beendet wurde, entstand ein steigender Bedarf der im internationalen Handel engagierten Produktionsunternehmen, sich gegen die Unsicherheiten von Wechselkursschwankungen abzusichern. Die sogenannte (Devisen)Spekulation stellte nichts weiter dar als die notwendige Folge jenes Bestrebens nach Kursabsicherung. Im Laufe der Zeit wurden immer verfeinerte und kompliziertere Instrumente entwickelt, um dem spezifischen Absicherungsbedarf der verschiedenen Akteure zu entsprechen. Die ursprüngliche Erwartung, mit dem Übergang zu flexiblen Wechselkursen, die ja den Lehrbuchvorstellungen freier Marktpreisbildung weit mehr entsprechen als feste Kurse, würde sich eine dauerhafte Beruhigung auf den Devisenmärkten einstellen, trog. Das Gegenteil trat ein. Die abrupten Schwankungen, die sogenannte Volatilität (von lateinisch „volatilis" = geflügelt, flüchtig, vergänglich), steigerte den Kursabsicherungsbedarf, wodurch wiederum die Spekulation erweiterte Geschäftsmöglichkeiten fand. Schließlich begann sich die Spekulation zu verselbständigen und mehr und mehr von den realwirtschaftlichen Prozessen zu lösen. Die börsentäglichen Umsätze auf den globalen Devisenmärkten lagen in den Boomjahren der New Economy über zwei Billionen US-Dollar. Davon entfielen mindestens 90% auf reine Spekulationsgeschäfte; nur der Rest war für die Finanzierung des Außenhandels und von Direktinvestitionen erforderlich. Die explosionsartige Zunahme der rein spekulativen Transaktionen läßt sich an dem rapiden Anstieg der Geschäfte mit „Derivaten", also den neuen Finanzmarktinstrumenten (z.B. Optionen), auf den internationalen Finanzmärkten ablesen. Dabei wuchs der Handel mit außerbörslichen, fast beliebig konstruierbaren Instrumenten weit stärker als der mit den standardisierten, börsengehandelten (vgl. Tabelle).

Tabelle: Märkte für ausgewählte derivative Finanzinstrumente (Mrd. US-Dollar)

Instrument	1991	1993	1995	1996	1998
börsengehandelt	3519,3	7771,1	9188,2	9884,6	13.549,2
außerbörslich	4449,4	8474,6	17712,6	24292,0	50.997,0

Quelle: BIZ, 1997, 147; BIZ 1999.

Im Rahmen der unter dem Schlagwort Globalisierung aufgestellten Bedrohungskulisse spielen inzwischen nicht mehr die Warenimporte aus tatsächlichen oder vermeintlichen Niedriglohnländern die Hauptrolle, sondern die Verlagerung von Produktionen ins kosten- und besteuerungsgünstigere Ausland schürt weit größere Sorgen. Grundsätzlich sind Investitionen inländischer Unternehmen im Ausland weder etwas Neues noch besorgniserregend. Im Gegenteil werden damit Marktzugang geschaffen, Marktpositionen gefestigt und ausgebaut, und in vielen Fällen besteht gar nicht die Alternative, im Inland oder Ausland zu investieren. Eine deutsche Hotelkette beispielsweise, die ihren Geschäftsbereich global ausweiten will, kann nur an ausländischen Standorten investieren. Wenn von den Herausforderungen der Globalisierung die Rede ist, folgt regelmäßig das Klagelied von der Standortschwäche. Standortdiskussionen werden aber in fast allen Industrieländern und zwar mit ähnlichen, häufig gleichen Argumenten geführt. Das kann eigentlich auch nicht erstaunen, denn alle reichen Länder leiden unter dem gleichen Krisenmechanismus und vertrauen auf dieselbe Medizin, nämlich die internationale Wettbewerbsfähigkeit mittels Lohnzurückhaltung und Einsparungspolitik im Sozialbereich und bei den gesellschaftlichen Gütern zu steigern. Als ob sich die Krise dadurch überwinden ließe, dass überall die Masseneinkommen gedrückt, die Sozialleistungen gekürzt, die Steuern gesenkt, die öffentliche Zukunftsvorsorge durch Privatisierung den kurzsichtigen Gewinninteressen unterworfen werden und dergleichen mehr. Was faktisch stattfindet, ist eine Art globalisierter Deflationspolitik als Antwort auf das als solches nicht erkannte Stagnationsproblem. Nachfrageschwäche wird sozusagen mit Nachfragereduktion zu bekämpfen versucht. Die Situation ähnelt in vielen Aspekten der Großen Depression der 1930er Jahre, wie wir noch genauer sehen werden. Deshalb sind die sozialökonomischen und politischen Risiken heute auch nicht grundverschieden von damals.

Standortprobleme einzelner Firmen oder auch ganzer Branchen hat es immer gegeben. Gerade durch die internationale Arbeitsteilung sollen ja auch gewisse Umstrukturierungen stattfinden: Technologisch ältere Industrien wandern in die weniger entwickelten Volkswirtschaften ab, wie es in großem Umfang beispielsweise bei den Textil- und Bekleidungsindustrien oder der Lederverarbeitung der industrialisierten Volkswirtschaften geschah. Doch solange die Gesamtwirtschaft wächst, also die Wachstumsbedingungen günstig sind wie nach dem Zweiten Weltkrieg , treten an die Stelle der „strukturschwachen" Branchen neue Wachstumsindustrien. Dieser Prozeß strukturellen Wandels auf Vollbeschäftigungsniveau stößt aber, wie ausführlich begründet wurde, irgendwann an nachfrageseitige Grenzen. In den 1970er Jahren wurden sie erreicht. Nur wenige Industrieländer – beispielsweise Schweden oder Österreich – vermochten dank eines forcierten beschäftigungspolitischen Interventionismus den Anstieg der Arbeitslosenzahlen noch über die achtziger Jahre hinweg zu unterbinden. Es war absehbar, dass sich diese Beschäftigungspolitik nicht auf Dauer durchhalten ließ. Denn die Abhängigkeit von der Weltwirtschaft, in der der beschäftigungspolitische Interventionismus strategisch vom neoliberalen Laissez-faire verdrängt wurde, mußten dann auch die verbliebenen Vollbeschäftigungsinseln knebeln. Anfang der neunziger Jahre kam es auch in jenen kleinen Volkswirtschaften mit ihren verhältnismäßig starken sozialstaatlichen Traditionen zu einem abrupten Anstieg der Arbeitslosigkeit. Hierbei wirkte sich auch der Beitritt zur Europäischen Union und die damit erzwungene Unterwerfung unter die deflationspolitischen Vorgaben des Maastrichter Vertrages aus. Die neuen Beitrittsländer mußten sich der durch die Konvergenzkriterien des Maastrichter Vertrages erzwungenen Konsolidierung der öffentlichen Haushalte annehmen, das hieß aber, Deflationspolitik betreiben. Immerhin sollte der über etwa 15 Jahre währende Erfolg der Beschäftigungspolitik jener früheren EFTA-Staaten nicht in Vergessenheit geraten. Er zeigt nämlich, dass es prinzipiell die Möglichkeit gab/gibt, durch entschiedenen Interventionismus der Massenarbeitslosigkeit zu begegnen, wie dies erneut zwischen 1997 und 2001 auch in Frankreich gelang und auf dem Weg der Umverteilung von Arbeit – mittels Teilzeitarbeit – auch in den Niederlanden vorgeführt wurde. Es passt jedoch zu der neuen Subalternität gegenüber der Kapitalmacht, dass die eher dubiose Beschäftigungspolitik der USA mit ihrem Heer von unproduktiven, in vielen Fällen nicht einmal das Existenzminimum sichernden Dienstleistungsjobs vorindustriellen Typus (Thurow, 1996; Wacquant, 1997; Ehrenreich, 2001) hochgelobt wird, aber das alte, erfolgreiche Schweden- und das Österreich-Modell von unseren Massenmedien nie vergleichbaren Beifall, meist sogar abfällige Kommentierungen erfuhren.

Innovationen – die Wunderwaffe im Kampf gegen die Krise

Ehe ein Krieg völlig verloren ist, blüht der Wunderglaube. Auch der Glaube, Innovationen könnten die Krise und die Massenarbeitslosigkeit besiegen, ist ein Wunderglaube. Dies gilt jedenfalls für jene Art von Innovationen, von denen Wirtschaftspolitiker und andere Kundgeber träumen. Die „klassische" Typologie der Innovationsarten wurde bereits zu Beginn des 20. Jahrhunderts (1911) von Schumpeter formuliert (Schumpeter, 1964). Die beiden mit Abstand wichtigsten Innovationsarten sind dem technischen Fortschritt zu danken: neue, produktivere Produktionsverfahren (Prozeßinnovationen) und neue Güter (Produktinnovationen), deren Grenznutzen über den bereits verfügbaren Gütern liegt, so dass sich die Konsumenten zu neuer Kauflust motiviert fühlen. Daneben nennt Schumpeter noch die Erschließung neuer Märkte, die Eröffnung von bisher nicht genutzten Rohstoffquellen und Marktstrukturinnovationen wie beispielsweise die Erringung oder Vernichtung von Monopolstellungen.

Alle fünf Innovationsarten finden sich in jeweils unterschiedlicher Mischung im Verlauf der Wirtschaftsgeschichte. Mit der Industriellen Revolution vor 200 Jahren gewannen alle, insbesondere aber die Prozeß- und Produktinnovationen, außerordentlichen Schwung. Die produktivitätssteigernden Prozeßinnovationen sind jedoch mit Abstand die wichtigste Innovationsart. Denn sie bilden, wie schon erwähnt, die unabdingbare Grundlage des *intensiven Wachstums*, also des Anstiegs des Durchschnittseinkommens und somit der Möglichkeit eines allgemeinen Anstiegs der Lebenshaltung. Die Prozeßinnovationen führen jedoch, wie wir wissen, durch die damit möglichen Stückkosten- und Preissenkungen an die Sättigungsgrenzen. Je mehr und je rascher die Prozeßinnovationen aufeinander folgen, je stärker also die Rationalisierungseffekte des technischen Fortschritts ausfallen, desto eher wird die Gossen-Keynessche Regel ihre Stagnationstendenz entfalten und den Strukturwandel antreiben. Wer aber heute von hohem Produktivitätswachstum erwartet, dass sich damit ein Weg aus der Krise fände, erliegt einer fundamentalen Täuschung. Selbstverständlich verbessert sich mit einem durch Prozeßinnovationen erreichten Produktivitäts- bzw. Kostenvorsprung die Wettbewerbsfähigkeit *eines* Unternehmens, *einer* Branche oder auch *eines* Landes. Wenn die tieferen Ursachen der *globalen* Krise aber gar nichts mit (fehlender) Wettbewerbsfähigkeit zu tun haben, kann deren Steigerung auch die Krise nicht überwinden. Unterschiedliche Wettbewerbsstärke verschiedener Länder gab es während der ganzen Phase industriellen Aufstiegs und zunehmender internationaler Wirtschaftsverflechtungen. Die Bundesrepublik gehört – das dürfte bekannt sein – zu den konkurrenzstärksten Volkswirtschaften der Welt, was durch die wiederkehrenden Exportüberschüsse eindrucksvoll bewiesen wurde. Deshalb mögen Innovationen diese Vorrangstellung zwar noch weiter ausbauen, aber zu Lasten der schwächeren Konkurrenz. Allenfalls werden also die Übel der globalen Wachstums- und Beschäftigungskrise zwischen den einzelnen Ländern hin- und hergeschoben.

Die Gesamtwirkung des Produktivitätsfortschritts läuft unter den Status-quo-Bedingungen auf eine Krisenverschärfung hinaus: noch mehr rationalisierungsbedingte Arbeitslosigkeit bei noch ungünstigerer

Nachfrageentwicklung, da ja jeder neue Arbeitslose weniger konsumiert, also weniger Industriegüter und Dienstleistungen kaufen kann.

Gemessen am Mehrjahresdurchschnitt des Produktivitätswachstums hat sich, worauf bereits hingewiesen wurde, der Rationalisierungsprozeß jedoch in den vergangenen 20 Jahren gegenüber den ersten Nachkriegsjahrzehnten verlangsamt. In der Öffentlichkeit entstand dennoch der Eindruck, als würde der technische Fortschritt heute mehr Arbeitsplätze als je zuvor vernichten. Nein, nicht die technischen Entwicklungen sind an der Arbeitslosigkeit schuld, sondern es fehlt an Nachfrage. Wegen der sättigungsbedingten Stagnation und der von ihr ausgelösten Kontraktionsspirale der Massenkaufkraft wird die Regeneration eines Nachfragebooms praktisch nicht möglich sein, und wegen der Umweltprobleme wäre eine breite Belebung der Konsumlust auf Überflüssiges auch gar nicht zu verantworten. Ein temporäres Konsumwachstum in größerem Umfang ist lediglich möglich und notwendig, um die während der Krise auf das skandalös niedrige Verbrauchsniveau gedrückten Einkommensschichten wieder dem Durchschnitt anzugleichen.

Im Visier der innovationsgläubigen Modernisierer liegen jedoch nicht nur die Prozeßinnovationen, sondern gerade auch die Produktinnovationen. Politiker schwärmen gern von den „pfiffigen Ideen“, die zu neuen Sachgütern und Dienstleistungen verhelfen sollen, die dann wieder üppiges Konsumieren, also Geld ausgeben (natürlich nur derjenigen, die gut gepolstert sind), in Gang setzen. Ja, wenn es so einfach wäre, den gesättigten Gut- und Besserverdienern, die schon seit längerem der Gossen-Keynesschen Regel folgen, mit neuen Produkten das Geld aus der Tasche zu ziehen. Gewiß, anstatt vier Zylinder kann man sechs Zylinder und dann auch acht oder gar zwölf vors Grundstück oder in die Garage stellen, aber tun das auch alle, die es sich finanziell leisten können? Ist es nicht vielleicht sogar dem Prestige abträglich, so deutlich zu demonstrieren, dass man sein Ansehen und Selbstbewußtsein auf solch ein Vehikel gründen muß? Und so viele neureiche Mentalitäten, wie es bräuchte, um über den Parvenü-Effekt den trivialen Luxuskonsum in Dimensionen zu katapultieren, dass die Nachfrage wieder zur Vollbeschäftigung passte, gibt es nicht – leider oder Gott sei Dank. Warum investieren etwa kapitalkräftige Unternehmen in Produktionsanlagen für noch mehr Luxusgüter, von denen es bereits ein Überangebot gibt (erinnert sei an die Luxussegmente der Kraftfahrzeugmärkte)? Es fehlt offensichtlich an wirklichen Produktinnovationen, so dass nur ein ziemlich überflüssiger, letztlich Kapital vernichtender Nachahmerwettbewerb abläuft.

Sättigungsgrenzen des Konsums lassen sich zwar theoretisch und in ökonomischen Lehrbüchern mit Produktinnovationen immer wieder hinausschieben, aber die Wirklichkeit richtet sich nicht nach Lehrbuchvorschriften. So wie das Rad, eine weltgeschichtliche Prozeßinnovation, nicht immer wieder neu erfunden werden kann, so lassen sich auch die schönsten, aber bereits vorhandenen Konsumdinge des Lebens nicht neu erfinden und endlos vermehren. Das Leben besteht – jedenfalls für Leute, die glücklich sein wollen, – nur in seinen banaleren Aktivitäten im verbissenen Konsumieren, und Lebensfreude verdankt sich meist gerade dem sehr lockeren Umgang mit den Konsumgütern. Die Werbung hat's immer schwerer, attraktive Produktversprechen für ziemlich erbärmliche Produktinnovationen zu erfinden. Wer zudem stundenlang vor der Glotze verbringt und sich der „Bewerbung" aussetzt, kann in dieser Zeit nicht allzuviel konsumieren. Doch beenden wir die allzu lockere Redeweise und halten ernsthaft fest: Die Wirklichkeit zeigt, dass trotz immenser Anstrengungen, neue, attraktive Konsumgüter zu innovieren, die Erfolge dünn gesät bleiben. Viel zu spärlich, um damit der Stagnation, die ja auf einem natürlichen Phänomen, nämlich der Sättigung, beruht, zu Leibe zu rücken. Der Forschungs- und Entwicklungsaufwand für Prozeß- und Produktinnovationen steigt zudem in Größenordnungen, die in der Regel nur noch von Großkonzernen und selbst dann oft nur noch mit staatlichen Subventionen finanziert werden können. Die Vermarktungsrisiken nehmen ebenfalls zu. Alles dies sind zwar Symptome eines riesigen Erfolges, dass nämlich die reichen Volkswirtschaften im Prinzip soweit gekommen sind, die elende Knappheit an Lebenswichtigem und Angenehmem vollständig zu überwinden. Es mangelt nicht an (technischer) Innovationsfähigkeit, sondern das reale kapitalistische Wirtschaftssystem versagt vor der Aufgabe, das historisch erreichte Wohlstands*potential* auch in *breiten* gesellschaftlichen Wohlstand zu verwandeln. Im immer noch reichsten Land der Erde, den USA, lebt vermutlich der größte Teil der Bevölkerung weit unter dem historisch möglichen Lebensstandard, und die soziale Armut ist in den USA wahrscheinlich weitaus höher, als die amtliche Statistik mit ihren auch schon nicht sehr beruhigenden Zahlen zugibt. Barbara Ehrenreich hat mit ihrem international rezipierten Report über die „arbeitenden Armen" der USA wieder den Beweis geliefert, dass der investigative Journalismus oft mehr Wahrheit zutage fördert als die universitäre Sozialwissenschaft.

> *„Doch was immer die Löhne (in den USA; d. V.) niedrig hält ... es bleibt das Faktum, daß viele Menschen weit weniger Lohn bekommen, als sie zum Leben brauchen. Aber wieviel brauchen sie wirklich? Das Economic Policy Institute ... kam zu dem Ergebnis, daß eine Familie (eine erwachsene Person und zwei Kinder) ein Jahreseinkommen von 30.000 Dollar benötigt, was einem Stundenlohn von 14 Dollar entspricht. ... Doch jetzt kommt der schockierende Befund: Die meisten arbeitenden Menschen in den USA – etwa 60 Prozent – verdienen weniger als 14 Dollar die Stunde. Viele von ihnen kommen dennoch zurecht, indem sie sich mit einem weiteren Lohnbezieher zusammentun, etwa einem Ehepartner oder einem erwachsenen Kind." (Ehrenreich, 2001, S. 218)*

Es gehört zu den herausragenden geschichtlichen Funktionen der kapitalistischen Konkurrenzwirtschaft, den technischen Fortschritt, also Innovationen, über mehr als 200 Jahre in einem rasanten Rennen vorangetrieben zu haben, so dass das heutige Leistungsniveau der alten Industrieländer erreicht wurde. Diese Aufgabe ist erfüllt. Die gegenwärtig und mehr noch künftig notwendigen Innovationen betreffen primär nicht mehr jene „klassischen" Schumpeterschen Typen, sondern es sind sozialökonomische, systemreformierende Innovationen erforderlich. Etwas pathetischer gesprochen: Innovationen zugunsten von „Arbeit und menschlicher Würde" (Negt, 2002). Ohne durchgreifende Reformpolitik bleibt auch der einzige Bereich, in dem heute noch *vernünftiges* Wachstum möglich ist, nämlich die Produktion von Umweltschutz, allenfalls eine Anhängsel-Branche mit Vorzeige-

Appeal. Sozialökonomische Innovationen brauchen auch neue Trägerschichten. Bisher fehlen sie noch. Da die Geschichte jedoch nicht am Ende ist, kein Ende hat, wird sich auch eine neue sozialökonomische Avantgarde bilden. Hoffentlich noch ehe es zur ökonomischen und ökologischen Katastrophe und auch die menschliche Spezies auf die „rote Liste" der vom Aussterben bedrohten Arten kommt.

e) Nochmals: Globalisierung als historischer Vorlauf zur Weltrevolution im 21. Jahrhundert?

Wir greifen nochmals die Globalisierungsfrage auf. Es geht jetzt aber primär nicht um Einzelheiten der aktuellen Diskussion, sondern um eine exkursorische Erläuterung der historischen Bedeutung eines im Globalisierungsphänomen enthaltenen Moments der kapitalistischen Widerspruchsdynamik. Die Globalisierung bzw. Internationalisierung stellt nämlich eine ganz normale, vor mehr als einem Jahrhundert recht deutlich vorhergesehene Entwicklung dar. Die theoretisch fundierte Prognose der globalen Ausdehnung kapitalistischer Verhältnisse, die wir Marx und Engels verdanken, weist jedoch über die Gegenwart hinaus (Negt, 2002). Wenn wir uns damit beschäftigen, so übersteigt das sowohl die in diesem Buch sonst beachtete Beschränkung auf Gegenwart und Vergangenheit, als sich auch unvermeidlich eine gewisse Spekulation den Überlegungen beigesellt, wie dies für „futurologische" Betrachtungen jedoch unvermeidlich ist. Es sei der Leserschaft überlassen, ob sie das Folgende der wissenschaftlichen Neugier halber, aus dem Bedürfnis nach zukunftsbezogenem Nachdenken heraus, oder als Anregung für ihre historische Phantasie zur Kenntnis nehmen will. Damit ist aber zugleich angedeutet, dass bei denkbarer Aversion gegen „spekulative" Zukunftsgedanken dieser Abschnitt auch übersprungen werden kann, ohne dass der Anschluß zu den späteren Kapiteln verlorengeht.

Die Globalisierung umfaßt viel Altes und einiges Neue, wie wir gesehen haben. Das „Alte" betrifft die Entwicklung der internationalen Wirtschaftsbeziehungen im herkömmlichen Sinn, also Außenhandel und Kapitalexporte. Die Mystifizierung der internationalen Wirtschaftsbeziehungen, wie sie sich in dem ideologisch aufgefüllten Ausdruck Globalisierung manifestiert, ruft inzwischen auch bei einigen konservativen Ökonomen Unbehagen hervor; zu weit entfernt sich die Globalisierungsideologie von den Fakten und der Wahrheit. Um die Mitte des 19. Jahrhunderts betrug der Exportanteil bezogen auf das Weltsozialprodukt etwa fünf Prozent. Danach beschleunigte sich die Entwicklung der internationalen Arbeitsteilung, so dass bis zu Beginn des Ersten Weltkrieges der Anteil der Exporte am Weltsozialprodukt mit etwa zwölf Prozent in den zweistelligen Bereich gelangte. Einzelne exportstarke Volkswirtschaften wie etwa Großbritannien oder das Deutsche Reich wiesen erheblich höhere Exportanteile an ihrem Sozialprodukt auf; sie erreichten Größenordnungen von 20 bis 30 Prozent. Der weltwirtschaftliche Zusammenbruch während der Großen Depression der 1930er Jahre brachte zwischen 1929 und 1932 einen Rückgang des Welthandels um etwa 70 Prozent. Nach Ende des Zweiten Weltkrieges dauerte es Jahrzehnte, ehe wieder die alten Außenhandelsanteile erreicht wurden. Beispielsweise überstieg die Exportquote der Bundesrepublik Deutschland erst Ende der 1960er Jahre das bereits vor dem Ersten Weltkrieg erreichte Niveau, und Großbritannien hatte selbst zu Beginn des letzten Jahrzehnts des 20. Jahrhunderts noch nicht wieder die relative Exportstärke zurückgewonnen, wie sie in den „Glanzzeiten" britischer Weltherrschaft bestand.

Die historische Entwicklung in der ersten Hälfte des 20. Jahrhunderts wurde – mit weitem Abstand gegenüber anderen Einflüssen – durch die beiden Weltkriege und die Große Depression der 1930er Jahre bestimmt. Es besteht kein Zweifel, dass ohne diese Katastrophen ein friedenswirtschaftliches Wirtschaftswachstum der kapitalistischen Länder bereits sehr viel früher jenes Wohlstandsniveau hervorgebracht hätte, das in den Jahrzehnten nach dem Zweiten Weltkrieg erreicht wurde und das dann in die Stagnationsphase bzw. -krise überging. Die Annahme ist äußerst plausibel, dass die internationalen Wirtschaftsbeziehungen bereits in der ersten Hälfte des 20. Jahrhunderts die heutige Größenordnung erreicht hätten, wäre nicht der „dreißigjährige"

Weltkrieg 1914 – 1945 dazwischen gekommen, und die global ausgreifende Expansion des Kapitalismus wäre ohne jene katastrophalen Erschütterungen bis heute noch viel weiter vorangeschritten. Die weltweite Ausbreitung der kapitalistischen Produktionsweise ist aus der heutigen Sicht rückblickend betrachtet ein normaler Prozeß im Rahmen der kapitalistischen Dynamik. Im 15. Jahrhundert begann Europa seine kolonialistischen Eroberungen über die Weltmeere, aber es dauerte fast 500 Jahre, ehe das euro-amerikanische Wirtschaftssystem die „Globalisierung" hervorbrachte. Dieser Beschleunigungsprozeß in der kapitalistischen Überformung der Welt ist noch relativ jung; er begann erst vor zwei bis drei Jahrzehnten.

Es gab bisher kein anderes Gesellschafts- und Wirtschaftssystem in der Geschichte, das auch nur annähernd aus sich selbst heraus eine derart durchdringende Ausdehnungskraft entwickelte wie der moderne Kapitalismus. Der empirische, historische Beweis für die kapitalistische Expansionsdynamik liegt längst vor. Daher soll hier in Erinnerung gerufen werden, dass die weltgeschichtliche Expansionsdynamik des Kapitalismus aufgrund wissenschaftlicher Erkenntnisse lange im voraus prognostiziert worden war. Noch ehe die führenden kapitalistischen Länder im letzten Drittel des 19. Jahrhunderts vom älteren Kolonialismus zur hochimperialistischen Politik übergingen, der zumindest der Erste Weltkrieg unmittelbar zuzuschreiben ist, hatten Marx und Engels aufgrund ihrer theoretischen Analyse der Produktionsverhältnisse den weiteren Fortgang der Geschichte in wesentlichen Zügen vorhergesagt. Wie stets in Fällen, in denen eine aufgrund theoretischer Einsichten formulierte (Langfrist)Prognose von der tatsächlichen Entwicklung bestätigt wurde, bewährt sich mit der Vorhersage zugleich auch die ihr zugrundeliegende Theorie.

Die Globalisierung stellt also eine Entwicklung dar, die dem Kapitalismus eingeboren ist. Schon an seiner jugendlichen Erscheinung ließ sich für den theoretisch tiefblickenden Analytiker im 19. Jahrhundert erkennen, was aus der ungeheuren historischen Umwälzungskraft des Kapitalismus in seinen späteren Lebensphasen erwachsen würde – an Gutem wie Katastrophalem. Folgt man der theoretischen Analyse, die Marx und Engels unter anderem im „Kommunistischen Manifest"

1848 und zuvor schon in der 1844/45 begonnenen „Deutschen Ideologie“ dargelegt hatten, so gebären die Widersprüche, die sich mit der Fortdauer einer Gesellschaftsformation aus ihrer inneren Entwicklung heraus ergeben, irgendwann einen Umbruch – die Revolution. Im Hinblick auf die – hinlänglich bekannte – These, dass auch, ja gerade der Kapitalismus wegen seiner extremen Dynamik, die eben auch eine Dynamik der Produktion innerer Widersprüche bedeutet, schließlich zur Revolution führen wird, ließe sich eine solche Entwicklung für das 21. Jahrhundert als wahrscheinlich vorhersagen. Denn es sind nicht nur die in der aktuellen Stagnationskrise hervortretenden Widersprüche, mit denen das System nicht zu Rande kommt, sondern das 21. Jahrhundert wird alle jene kleinen und großen Katastrophen erleben, die heute von der kritischen Umweltwissenschaft prognostiziert werden. Dabei kommt es nicht auf dieses oder jenes Detail an; Irrtümer gehören notwendig zu menschlichen Einrichtungen, auch wenn sie Wissenschaft heißen. Vielmehr sind die prinzipiellen Entwicklungen entscheidend, und diese sind prognostisch umrissen. Gegenwärtig erleben wir die rasche Ausbreitung des kapitalistischen Marktprozesses über den Globus. Die materielle und ideologische Regeneration des Marktextremismus müßte – folgen wir der Marx-Engelsschen Analyse – eine Beschleunigung aller jener Prozesse bewirken, die die das System von innen heraus destabilisierenden Widersprüche hervorbringen; also auch eine Beschleunigung der Entwicklung in Richtung „Weltrevolution“. Das klingt auf den ersten Ton absurd. Ist es doch gerade ein Dutzend Jahre her, dass die realsozialistischen Planwirtschaften im Mahlstrom der Geschichte untergegangen sind und sich dem Kapitalismus – und zwar einem mit mafiösen Zügen – in die Arme warfen. Stellt das nicht eine endgültige Widerlegung jener historischen Langfristprognose dar, die die beiden weltbekannten Autoren noch vor der Mitte des 19. Jahrhunderts formuliert hatten? Sehen wir etwas genauer nach.

Für Marx und Engels stand außer Frage, dass die kapitalistische Produktionsweise erst die ganze Welt erobern müsste, ehe dann der fundamentale historische Umbruch möglich sein würde. Diese völlig eindeutige Einschätzung paßte nach der Oktoberrevolution weder zum ideologischen Selbstverständnis der Sowjetmacht, noch ließ sie sich gar mit jener bekannten These vom Aufbau des Sozialismus in einem Land vereinbaren. Die Deutsche Ideologie, aus der gleich ein längeres Zitat als Beleg für unsere Behauptung folgen wird, erschien posthum – erstmals 1932! In den 1920er Jahren war also diese zentrale Schrift faktisch unbekannt, so dass auch der Widerspruch zwischen der Deutschen Ideologie und der offiziellen Ideologie des damaligen Weltkommunismus unsichtbar blieb. Nach der späten Veröffentlichung der Deutschen Ideologie behalfen sich die stalinistischen Ideologen dann mit verqueren Deutungen der Marx-Engels-Passage, soweit sie überhaupt thematisiert wurde. Doch lesen wir erst einmal den Originaltext, der im Hinblick auf die aktuelle Globalisierungsdebatte etwas ausholend wiedergegeben sei:

„Die soziale Macht, d.h. die vervielfachte Produktionskraft, die durch das in der Teilung der Arbeit bedingte Zusammenwirken der verschiedenen Individuen entsteht, erscheint diesen Individuen, weil das Zusammenwirken selbst nicht freiwillig, sondern naturwüchsig ist, nicht als ihre eigne, vereinte Macht, sondern als eine fremde, außer ihnen stehende Gewalt, von der sie nicht wissen woher und wohin, die sie also nicht mehr beherrschen können, die im Gegenteil nun eine eigentümliche, vom Wollen und Laufen der Menschen unabhängige, ja dies Wollen und Laufen erst dirigierende Reihenfolge von Phasen und Entwicklungsstufen durchläuft.
Diese ›Entfremdung‹, um den Philosophen verständlich zu bleiben, kann natürlich nur unter zwei praktischen Voraussetzungen aufgehoben werden. Damit sie eine ›unerträgliche‹ Macht werde, d.h. eine Macht, gegen die man revolutioniert, dazu gehört, dass sie die Masse der Menschheit als durchaus ›Eigentumlos‹ erzeugt hat und zugleich im Widerspruch zu einer vorhandnen Welt des Reichtums und der Bildung, was beides eine große Steigerung der Produktivkraft, einen hohen Grad ihrer Entwicklung voraussetzt – und andrerseits ist diese Entwicklung der Produktivkräfte (womit zugleich schon die in weltgeschichtlichem, statt der in lokalem Dasein der Menschen vorhandne empirische Existenz gegeben ist) auch deswegen eine absolut notwendige praktische Voraussetzung, weil ohne sie nur Mangel verallgemeinert, also mit der Notdurft auch der Streit um das Notwendige wie-

der beginnen und die ganze alte Scheiße sich herstellen müßte, weil ferner nur mit dieser universellen Entwicklung der Produktivkräfte ein universeller Verkehr der Menschen gesetzt ist, daher einerseits das Phänomen der ›Eigentumlosen‹ Massen in Allen Völkern gleichzeitig erzeugt (allgemeine Konkurrenz), jedes derselben von den Umwälzungen der andern abhängig macht, und endlich weltgeschichtliche, empirisch universelle Individuen an die Stelle der lokalen gesetzt hat. Ohne dies könnte 1. der Kommunismus nur als eine Lokalität existieren, 2. die Mächte des Verkehrs selbst hätten sich als universelle, drum unerträgliche Mächte nicht entwickeln können, sie wären heimisch-abergläubige ›Umstände‹ geblieben, und 3. würde jede Erweiterung des Verkehrs den lokalen Kommunismus aufheben. Der Kommunismus ist empirisch nur als die Tat der herrschenden Völker ›auf einmal‹ und gleichzeitig möglich, was die universelle Entwicklung der Produktivkraft und den mit ihm zusammenhängenden Weltverkehr voraussetzt....wie kommt es, dass der Handel, der doch weiter nichts ist als der Austausch der Produkte verschiedner Individuen und Länder, durch das Verhältnis von Nachfrage und Zufuhr die ganze Welt beherrscht – ein Verhältnis, das, wie ein englischer Ökonom sagt, gleich dem antiken Schicksal über der Erde schwebt und mit unsichtbarer Hand Glück und Unglück an die Menschen verteilt, Reiche stiftet und Reiche zertrümmert, Völker entstehen und verschwinden macht – , während mit der Aufhebung der Basis, des Privateigentums, mit der kommunistischen Regelung der Produktion und der darin liegenden Vernichtung der Fremdheit, mit der sich die Menschen zu ihrem eigenen Produkt verhalten, die Macht des Verhältnisses von Nachfrage und Zufuhr sich in Nichts auflöst und die Menschen den Austausch, die Produktion, die Weise ihres gegenseitigen Verhaltens wieder in ihre Gewalt bekommen?
Der Kommunismus ist für uns nicht ein Zustand, der hergestellt werden soll, ein Ideal, wonach die Wirklichkeit sich zu richten haben (wird). Wir nennen Kommunismus die wirkliche Bewegung, welche den jetzigen Zustand aufhebt. Die Bedingungen dieser Bewegung ergeben sich aus der jetzt bestehenden Voraussetzung. Übrigens setzt die Masse von bloßen Arbeitern – massenhaft von Kapital oder von irgendeiner bornierten Befriedigung abgeschnittne Arbeiterkraft – und darum auch der nicht mehr temporäre Verlust dieser Arbeit selbst als einer gesicherten Lebensquelle durch die Konkurrenz den Weltmarkt voraus. Das Proletariat kann also nur weltgeschichtlich

existieren, wie der Kommunismus, seine Aktion, nur als ›weltgeschichtliche‹ Existenz überhaupt vorhanden sein kann; weltgeschichtliche Existenz der Individuen, d.h. Existenz der Individuen, die unmittelbar mit der Weltgeschichte verknüpft ist." (Marx/Engels, 1960, S. 31-33)

Das vorstehende Zitat legt zwar eine längere Interpretation nahe, wenn die Vielfalt aller dort aufgeworfenen Probleme erörtert werden sollte, aber wer diesen Text aufmerksam gelesen hat, wird auch ohne solche Hilfe nicht nur die wesentlichen Gedanken nachvollziehen, sondern sie auch in Parallele zur gegenwärtigen Situation stellen können. Dennoch sei auf zwei Punkte hingewiesen: Erstens wird, wie bereits gesagt, zweifelsfrei belegt, dass Marx-Engels einem vermeintlichen „Sozialismus bzw. Kommunismus in einem Land" keine historische Überlebenschance gaben, und zweitens bildet die „Globalisierung" des Kapitalismus eine Voraussetzung zu seiner globalen Ablösung durch eine neue historische Formation. Die Globalisierung bzw. die globale Ausdehnung des kapitalistischen Weltmarktes wurde, wie erinnert, durch die Weltkriege und die Große Depression gebremst bzw. unterbrochen. Insofern läßt sich die jüngere Entwicklung als die Wiederaufnahme eines zeitweilig gestörten Entwicklungsverlaufes deuten. Diese Störungen gingen selbst aus den kapitalistischen Prozessen hervor. Die historische Dynamik des Kapitalismus folgt keinem linearen Muster, sondern weist Brüche, Rückfälle, Niedergang, Aufstieg, Stillstand und Beschleunigung auf. Diese im Vergleich zu einer kontinuierlichen Linearität vielförmigere und schwerer zu durchschauende bzw. zu verstehende Entwicklung wird als dialektisch oder einfach als widersprüchlich charakterisiert. Die Schwierigkeit, geschichtliche Prozesse, also solche, die vom Handeln der Menschen abhängen, vorherzusehen, hängt keineswegs nur von der prognostischen Fähigkeit des wissenschaftlichen Subjekts selber ab, sondern auch von den historischen Rahmenbedingungen, unter denen Prognosen jeweils gestellt werden. *„...ihr Charakter, der Sinn ihrer Anwendung, ihre Möglichkeiten, der zu erreichende Wahrscheinlichkeitsgrad hängen nicht bloß von der Klugheit und Tüchtigkeit der Soziologen, sondern ebensosehr von der Struktur der gesellschaftlichen Verhältnisse ihrer Epoche ab"* (Horkheimer, 1933, 151).

Die Fähigkeit einer Wirtschaftstheorie, eine nunmehr weit über hundertjährige Entwicklung in wesentlichen Zügen vorherzusagen, gibt der Theorie einen herausragenden wissenschaftlichen Erkenntniswert. Dies ist um so mehr der Fall, wenn die konkurrierende(n) Theorie(n) nicht in der Lage ist/sind, auch nur entfernt vergleichbare Langfristprognosen zu stellen. Genau diese Konstellation zeigt sich aber beim Vergleich zwischen den Krisentheorien, insbesondere der Marx-Engelsschen Kapitalismusanalyse, auf der einen und der herrschenden neoklassischen Theorie des Marktgleichgewichts und der harmonischen Kapitalismusentwicklung auf der anderen Seite. Die ideologische Ursache dieser paradoxen Situation, dass die der Wahrheit näherkommende wissenschaftliche Theorie verworfen, ja verteufelt wird, die wissenschaftlich weitaus untüchtigere Theorie hingegen zur „herrschenden" Lehre aufstieg, wird uns noch in einem späteren Kapitel beschäftigen. Der Deutlichkeit halber sei jedoch noch einmal an einige wesentliche prognostische Aussagen der Marx-Engelsschen Analyse erinnert; sie vermochte u. a. folgende empirisch bestätigte Vorhersagen zu machen:

* Der Kapitalismus treibt durch seine Konkurrenz den technischen Fortschritt und läßt Produktivität sowie Produktion wachsen.
* Die Reichtumsproduktion verläuft jedoch in großen Ungleichgewichten; wiederkehrende, sogar stärker werdende Krisen sind üblich, und die Wohlstandsverteilung wird ungleicher, insbesondere wenn nicht nur die Binnenlage einzelner entwickelter kapitalistischer Länder, sondern die Weltsituation betrachtet wird.
* Der Kapitalismus ist „zwangsläufig", sozusagen seinem inneren Gesetz nach, auf globale Expansion angelegt. Auch hierbei werden Beschleunigungsphasen von Stagnation oder gar Rückgang der weltweiten Ausbreitung unterbrochen.

Da sich der gesamte Entwicklungsverlauf nicht linear und kontinuierlich quasi von Stufe zu Stufe steigend abspielt, wechseln „gute" und „schlechte" Zeiten einander ab. In jedem Fall handelt es sich um Menschenwerk. Deshalb sind die „guten" Zeiten – etwa die Phase nach dem Zweiten Weltkrieg, als der sozialstaatliche Interventionismus

Wohlstandsgesellschaften schuf – zugleich aber auch Entwicklungspausen in dem längerfristigen Vorgang der Selbstaufhebung bzw. -zerstörung der kapitalistischen Wachstumsgesellschaften (Zinn, 1980). Soweit dieser Text auf wirtschaftspolitische Handlungsoptionen hinweist, wird die Rückkehr zum beschäftigungspolitischen und sozialstaatlichen Interventionismus befürwortet, da er nach wie vor sowohl die bestmögliche theoretische als auch empirisch bewährte Handlungsgrundlage für eine Rückkehr zur Vollbeschäftigung und zu sozialethisch akzeptablen Verteilungsverhältnissen bietet, ohne den Kapitalismus sozusagen erst ganz abschaffen zu müssen. Der Interventionismus bildet eine prinzipielle Gegenposition zum Laissez-faire und der Vorstellung, dass dem „freien" Marktsystem eine unsichtbare Kraft innewohne, die ganz von alleine gesellschaftliche Harmonie und wirtschaftliches Gleichgewicht erzeuge. Die bewußte Vernunft hat hierbei nichts auszurichten. Vielmehr wird die planende, von vernünftigen Überlegungen bestimmte Steuerung gerade verteufelt. Der Interventionismus beruft sich dagegen auf die Einsicht in die Wirtschaftsmechanismen und versucht, Vor- und Nachteile der Marktautomatik abwägend, jene zu erhalten, diese zu unterbinden. Planvolles, d.h. vorausschauendes Handeln sowohl auf der einzel- als auch auf der gesamtwirtschaftlichen Ebene mindert die Unsicherheit, erlaubt also auch zuverlässigere Prognosen. Die Politik der Globalisierung, d.h. die Überliberalisierung der vergangenen 20 Jahre, hat der vernünftigen, an vorausschauenden Planungen bzw. Projektionen orientierten Weltwirtschaftspolitik schweren Schaden zugefügt. Beispielsweise hatte die Einsicht, dass sich das Laissez-faire im Laufe der Zeit durch Selbstzerstörung der freien Konkurrenz in sein Gegenteil verkehrt, nämlich in die monopolistische Konzentration wirtschaftlicher (und politischer) Macht, die demokratischen Industrieländer dazu bestimmt, auf nationaler Ebene eine relativ umfassende Wettbewerbspolitik zu institutionalisieren. Mit besonderem Nachdruck hatte dies der Ordoliberalismus bzw. die „Freiburger Schule" zu Beginn der jungen Bundesrepublik Deutschland postuliert. Der geistige Vater der „Freiburger", Walter Eucken, wird jedoch völlig zu Unrecht von jenen in Anspruch genommen, die vehement für die „freie" Marktwirtschaft eintreten. Euckens ordnungspolitisches Credo verträgt sich weder mit dem Laissez-faire der „freien" Marktwirtschaft noch mit der bürokratischen Verwaltungswirtschaft und schon gar nicht mit jener neuesten Mischung aus vermachteter Konzernökonomie und der ihr zuarbeitenden staatlichen Angebotspolitik. Eucken hatte immer wieder auf die Gefahr vewiesen, dass sich ökonomische Macht *zwangsläufig* auch die politische, staatliche Macht unterwürfe:

> *„Ist denn eigentlich das Problem der wirtschaftlichen Macht so wichtig? Warum rücken wir es an die Spitze? Darauf ist zu antworten: Die Macht stellt den Menschen und die Politik stets vor ein Dilemma. Die ganze Geschichte ist erfüllt von Machtmißbrauch. Besitz von Macht provoziert Willkürakte, gefährdet die Freiheit anderer Menschen, zerstört gewachsene und gute Ordnungen. ... Ohne Macht kann jedoch kein Staat existieren. Die Überwindung dieses Dilemmas ist vielleicht die entscheidende Aufgabe aller Politik, auch der Wirtschaftspolitik" (Eucken, 2001, 20).*

Die globalisierte Ökonomie der Gegenwart entbehrt jedoch einer angemessenen, gar demokratischen Monopol- und Machtkontrolle, stellt somit einen Rückfall in die früheren Entwicklungsphasen des von gesellschaftlichen Interventionen fast unbehinderten Laissez-faire-Kapitalismus dar. Wir erleben seit etwa zwei Jahrzehnten eine starke Beschleunigung der internationalen Konzentration. Der Zusammenschluß transnationaler Konzerne zu planetarischen Megastrukturen, die allenfalls sporadisch aufgedeckten „schwarzen" Kartelle auf supranationaler Ebene und das ausgreifende Eindringen krimineller Organisationen in die Weltökonomie geben dem Kapitalismus der Gegenwart eine neue Qualität. Diese Transformation zivilgesellschaftlicher Herrschaft zu machtpolitischem Willkürhandeln bedeutet Verfall – Verfall demokratischer Institutionen, sozialer Strukturen und humaner Sicherheiten. An den Peripherien der global vernetzten Ökonomie keimt längst die neue Barbarei (vgl. Eppler, 2002; Maull, 2002), und die vermeintlich zivilgesellschaftlichen Reaktionen hierauf sind nicht davor gefeit, aus Empörung und Wut mit gleicher Brutalität und Bedenkenlosigkeit zurück zu schlagen – mit dem großen Unterschied, dass die Peripherie allenfalls zu einzelnen spektakulären „Aktionen", das Zentrum hingegen zu langen Kriegszügen in der Lage ist.

Die Rückkehr zur interventionistischen Steuerung, jetzt allerdings auf internationaler Ebene, würde die langfristigen Entwicklungstendenzen des kapitalistischen Wirtschaftssystems nicht außer Kraft setzten, aber doch vor katastrophalen Verwerfungen bewahren und die Wahrscheinlichkeit einer friedlichen Reform der Weltgesellschaft erhöhen. Der Interventionismus muß in seinen historisch ambivalenten Potentialen gesehen werden. Er kann die Verhältnisse für einige Zeit stabilisieren, aber er kann durch Reformen auch systemüberschreitende Entwicklungen begünstigen. Diese Ambivalenz macht ihn sozusagen zu einem „unsicheren Kantonisten" – für Systemkonservative wie für Systemreformer.

Die vorhergehende, keineswegs vollständige Auflistung empirisch bestätigter prognostischer Aussagen verdeutlicht bereits, dass der Begriff des „Widerspruchs" – oder in philosophischer Terminologie: der dialektischen Bewegung – mit vollem Recht auf die historische Entwicklung des Kapitalismus angewendet werden kann. (Zinn, 1992b u. 1994) Um so erstaunlicher ist die Tatsache, dass in der gesamten herrschenden nationalökonomischen Theorie allenfalls von „Ungleichgewichten", aber nie von „Widersprüchen" oder gar von „Dialektik" die Rede ist. Vielmehr treffen die letztgenannten Begriffe auf spöttische bis erregte Ablehnung. Auch dies ist ein Problem der ideologischen Beschränkung des Denkens – eben auch des wissenschaftlichen Denkens.

Der dialektische Geschichtsverlauf zeigt sich am deutlichsten in der Tatsache, dass während der bisherigen Kulturgeschichte des Menschen seit der neolithischen Revolution vor zwölf- bis fünfzehntausend Jahren weder eine gesellschaftliche Formation noch eine Hegemonialmachtstellung überdauerten. Der historische Wandel scheint somit die Regel, und es ist eine plausible Hypothese, dass dies auch künftig so sein wird. Plausible Vermutungen sind noch kein Beweis, aber wie es selbst in der Mathematik viele plausible, jedoch (bisher) unbewiesene Vermutungen gibt, die die mathematische Wissenschaft dennoch sehr ernsthaft beschäftigen, kann dies für die Gesellschaftswissenschaften mit nicht geringerer Berechtigung in Anspruch genommen werden. Beim Blick auf die Zukunft wird es notwendig sein, sich von der eurozentristischen Vorstellung zu lösen, die „Weltgeschichte" folge dem europäischen Muster, also des für diesen Kulturkreis charakteristischen Modernisierungsprozesses, nämlich dem Aufstieg des Rationalismus. Charles Taylor hat diese eurozentristische Deutung als „akulturelle" Geschichtstheorie kritisiert, weil sie davon abstrahiert, dass es bestimmte nur in der europäischen (Geistes-) Geschichte vorfindbare Besonderheiten waren, die zur *europäisch-amerikanischen Moderne* führten (Taylor, 1989). Der Modernisierungsprozess anderer Kulturen und Völker folgt hingegen ebenfalls ihren spezifischen kulturellen Vorgaben, wobei zwar selektiv Kultur- , insbesondere Technologie-Import stattfindet, also Komponenten der europäischen Moderne bzw. des europäischen Rationalismus übernommen und akkulturiert werden, aber dies führt weder zwangsläufig zu einer Euro-Amerikanisierung der Welt noch kann langfristig ausgeschlossen werden, dass Europa und Amerika ihrerseits unter den kulturellen Einfluss aussereuropäischer Kulturen – etwa der chinesisch-asiatischen – geraten.

Die Globalisierung verlief bis heute völlig asymetrisch. Die Vorteile kommen überwiegend den kapitalistischen Unternehmen aus den reichen Volkswirtschaften zugute. Der US-Wirtschaftswissenschaftler, ehemaliger Spitzenökonom der Weltbank und Laureat des Alfred-Nobel-Gedenkpreises für Wirtschaftswissenschaft im Jahr 2001, Joseph Stiglitz, kritisierte jüngst wieder das Versagen der Globalisierung in ihrer bisherigen politischen Gestaltung:

> *„Die Globalisierung in ihrer heutigen Form ist keine Erfolgsgeschichte. Sie hat das Schicksal der meisten Armen in der Welt nicht gelindert. Sie ist ökologisch bedenklich. Sie hat die Weltwirtschaft nicht stabilisiert. Und bei der marktwissenschaftlichen Transformation der Zentralverwaltungswirtschaften wurden so viele Fehler gemacht, daß, mit Ausnahme von China, Vietnam und einigen osteuropäischen Ländern, die Armut sprunghaft anstieg und die Einkommen stark zurückgingen." (Stiglitz, 2002, 246)*

Es ist historisch wenig plausibel zu erwarten, daß die Politik der Globalisierung auf dem eingeschlagenen Weg noch sehr lange fortgesetzt werden kann. Wenn etwa vier Fünftel der Weltbevölkerung von den Globalisierungsprozessen negativ betroffen sind, muß sich etwas drundlegend ändern, – und die Betroffenen werden sich dazu aufraffen. Ein „dialektisches Umschlagen" der Entwicklung ist nicht nur denkbar, sondern wahrscheinlich, sobald die heutige Hegemonialmacht USA ihr weltpolitisches Monopol verliert.

Noch im 21. Jahrhundert wird China, heute das bevölkerungsstärkste Land mit der längsten ethnischen, kulturellen und staatlichen Kontinuität, wohl zu einer Weltmacht aufsteigen. Das wirtschaftliche Potential Chinas steht ausser Zweifel, und die ambitiöse Charakterisierung des noch jungen 21. Jahrhunderts als „Chinas Jahrhundert" (Brahm, 2001) entbehrt nicht der Plausibilität. Machen wir uns bewußt, dass China sozusagen das Gegenmodell zu Russland darstellt. Es war die kommunistische Partei Chinas, die die wirtschaftlich so unerwartet erfolgreichen Reformen seit 1979 begonnen und voran gebracht hat. Es ist die chinesische Staatsführung, die aktiv gegen das uralte chinesische Problem der Korruption, die im Verlauf der Wirtschaftsreformen wieder aufgebrochen ist, vorgeht, wohingegen die Korruption in vielen Entwicklungsländern, die seit langem unter „westlicher" Protektion stehen, ihren Herd gerade in den jeweiligen Staatsführungen hat. Die gravierenden sozialen und ökologischen Probleme, denen sich China im Verlauf der Reformen konfrontiert sieht – vor allem der Anstieg der Massenarbeitslosigkeit –, werden von der chinesischen Regierung nicht geleugnet und verharmlost, sondern als äußerst schwere, aber auf Dauer lösbare Aufgaben thematisiert. Joseph Needham, dessen wissenschaftlichem Lebenswerk der Westen das völlig neue Bild des alten China als einer wissenschaftlich-technischen Hochkultur verdankt, gab – schon lange vor Beginn der chinesischen Reformpolitik – zu bedenken, ob nicht die chinesische Gesellschaftstheorie, die wir im Westen mit dem so missverständlichen Pauschalbegriff „Konfuzianismus"[4] bezeichnen, weitaus zukunftsfähiger ist als der euro-amerikanische Kapitalismus:

> *„...vielleicht war in der Muschel des mittelalterlichen Bürokratismus der Chinesen der Geist einer nicht dominierenden Gerechtigkeit des Sozialismus*

---

4 „Wenn der Begriff 'Konfuzianismus', der von den Europäern geprägt wurde, überhaupt Sinn hat, so weist er jedenfalls weit über die Persönlichkeit dieses großen Weisen hinaus." Siehe Gernet, 1983, S. 83.

eingeschlossen. Möglicherweise sind die für die Chinesen bedeutsamen Traditionen viel leichter mit einer wissenschaftlichen, kooperativen Weltgemeinschaft in Übereinstimmung zu bringen, als die Grundanschauungen der Europäer." (Needham, 1993, S. 70)

f) Vollbeschäftigung ist möglich, aber sie stellt die Machtfrage

Die Ursachen der Massenarbeitslosigkeit liegen in der Funktionsweise des Wirtschaftssystems. So wie die orthodoxen Planwirtschaften infolge ihrer Unbeweglichkeit nicht in der Lage waren, Produktion und Allokation effizient zu organisieren und sich auf dem historisch fortschreitenden Innovationsniveau zu halten, sind die kapitalistischen Ökonomien außerstande, dauerhaft Vollbeschäftigung zu erreichen, ihre Entwicklung krisenfrei zu vollziehen und das steigende Reichtumspotential auch vollständig in gesellschaftlichen Wohlstand umzusetzen. Durch wirtschafts- und sozialpolitische Reformen könnte zwar wieder annähernd Vollbeschäftigung erreicht werden, aber die notwendigen sozialökonomischen Veränderungen wie kontinuierliche Arbeitszeitverkürzung, Nachfragepolitik, veränderte Einkommensverteilung innerhalb des Privatsektors und zwischen Privaten und Staat stoßen gegenwärtig auf noch stärkere politische und ideologische Widerstände als zu Beginn der Stagnation in den 1970er Jahren. Vollbeschäftigung war und ist eine Machtfrage. Nur in Extremfällen existentieller Bedrohung des Systems greifen die Machteliten im eigenen Interesse zu rigorosen Maßnahmen wie Preis- und Einkommenskontrollen, Bewirtschaftungsmaßnahmen, Investitionslenkung usw., um das Produktionspotential auszulasten und Vollbeschäftigung zu erreichen. Regelmäßig war dies in Kriegszeiten der Fall. Rüstungsökonomien sind Vollbeschäftigungsordnungen.

Wachstumsbranche Umweltschutz

Es erhebt sich die Frage, warum es nicht möglich sein soll, auch in Friedenszeiten durch entsprechende Staatsinterventionen Vollbeschäftigung herzustellen und damit das vorhandene Produktionspotential voll zu nutzen. Die Frage ist nicht neu. Schon nach Ende der Napoleonischen Kriege wunderten sich scharfsichtige Zeitgenossen, warum es zwar möglich war, in den Kriegszeiten hohe Beschäftigung zu erreichen und Manufakturen und Werkstätten prosperieren zu lassen, während nach dem Friedensschluß die wirtschaftliche Depression einzog. Wie ausführlich beschrieben wurde, besteht in den reichen Ländern heute zwar kein dringender Bedarf mehr für weiteres Konsumwachstum, sobald die krisenbedingten Defizite wieder beseitigt wären, aber die Umweltsanierung könnte für längere Zeit einen großen neuen Wachstumssektor bilden. Denn während der vergangenen 200 Jahre historisch beispiellosen Wirtschaftswachstums wurde sozusagen Krieg gegen die Umwelt geführt, und dieser „Krieg" hinterläßt immense Reparatur- und Regenerationsaufgaben. Sie zu erfüllen, böte für längere Zeit die Möglichkeit, eine sinnvolle Nachfragesteigerung und damit auch ein entsprechendes Wachstum mit starken Beschäftigungswirkungen in Gang zu setzen. Umweltschutz als Mittel sowohl gegen die ökologische Katastrophe als auch gegen die Wirtschaftskrise und die Massenarbeitslosigkeit wäre eine Art „Königsweg" aus unserer Misere. Es ist ein gangbarer Weg, wenn denn nur die vielen politischen, ideologischen und emotionalen Hindernisse weggeräumt werden könnten, die den Zugang zu ihm versperren. Bereits die treuherzigen Bekenntnisse der einen und die kalkulierte Redeweise der anderen Politiker, Wirtschaftsvertreter, Wissenschaftler und Medienökonomen, dass es „keine Patentrezepte" gäbe, dass eben ein „Königsweg" zur Vollbeschäftigung eine Schimäre wäre, zeugt von interessierter Reformverhinderung. Denn es geht doch gar nicht um Worte wie „Königsweg" oder „Patentrezept", sondern darum, auf der Grundlage richtiger Krisenanalysen wirksame Programme gegen die Arbeitslosigkeit, die soziale Armut und den fortschreitenden Verlust sozialer Demokratiequalität durchzusetzen.

Die Reformgegner befürchten, dass Reformpolitik den Status quo in Frage stellt und an die Systemgrenzen rührt. Deshalb wird das Verlangen nach Reformen mit jenen Begriffen als nicht machbare Utopie veralbert. Unter den gegebenen Verhältnissen erscheint die Rückkehr zur Vollbeschäftigung und auf den Weg fortschreitender sozialer Gerechtigkeit, der ja schon einmal ein kleines Stück gegangen worden war, in der Tat als utopisches Ziel. Doch es ist eine konkrete, machbare Utopie. Wie alle früheren Utopien, die später Realität wurden, bedarf ihre Verwirklichung politischer Macht.

Gute und schlechte Dienstleistungsökonomie

Im Zusammenhang mit der langfristigen Prognose des Strukturwandels war bereits auf die optimistische Erwartung Jean Fourastiés hingewiesen worden, dass sich Stagnation und Vollbeschäftigung vereinbaren ließen. Betrachten wir die notwendigen Bedingungen, die Fourastié für diesen recht komfortablen Zustand unterstellen mußte, etwas genauer, um die Möglichkeiten abzuschätzen, wie solcher Vollbeschäftigungswohlstand bei Stagnation aussähe.

Der Rationalisierungsprozeß im Dienstleistungsbereich wird auch weiterhin einen Teil tertiärer Arbeitsplätze überflüssig machen. Vom Handelssektor über Banken und Versicherungen, öffentliche Verwaltungen bis hin zu Informations- und Beratungsdiensten, die teilweise durch Datenbanken ersetzt werden, ist noch kaum absehbar, wieviel Serviceleister noch wegrationalisiert werden können. Doch bereits die bisherigen Erfahrungen zeigen, dass viele Rationalisierungsprozesse nur zu erreichen sind, wenn sich die jeweiligen Leistungen deutlich verschlechtern. Hierzu gehört auch die zunehmende Überforderung der – nicht nur älteren – Kundschaft durch die Schwierigkeiten im Umgang mit der modernen Technik. Andererseits gibt es auch Dienstleistungen, die überhaupt nicht rationalisierbar sind, sofern ihr Wesen nicht völlig verlorengehen soll. Es handelt sich um Dienstleistungen in den sozialen, den medizinischen, den kulturellen Bereichen. Diese Dienstleistungen könnten mit hohem Wohlstandsgewinn für die Allgemeinheit expandieren. Sie erfüllen die von Fourastié ins Auge gefaßten Qualitäten wie hohe Arbeitsintensität bzw. geringes Rationalisierungspotential, zivilgesellschaftlich wertvolle, anspruchsvolle und nur auf der Grundlage einer qualifizierten Ausbildung kompetent zu erfüllende Tätigkeit. Solche Leistungen sind jedoch relativ teuer, gemessen an den Preisen der rationalisierungsfähigen Produkte aus Landwirtschaft, Industrie und produktivitätsstarken Diensten, sofern die Arbeitskräfte angemessen, d.h. orientiert am gesellschaftlichen Durchschnittseinkommen, bezahlt werden. Es stellt sich daher das Problem, wer kann und will diese qualifizierten Dienste nachfragen. Zwei Hindernisse können dabei auftreten. Erstens fehlt es vielen an der erforderlichen Kaufkraft. Zweitens mögen trotz vorhandener Kaufkraft bestimmte Dienstleistungen nicht attraktiv genug erscheinen, um dafür Geld auszugeben (geringe Einkommenselastizität der Nachfrage), obgleich es sich um gesellschaftlich erwünschte Dienste handelt. Dies gilt vor allem für typische öffentliche Güter bzw. gesellschaftliche Dienste, bei denen Nichtrivalität und Nichtausschließbarkeit vorliegen.[5] Bereits in der Vergangenheit konnte ein erheblicher Teil gerade jener qualifizierten Dienst-

5 *Nichtrivalität* bedeutet, dass das betreffende Gut von vielen oder allen Konsumenten gleichzeitig genutzt werden kann. Beispielsweise ist die öffentliche Sicherheit, die von Polizei, Justiz, aber im Grunde durch das gesamte Bildungssystem sowie durch alle die moralischen Werte der Gesellschaft vermittelnden Institutionen „produziert" wird, ein solches öffentliches Gut. *Nichtausschließbarkeit* meint, dass sich die betreffende Leistung nicht individuell zuweisen und verkaufen läßt, weil – wie am vorstehenden Beispiel deutlich wird – auch diejenigen von der Leistung „öffentliche Sicherheit" profitieren, die nicht dafür bezahlen (wollen). Deshalb muß in solchen Fällen der Nichtrivalität und Nichtausschließbarkeit die Finanzierung durch Zwangsabgaben (Steuern, Beiträge) erfolgen, um auch die potentiellen „Trittbrettfahrer" zur Kasse zu bitten. Ergänzend sei auf die *meritorischen Güter* verwiesen, die zwar nicht die beiden Eigenschaften der Nichtrivalität und Nichtausschließbarkeit aufweisen, deren rein private Nutzung bzw. Nachfrage jedoch zu einer Unterversorgung der Gesellschaft mit den entsprechenden Leistungen führen würde. Deshalb ist auch bei meritorischen Gütern die Finanzierung über Steuern oder dergleichen erforderlich. Ein meritorisches Gut stellt etwa die schulische Bildung dar. Prinzipiell ließe sich das gesamte Bildungssystem privatisieren und markt-, d.h. gewinnwirtschaftlich organisieren. Die Folgen wären verheerend: Analphabetismus breiter, meist der armen Bevölkerungsschichten; schlecht bezahltes Lehrpersonal mit entsprechend negativer Selektionswirkung etc.

leistungen (Bildung, Medizin, Sozialbereiche usw.) nur durch staatliche Vorsorgemaßnahmen in einem dem gesellschaftlichen Bedarf angemessenem Umfang angeboten werden. Ohne Gesetzliche Krankenversicherung gäbe es beispielsweise sehr viel weniger Möglichkeiten, den ärztlichen Beruf auszuüben. Dass ein privatisiertes Gesundheitswesen weitaus teurer und schlechter sein kann als das auf Sozialversicherung(en) gegründete, zeigt beispielsweise die US-amerikanische Situation; der Anteil der Gesundheitsausgaben am US-Sozialprodukt liegt deutlich höher als in Deutschland, aber die medizinische Versorgung der US-Gesellschaft ist insofern weit schlechter, als die ärmeren Schichten aus finanziellen Gründen medizinisch extrem unterversorgt bleiben.

Das Wachstum der nicht oder nur schwach rationalisierbaren Dienstleistungsproduktion ist auf staatliche Initiative einschließlich einer entsprechenden Umverteilungspolitik angewiesen. Denn die zivilgesellschaftliche Entwicklung, also die – um mit dem schon erwähnten deutschen Finanzwissenschaftler Adolph Wagner zu sprechen – historische Bedeutungszunahme des „Kultur- und Wohlfahrtszwecks" in einem Gemeinwesen, bleibt eine Interessenveranstaltung der Wohlhabenden und Reichen, wenn sie allein oder auch nur vorwiegend der Privatinitiative und Eigenverantwortung – sprich: Zahlungsfähigkeit – des Individuums überlassen wird. So wie es kein Rechts- und Ordnungssystem ohne Staat und entsprechende öffentliche Abgaben gibt, existiert auch kein Sozial- und Kulturstaat, wo Laissez-faire, Privatisierung und Deregulierung die Gesellschaft spalten und ihr die solidarische Moral austreiben, wenn sie sich denn überhaupt entwickeln konnte.

Der ökologische Vorteil einer auf qualifizierte Dienstleistungen zielenden Beschäftigungspolitik ist offenkundig. Solche Produktionen schonen die Naturressourcen allein schon durch ihre geringere Material- und Energieintensität. Darüber hinaus ließen sich Dienstleistungen gezielt auf den Umweltschutz ausrichten. Beispielsweise würde eine Politik der Langlebigkeit von industriellen Gebrauchsgütern erfordern, sie reparaturfreundlich zu konstruieren, und komplementär dazu müßten mehr Dienstleistungen zur Wartung, zum Austausch defekter Teile usw. produziert werden. Die „gute" Dienstleistungsgesellschaft ist aber kein marktwirtschaftlicher Selbstläufer, sondern wird nur mit staatlicher Hilfe geschaffen werden können. Anders sieht es mit der „schlechten“ Dienstleistungsökonomie aus. Sie macht sich überall dort breit, wo sozialstaatliche Regelungen fehlen oder abgebaut werden. Dieser Weg in die „tertiäre Krise“ wurde in den USA eingeschlagen, deren Beschäftigungswachstum bis zur Mitte der 1990er Jahre zum erheblichen, ja größeren Teil auf der Zunahme der „bad jobs“ beruhte. Die starke Zunahme der Erwerbstätigen in der „New Economy“ nach 1995 bei gleichzeitig starkem statistisch berechneten Produktivitätszuwachs wirft noch einige ungeklärte Fragen auf. Inzwischen ist offenkundig, dass ein erheblicher Teil der „guten“ jobs doch nicht so toll gewesen sind. Die meist jungen, leistungswilligen und von Reichtumsillusionen motivierten Jungmanager der New Economy leisteten extrem lange Arbeitszeiten (bis zu 60 oder mehr Stunden pro Woche), ohne dafür angemessen bezahlt zu werden. Vielmehr erhielten die ehrgeizigen, frisch gebackenen Hochschulabsolventen von ihren Arbeitgebern Aktienoptionen, die aber nach dem Zusammenbruch der Börsenkurse kaum noch etwas wert waren. Die Messung der Arbeitsproduktivität in der „New Economy“ scheint völlig verzerrt worden zu sein, da die vielen Überstunden und jobbezogenen Heimarbeitszeiten der „workoholics“ nicht in die Berechnungen einbezogen wurden. Eine besonders pikante Art des Schönrechnens makroökonomischer Leistungsziffern resultiert aus der in den USA in jüngerer Vergangenheit angewandten Methode der Inflationsbereinigung mittels des sogenannten „hedonischen“ Preisindex. Er führt zu einer statistisch niedrigeren Inflationsrate und entsprechend höheren realen Wachstumsziffern.[6]

---

6 Das „Hedonic Price Indexing“ versucht, die Qualitätsänderungen von Gütern in den Preisentwicklungen derart zu berücksichtigen, dass die Qualitätsverbesserung als Preissenkung erfaßt wird. Beispiel: Ein Personalcomputer, der 1997 1000 $ gekostet hatte, wird im Jahr 2000 durch ein anderes, leistungsfähigeres Modell ersetzt worden sein. Angenommen dieser verbesserte PC koste 1100 $ und seine Leistung habe sich um 20% gegenüber dem 1997er Modell verbessert. Die herkömmliche Preisstatistik würde einen Preisanstieg von 10% ausweisen. Der hedonische Preisindex bewertet die 20%ge Qualitätsverbesserung als einer Preissenkung von 20% gleich, so dass dann letztlich keine Preissteigerung von 10%, sondern eine Preissenkung in dieser Größenordnung in den Preisindex eingeht. Es versteht sich, dass dadurch die statistische Inflationsrate niedriger, das reale Wachstum höher ausgewiesen werden. Da das reale

Die Entwicklungen am amerikanischen Arbeitsmarkt der 1980er und frühen 90er Jahre brachten die „working poor" hervor (sinngemäß: abhängig Beschäftigte mit einem weit unter dem sozialen Existenzminimum liegenden Lebensstandard), deren Niedrigeinkommen für einen existenzminimalen Lebensstandard in der Regel nicht ausreicht und die alle Merkmale der sozialen Exklusion aufweist.

> *„Beim Eintritt in das Reich der Niedriglöhne – und das gilt ebenso für viele durchschnittlich bezahlte jobs – gibst du deine Bürgerrechte an der Pförtnerloge ab, du läßt die Vereinigten Staaten von Amerika ebenso hinter dir, wie alle Werte, für die dieses Land angeblich steht, und lernst das Maul zu halten, bis die Schicht zu Ende ist". (Ehrenreich, 2001, 214)*

Es könnte sich noch herausstellen, dass letztlich auch manche Dienstleister des Informations- und Kommunikationsbereichs zu den „arbeitenden Armen" gerechnet werden müssen, wenn sie statt eines ansehnlichen Aktienvermögens nur hohe Schulden aus ihrer Zeit als Leistungsträger der New Economy übrig behalten. Das Dienstleistungswachstum in den USA verdient eine etwas genauere Betrachtung, da die wirtschaftsliberalistischen Gebetsmühlen unablässig das „amerikanische Beschäftigungswunder" preisen. Es fragt sich also, was ist dran am Wunder.

Fortschrittsimport aus den USA?

Bis weit in das Jahr 2000 hinein währte der Heilsglaube an die New Economy. Skeptiker galten als realitätsferne Pessimisten und Miesma-

---

Wachstum aber auch die Grundlage für die Berechnung der gesamtwirtschaftlichen Produktivitätsentwicklung bildet, wird diese ebenfalls höher als bei traditioneller Preisindexberechnung bemessen. Grundsätzlich ist die Einbeziehung von Qualitätsveränderungen in die Preisindexermittlung sinnvoll, aber es ist im konkreten Fall stets schwierig und nicht ohne Willkür möglich, solche qualitativen Änderungen in Preisgrößen umzurechnen. Daher sind weder Manipulationen noch schlichte Irrtümer und Fehlbeurteilungen auszuschließen. Was in der Privatwirtschaft an „kreativer" Buchführung und Bilanzpolitik jüngst – nicht nur in den USA – aufgedeckt wurde, könnte auch für offizielle Statistiken verführerisch sein, zumal wenn es sich um politisch brisante Daten handelt, die im „nationalen Interesse" besser schön als wahr sein sollen.

cher. Inzwischen geht es wieder nüchterner zu. Der Fünfjahresbooom von 1995 bis Frühjahr 2000 erwies sich als ein starker Konjunkturaufschwung – nicht mehr. Dass es überhaupt zu der übersteigerten Erwartung an die New Economy kommen konnte, die langfristigen Trends in der Wirtschaftsentwicklung der USA hätten sich fundamental verändert, erklärt sich wohl vor allem durch den starken Kontrast zwischen der seit der Dollarkrise Anfang der 1970er Jahre anhaltenden Schwäche der US-Wirtschaft und dem kurzen Boom zum Jahrhundertende.

Bundesdeutsche Manager sahen in der amerikanischen Wirtschaftspolitik ein strahlendes Vorbild, und zwar nicht erst seit dem Boom der „New Economy", sondern auch schon während der 1980er Jahre, als die USA eine für Friedenszeiten astronomische Staatsschuld aufhäuften und das Land wegen seiner ständigen Leistungsbilanzdefizite vom größten Gläubiger zum größten Schuldner der Welt umkippte. Bis 2000 addierte sich die Nettoverschuldung der USA gegenüber dem Ausland auf über 1500 Milliarden Dollar (BIZ, 2001, 95), und die Verschuldungstendenz hält an. Korrespondierend zum Anstieg der Außenschuld der USA ist auch der Verschuldungsgrad der amerikanischen Haushalte und Unternehmen stark gestiegen. In den 50er und 60er Jahren wurden etwa 30% der Privatinvestitionen mit Krediten finanziert; 1986 betrug der Kreditanteil über 52%. Der Verschuldungsgrad der amerikanischen Privathaushalte (Schulden/verfügbares Einkommen) betrug 1960 etwa 60% und stieg bis 1999 auf 104,8% (Niggle, 1988; OECD, 2001/1, 325). Die steigende Verschuldung aller Wirtschaftsbereiche ließ den Finanzsektor expandieren, und der Anteil der arbeitslosen Zinseinkommen am Volkseinkommen nahm entsprechend zu. Die Belastung der amerikanischen Unternehmen außerhalb des Finanzsektors durch Zinszahlungen ist entsprechend gestiegen. Andererseits wuchsen jedoch auch die Finanzerträge dieser Unternehmen. Die Produktionsunternehmen kassierten mehr und mehr Zinseinnahmen, weil sie ihre Mittel zu erheblichen Teilen statt in Sachanlagen in Finanzaktiva anlegten. Der Anteil der Finanzerträge am Gesamtgewinn der nicht zum Finanzsektor zählenden Firmen (nonfinancial corporation) wuchs von 14,9% im Jahr 1963 auf 93,3% im Jahr 1983 (alle Angaben nach: Niggle, 1988).

Tendenziell spielte sich auch in den anderen Industrieländern eine vergleichbare Entwicklung ab: die staatlichen und privaten Schulden sind überall gestiegen, und der Finanzsektor expandierte, womit auch der Anteil der arbeitslosen Zinseinkommen am Volkseinkommen zunahm. In dieser Entwicklung spiegelt sich jenes schon erwähnte Phänomen, das als Kasino-Kapitalismus bezeichnet wird: die Finanzkapitalbildung lief der Sachkapitalbildung davon. Der abrupte Rückgang der Konsumbereitschaft der US-Haushalte im Herbst 2001 resultierte aus dem Zusammentreffen von hoher Verschuldung und Verfall der Vermögenswerte infolge der Baisse (HB, 2001/230). Gewiß spielte bei den panikartigen Reaktionen im Spätherbst 2001 der Terroranschlag vom 11. September als auslösender Faktor eine wesentliche Rolle, aber die Krisenfälligkeit der US-Wirtschaft hatte sich infolge der Überschuldung der Haushalte und der Überakkumulation in den Informationsindustrien schon zuvor aufgebaut.

Die seit langer Zeit vorherrschende Tendenz in der wirtschaftspolitischen Diskussion, die USA als nachahmenswertes Modell zu propagieren, blieb nicht wirkungslos. Nicht nur die britischen Konservativen folgten seit den 1980er Jahren der angebotspolitischen Leitlinie, die von den USA vorgezeichnet worden war, sondern auch andere europäische Regierungen und die Kommission der Europäischen Gemeinschaft schrieben ihre wirtschaftspolitischen Nationalhymnen um: Liberalisierung, Privatisierung, Deregulierung lautet seitdem der gemeinsame Refrain. Der nachfragepolitische Interventionismus wurde ausgepfiffen. Der wirtschaftspolitische Trendwechsel vom Sozialstaat zum neuen Marktextremismus forcierte dann auch erst jene Entwicklungen der internationalen Wirtschaftsbeziehungen, die zu einer scheinbar völlig neuen weltwirtschaftlichen Konstellation geführt haben, die, wie dargelegt, als Globalisierung bezeichnet wird.

Die sozialökonomische Entwicklung der USA während der vergangenen Jahrzehnte stand in starkem Maße unter dem Einfluß des für die US-Gesellschaft traumatisierenden Vietnam-Krieges und dessen für die Großmacht schmählichen Endes. Die massenpsychologischen und politischen Langzeitwirkungen des Terrorangriffs vom 11. September 2001 lassen sich auch noch längst nicht klar einschätzen, aber es zeichnet sich ab, dass eine Gewalteskalation ausgelöst wurde, die die humane, zivilgesellschaftliche Besonnenheit wegzuschwemmen droht.

> *„Zwar müht sich der Westen, human, menschenrechtlich und politisch rational zu handeln. Aber die Offizialmoral ist nicht die ganze Moral. Der Westen, aus dem sie herkommt, richtet sich nach ihr, solange seine Dominanz nicht angetastet wird. Sie ist eine Schönwettermoral. In der Stunde der Gefahr aber brechen sich die soziomoralischen Grundgesetze Bahn, die der Westen mit anderen Kulturen teilt; sie sind wahrhaft universal: die Prinzipien der Reziprozität, der Präferenz für die eigene Kultur, der kollektiven Solidarität mit seinesgleichen, der Tabuisierung dessen, was uns nahe geht und das eigene positive Selbstbild stört" (Hondrich, 2001).*

Die Euphorie über die New Economy ist geschwunden. Die Ernüchterung gibt wieder den Blick auf die längerfristige Entwicklung der US-Wirtschaft frei. Wie bereits dargelegt, geriet die Währung der stärksten Wirtschaftsmacht Ende der sechziger Jahre in Schwierigkeiten. Der Dollar verlor rapide an Wert, und das alte, von den USA konzipierte Weltwährungssystem mit seinen festen Wechselkursen mußte aufgegeben werden. Das amerikanische Vietnam-Trauma der siebziger Jahre bewirkte eine Demoralisierung des Landes, die weit über den engeren Anlaß der außenpolitischen Niederlage hinaus wirkte. Das Ende der reformpolitischen Ansätze der demokratischen Regierungen Kennedy und Johnson mit ihrer Vision einer great society und der deutlichen Reduktion der sozialen Armut in den USA fällt in jene Zeit der Dollarkrise, des Vietnamkriegs und des Watergate-Skandals. Der US-amerikanische Imperialismus sah sich zeitweilig in der Rückzugsposition. Eine wirksame Intervention, gar ein militärisches Eingreifen gegen die erste massive Ölpreissteigerung des Kartells der ölexportierenden Staaten (OPEC) im Jahr 1973 war unmöglich geworden. Abgesehen von dem damit verbundenen Risiko, einen weltweiten Konflikt auszulösen – der Warschauer Pakt stand noch in voller Stärke dem Westen gegenüber –, hätte eine US-Regierung in jener Zeit weder innenpolitisch noch bei ihren NATO-Verbündeten Rückhalt für eine vom Ölpreis motivierte militärische Aktion gefunden. Die skizzier-

Tabelle: Boom und Niedergang der US-Investitionen 1995-2001 (jährliche Änderungsraten%)

Bereich	1995/Q1 - 2000/Q2	2000/Q3 - 2001/Q2	Rückgang der Investitionen
Ausrüstungsinvestition inkl. Software	12.37	- 4.00	- 16.37
Informations-tech. Ausrüstung	20.32	- 2.08	- 22.39
Industrielle Ausrüstungsinvest.	4.76	- 1.43	- 3.32
Transportausrüstungen	8.06	-12.80	- 20.86
Sonstige Ausrüstungsinv.	6.59	- 4.23	- 10.81
BIP Wachstumsrate	3.94	1.32	- 2.62

Quelle: McCarthy, 2001, 2.

te Konstellation, die den Beginn eines relativen Machtverlustes der USA markiert, liegt drei Jahrzehnte zurück. Betrachtet man die Entwicklung der sozialökonomischen Verhältnisse des Landes in diesen drei Jahrzehnten, so läßt sich feststellen, dass eine grundlegende Gesundung nicht eingetreten ist, aber nach dem Zusammenbruch der Sowjetunion entfaltete sich in den USA eine optimistische Aufbruchstimmung mit deutlichen wirtschaftlichen Folgen. Die augenfälligsten Symptome bildeten die Börsenhausse, der Konsumboom und die spekulativen Kapitalzuflüsse auf den Neuen Markt. Um so schmerzhafter wirkte das abrupte Ende der Überspekulation im Jahr 2000. Es kam *„... eine herbe Enttäuschung für alle, die gehofft hatten, dass dank einer auf die Informationstechnologie gestützten New Economy sowohl Lagerzyklus als auch starke Investitionsschwankungen der Vergangenheit angehören würden."* (BIZ, 2001, 3) Der Absturz der US-Ausrüstungsinvestitionen vom dritten Quartal 2000 bis zum zweiten Quartal 2001, also innerhalb von neun Monaten (Tabelle), beschränkte sich jedoch keineswegs nur auf die informationstechnischen Bereiche, die in den vorhergehenden Jahren einen starken Zuwachs an Investitionen erlebt hatten, sondern erstreckte sich auch auf das gesamte verarbeitende Gewerbe und den Transportsektor.

Die siebziger Jahre bilden die historische Wasserscheide zwischen langfristigem Aufstieg und Niedergang der industrialisierten Welt nach dem Zweiten Weltkrieg. Das Ende des Festkurssystems zeigte, dass die USA die wirtschaftliche Vormachtstellung eingebüßt hatten. Überblickt man die Wirtschaftsentwicklung der USA seit jener Wendezeit bis Mitte der 1990er Jahre, so war vom „amerikanischen Traum", der von den breiten Massen geträumt wurde, nicht viel geblieben (vgl. Mishel u.a., 1996). Doch dann schien sich mit der New Economy alles zum Besseren zu wenden, und zwar für eine unabsehbare Zukunft. Fünf Jahre lang – von 1995 bis 2000 – währte diese Illusion. Dann kam der alte kapitalistische Krisenzyklus wieder zum Vorschein. Bereits im Frühsommer, Monate vor dem Terrorakt des 11. September, stellte die Baseler Bank für Internationalen Zahlungsausgleich mit Blick auf die USA fest:

> *„Der Bestand an in jüngerer Zeit erworbenen langlebigen Konsumgütern sowie unrentable Ausrüstungsinvestitionen, insbesondere im IT-Bereich, könnten leicht dazu führen, dass neue Ausgaben aufgeschoben werden. Würde sich die Nachfrage tatsächlich abschwächen, wäre die Kehrseite des rascheren Produktivitätswachstums eine Verringerung der Arbeitsstunden und eine höhere Arbeitslosigkeit mit Rückkopplungseffekten auf das Verbraucherverhalten." (BIZ, 2001, 164; vgl. auch Galbraith, 2001)*

Die Realeinkommen der breiten Masse der US-Bevölkerung stagnierten seit Beginn der siebziger Jahre. Große Teile des amerikanischen Mittelstandes erlebten massive Einbußen ihres Lebensstandards. Zwischen 1970 und 1993 sank der durchschnittliche Reallohn von 8 auf 7,37 Dollar (Gaß/Schmid, 1004, 294). Doch Durchschnittswerte besagen nichts über die konkrete Lebenssituation einzelner Gruppen und Schichten. Zwischen 1973 und 1993 waren die Stundenlöhne von Männern, die sofort nach der High School ins Berufsleben einstiegen, real um rund 20 Prozent gesunken. Universitätsabgänger verzeichneten in diesem Zeitraum je nach Region relativ bescheidene Einkommenszuwächse zwischen drei und dreizehn Prozent. Der amerikanische Traum wird sich in der jungen Generation wahrscheinlich nur noch für eine Minderheit erfüllen (Kister, 1996). Da etwa drei Viertel aller amerikanischen Jugendlichen nach der High School eine Arbeitsstelle suchen (müssen) und sich nur ein Viertel auf Colleges oder Universitäten weiterbilden kann, zählt die große Mehrzahl der jungen Amerikaner zu der Gruppe mit sinkenden Realeinkommen. Diese traurige Perspektive wurde auch von Barbara Ehrenreich in dem weiter oben wiedergegebenen Zitat umrissen. Doch selbst Mittelschichten, deren Realeinkommen einen relativ kontinuierlichen Zuwachs verzeichnen, bleiben in ihren mittelfristigen Einkommenssteigerungen deutlich unter dem prozentualen Anstieg des gesamtwirtschaftlichen Durchschnittseinkommens. Dieser Sachverhalt entspricht der Tatsache, dass die Reichen in den USA immer reicher werden, und zwar nicht nur absolut, sondern auch relativ. Nach Angaben der amerikanischen Zentralbank entfallen etwa 40% des privaten Gesamtvermögens auf ein Prozent der US-Bevölkerung, und die etwa 20% Reichen und Superreichen zusammengenommen verfügen über 80% des Vermögens (De Thier, 1995). Diese Verteilungsstruktur kommt der auf der gesamten Erde sehr nahe: Vom Weltsozialprodukt entfallen etwa vier Fünftel auf nicht einmal 20% der Weltbevölkerung.

Teile der materiellen und immateriellen Infrastruktur des Landes verrotten, weil der Staat seine Verantwortung für das Gemeinwohl zugunsten von Privatisierung, Deregulierung und wettbewerbsorientierter Liberalisierung preisgibt. Insbesondere im amerikanischen Bildungssystem, dessen Niveau über die langfristige Problemlösungsfähigkeit von Wirtschaft und Gesellschaft entscheidet, kehrten vorsozialstaatliche Verhältnisse zurück: Elitäre Bildungsstätten für die begüterten Schichten einerseits und rapide sinkende Standards im System der breiten Volksbildung (Kister, 1996). Die Verschlechterung des Bildungs- und Qualifikationsniveaus weiter Bevölkerungsteile kann durchaus mit einem Anstieg des durchschnittlichen Bildungsniveaus einer Gesellschaft einher gehen. Hierin zeigt sich gerade die verstärkte Aufspaltung: mehr funktionale Analphabeten am unteren Ende der Aufstiegsleiter und mehr Hochqualifizierte am oberen Ende. Da die Einkommensentwicklung in starkem Maße vom Qualifikationsniveau abhängt, bedeutet die Zunahme des unqualifizierten, unausgebildeten Bevölkerungsanteils, dass sich dort auch die Beschäftigungs- und Einkommensaussichten verschlechtern und sich der wirtschaftliche und soziale Abstieg fortsetzt. Selbst wenn passende Arbeitsplätze für diesen Personenkreis geschaffen werden, so handelt es sich eben um solche, die einer hochentwikkelten, modernen Gesellschaft weder ökonomisch noch sozial angemessen sind. Die Bildungsmisere einer Gesellschaft zieht ein ganzes Bündel von wirtschaftlichen, sozialen und kulturellen Zerrüttungen nach sich, aus denen dann weitere Verschlechterungen im Bildungsbereich resultieren. Dieser Teufelskreis hat in den USA seit den siebziger Jahren immer mehr Menschen in seinen Strudel gezogen. Die Einkommensverteilung in den USA wurde gemäß dem Rezept der reaktionären Version der Angebotspolitik von der Wirtschaftspolitik mehr und mehr gespreizt: Durch Absenkung der Löhne für unqualifizierte Arbeit und durch größere Verteilungsungleichheit zwischen unteren und oberen Einkommensgruppen sollte die Beschäftigung der weniger qualifizierten Arbeitskräfte gefördert werden. Der internationale Vergleich der Beschäftigungsquoten von gering Qualifizierten zeigt jedoch, dass die USA weit schlechter abschnitten als andere Länder. *„Die Beschäftigungsquoten der gering Qualifizierten zeigen ... eine völlig andere Dynamik, als es die neoliberale Wirtschaftstheorie voraussagt.“* (Bosch, 1997a, 5) In Deutschland hatte sich die Beschäftigung der gering Qualifizierten im Zeitraum 1989 bis 1994 verbessert; in den USA und Großbritannien, wo noch weitaus stärker dereguliert wurde, verschlechterte sich die Beschäftigungslage der schwach qualifizierten Arbeitskräfte hingegen erheblich (vgl. Tabelle).

Tabelle: Beschäftigungsquote von gering Qualifizierten 1989 und 1994

Land	Männer			Frauen		
	1989	1994	Differenz	1989	1994	Differenz
BRD	68,7	73,0	+ 4,3	33,1	42,0	+ 8,9
GB	71,7	61,0	-10,7	55,2	52,0	- 3,2
USA	68,9	62,4	- 6,5	41,9	39,2	- 2,7

Quelle: Bosch, 1997a, 5, nach OECD.

Zu den gravierenden sozialen Problemen der USA gehört die verbreitete Armut. Die Zahl der nach amerikanischer Armutsdefinition[7] als arm geltenden Personen fiel von ca. 40 Millionen 1959 bis 1975 auf unter 25 Millionen. Danach kam es wieder zu einem Anstieg – bis auf 35.6 Millionen im Jahr 1997. Entsprechend entwickelte sich die Armutsrate. Sie wurde von 22% im Jahr 1959 bis 1975 auf etwa 11% reduziert und bewegte sich danach wieder aufwärts (Mangum u. a., 2000, 98). Alle diese Armutsdaten werden jedoch bei weitem von den 60% sozial Armen übertroffen, die von Barbara Ehrenreich konstatiert werden (Ehrenreich, 2001, S. 218). Die New Economy vermochte allenfalls den seit 1975 registrierten Aufwärtstrend der sozialen Armut zu unterbrechen, leitete aber keine Wende ein (Mangum u. a., 2000). Im internationalen Armutsvergleich der Industrieländer weisen die USA mit die ungünstigsten Werte auf (HDR, 1999, 149). Von 17 Industrieländern, für die vergleichbare Daten vorlagen, ergab sich bezogen auf 1997 nachstehende Rangfolge bezüglich der Armutslage (höherer Rangplatz = geringerer Armutsindex):

1. Schweden	6. Finnland	11. Belgien	16. Irland
2. Niederlande	7. Frankreich	12. Australien	17. USA
3. Deutschland	8. Japan	13. Neuseeland	
4. Norwegen	9. Kanada	14. Spanien	
5. Italien	10. Dänemark	15. Großbritannien	

Der Armutsindex bezieht folgende Einzelindikatoren ein: Anteil der Personen, deren Lebenserwartung unter 60 Jahren liegt, an der Gesamtbevölkerung; Anteil der funktionalen Analphabeten (15 – 65jäh-

7 Die Armutsmessung der USA orientiert sich an einem seit den 1960er Jahren konstant gehaltenen Warenkorb, dessen Dollarwert nur entsprechend der Inflation angepaßt wird. In Europa und in der international vergleichenden Armutsforschung wird die „soziale Armut" als Einkommen definiert, das weniger als 50% des Durchschnittseinkommens (oder des Median-Einkommens) beträgt (Armutsschwelle). Nach dieser Armutsdefinition erreicht der Anteil der armen Bevölkerung in den USA für die Fünfjahresperiode 1989-94 mit 19,1% (zum Vergleich: BRD 5,9%) einen erheblich höheren Wert als die US-eigene Armutsberechnung ausweist (HDR, 1999, 149).

rige); Langzeitarbeitslosigkeit; Einkommensverteilung; Anteil der sozial Armen an der Gesamtbevölkerung (HDR, 1999, 149).

Um den Zustand einer Gesellschaft soziologisch und sozialpsychologisch zu charakterisieren, läßt sich eine schier unüberschaubare Zahl einschlägiger Indikatoren anführen. Besondere Aufmerksamkeit verdienen jedoch Angaben über das in einer Gesellschaft herrschende Gewaltpotential, insbesondere jene Gewalt, die Kinder und Jugendliche als Opfer und Täter betrifft. Das Zentrum für Krankheiten und Prävention in Atlanta/USA legte Anfang 1997 eine vergleichende Untersuchung über Tod durch Tötungsdelikte und Suizid von Kindern unter 15 Jahren in 26 industrialisierten Ländern vor (SZ 32/97). In dem Zeitraum von 1990 bis 1995 wurden in den USA 2,57 von 100 000 Kindern unter 15 Jahren ermordet; im Durchschnitt der übrigen Industrieländer waren es 0,51. Diese Mordrate für Kinder beträgt in den USA also 500% bezogen auf den Durchschnitt der Industrieländer.

Tabelle: Kennziffern zur Kriminalität in den USA 1993

	in Millionen	in Prozent
Männliche Erwerbsbevölkerung	69,60	(100)
- im Gefängnis	1,35	1,93
- in Bewährung oder bedingt entlassen	3,51	5,04
- im Justizsystem insgesamt	4,86	7,00
davon:		
Anteil der 25-34jährigen		10,00
Kosten der Kriminalität in % des Bruttosozialprodukts		4,00
Ausgaben für Arbeitsmarktpolitik in % des Bruttosozialprodukts		0,55

Quelle: Bosch, 1997a, 19; nach OECD u. Freeman, 1996.

Die Selbstmordrate der Minderjährigen in den USA liegt bei 0,55 (internationaler Durchschnitt: 0,27), und infolge Schußwaffengebrauchs sterben in den USA 1,66 von 100 000 Kindern; das ist fast das Zwölffache des internationalen Durchschnittswertes (0,14). Die sozialpathologische Dimension dieser Statistik der Kindermorde wird in ihrer historischen und prognostischen Bedeutung noch durch die Tatsache unterstrichen, dass sie einen ansteigenden Trend widerspiegelt: Von 1950 bis 1993 hat sich die Rate der Kindermorde in den USA verdreifacht und die der Selbstmorde vervierfacht (SZ 32/97). Ins Bild paßt auch die Tatsache, dass die US-Gefängnisse überfüllt sind. 1993 saßen 1,93 Prozent der männlichen Erwerbsbevölkerung der USA im Gefängnis, das sind 1,35 Millionen Männer, und insgesamt waren sieben Prozent der männlichen Erwerbspersonen von Gefängnisstrafen betroffen (4,86 Mio. vgl. Tabelle). Also. Fortschrittsimport aus den USA?

Die ökonomische Bilanz im engeren Sinn ergibt, in krassem Gegensatz zur propagandistischen Darstellung der US-Entwicklung, bei genauerer Betrachtung ebenfalls ein pessimistisches Urteil. Seit den 1980er Jahren schwärmte die europäische Wirtschaftspresse vom amerikanischen Beschäftigungswunder und verwies auf die im Vergleich zu Europa höheren Wachstumsraten des amerikanischen Bruttoinlandsprodukts. Scheinbar traf also die konventionelle Formel mehr Wachstum = mehr Beschäftigung auf die USA noch zu. Präsident Clinton schien also alles Recht zu haben, auf dem Treffen der sieben größten Industrienationen (G 7) im Juni 1997 aller Welt die amerikanische Medizin zu empfehlen. Doch es war nicht nur eine bittere Arznei, die aus Niedriglöhnen, aus der als Flexibilisierung umschriebenen hire and fire-Politik selbstherrlicher Arbeitgeber, aus frühkapitalistischen Existenzunsicherheiten und aus wachsender Ausbeutung der Armen durch die Reichen bereitet wurde, sondern – das medizinische Bild sei ein wenig überstrapaziert – das vermeintliche Heilmittel hatte die unangenehme Nebenwirkung sozialökonomischer Schizophrenie: Nicht nur die Spaltung der Gesellschaft in Reiche und Supperreiche einerseits und Arme andererseits, in wenige Aufsteiger und viele Absteiger, in Macht- und Bildungselite hier und geistig Enteignete dort wurde forciert, sondern die Wirtschaft selbst wurde aufgespalten. Es entstand eine dualistische Wirtschaftsstruktur mit einem prosperierenden Sektor fortlaufender Modernisierung, steigender Produktivität, steigenden Qualifikationsanforderungen und entsprechender Bildungsinputs und Einkommens- und Zufriedenheitsoutputs auf der einen Seite und auf der anderen Seite einem wachsenden Bereich von prekärer Beschäftigung mit geringer Produktivität, minimalem oder gar völlig fehlendem Technologiegehalt, ohne jede Qualifikationserfordernisse, somit auch nicht einmal mehr existenzsicherndem Einkommen und dürftigstem sozialen Ansehen.[8] Über die miesen Arbeitsplätze (bad jobs) und die wachsende Zahl der arbeitenden Armen (working poor) in den USA wurde schon viel geschrieben, wenn auch nur eher sporadisch in den (wirklichen) *Massen*medien und vorwiegend in den auflagenschwachen kritischen Publikationen, aber das Faktum ist zumindest den interessierteren Zeitgenossen bekannt. Bekannt ist auch, dass sich Arbeitslosenstatistiken schönen lassen, dass Teilzeitarbeitsplätze wie Vollzeitstellen ausgewiesen werden, dass somit drei oder vier Teilzeitarbeitsplätze, die zusammen gerade mal einer Person den Lebensunterhalt gewähren, als vier jobs gezählt werden (De Thier, 1996b). Der für seine kritischen Kommentare zur US-Ökonomie international bekannte Volkswirtschaftler Lester C. Thurow vom Massachusetts Institute of Technology (MIT) rechnete vor, dass die offizielle Arbeitslosenquote allenfalls die Hälfte, wenn nicht weniger der tatsächlichen US-Arbeitslosigkeit ausweist:

> *„Die amerikanische Arbeitslosigkeit ähnelt einem Eisberg – der größte Teil liegt unsichtbar unter Wasser. Eine Arbeitslosenquote von etwas über fünf Prozent entspricht mehr als sieben Millionen Arbeitslosen. Nur ein Drittel dieser Gruppe erhält überhaupt in irgendeiner Form Arbeitslosenunterstützung. Die Begünstigten erhalten nur 187 Dollar pro Woche. Es herrscht ein enormer ökonomischer Druck, neue Arbeitsplätze auch zu viel niedrigeren Löhnen oder in weniger beliebten Branchen oder Regionen zu akzeptieren. Aber neben diesen über sieben Millionen amtlichen Arbeitslosen würden sich noch weitere sechs Millionen Menschen als arbeitslos bezeichnen, wenn sie danach gefragt würden. Sie gelten jedoch offiziell als nicht arbeitslos, weil sie die eine oder*

8 Das Wachstum der Produktivität je Arbeitsstunde (Stundenproduktivität) war in den USA im Mehrjahresdurchschnitt seit den 50er Jahren bis Mitte der 1990er Jahre auf etwa ein Drittel gesunken. In der Periode 1959 - 1973 betrug das Wachstum der Stundenproduktivität im Mehrjahresdurchschnitt 2,9% pro Jahr, fiel in der Zeit von 1973 - 1989 auf etwas unter 1% und lag 1989 - 1995 bei 0,9% (Mishel u. a., 1996, 36). Es erscheint mehr als fraglich, ob die kurze Prosperität zwischen 1996 und 2000 den langfristigen Trend wirklich veränderte (Hagemann/Schreyer/Seiter, 2001). Auf das methodische Problem, dass möglicherweise durch die Anwendung des hedonischen Preisindex eine zu niedrige Inflationsrate bzw. überhöhte Produktivitätssteigerung ausgewiesen wird, ist bereits aufmerksam gemacht worden.

andere Voraussetzung nicht erfüllen – dass sie sich beispielsweise in der Woche zuvor aktiv um Arbeit bemüht haben müssen. Weiterhin gibt es 4,5 Millionen Teilzeitarbeitskräfte, die aber gerne ganztätig arbeiten würden. Wer auch nur eine Stunde pro Woche arbeitet, gilt nicht als arbeitslos.
Acht Millionen amerikanische Arbeiter arbeiten bloß vorübergehend. Zwei Millionen weitere arbeiten nur, wenn ihr Arbeitgeber sie abruft. Weitere acht Millionen arbeiten inzwischen als selbständige Unternehmer oder Berater. Bei vielen handelt es sich um herabgestufte Fachleute, die zu stolz sind, sich als arbeitslos zu bezeichnen. ... Von diesen Millionen gilt niemand als arbeitslos... Wenn sie offiziell auch nicht als arbeitslos gelten, so sind sie doch mit Sicherheit unterbeschäftigt." (Thurow, 1996)

Doch was bedeutet dieser Sachverhalt für eine hochentwickelte Wirtschaft? Er bedeutet, dass sich auch im Wachstumsprozeß jene Schizophrenie wiederholt: Einerseits wächst der moderne Sektor der Volkswirtschaft mit steigender Produktivität (Prozessinnovationen) und bringt auch neue, mehr oder weniger attraktive bzw. nützliche Dinge (Produktinnovationen) hervor, aber im übrigen handelt es sich um eine Art vorindustrielles Wachstum. Vorindustrielles oder extensives Wachstum – daran sei nochmal erinnert – ist dadurch charakterisiert, dass zwar zusätzliche Arbeitsplätze entstehen, aber die Produktivität der Arbeitsplätze stagniert oder gar sinkt. Die Zunahme der Produktion geht nur auf vermehrten Arbeitseinsatz und gegebenenfalls zusätzliche Komplementärfaktoren (z.B. mehr Computer für mehr Anlageberater und mehr Anwaltskanzleien, mehr Silbertabletts für mehr Butler oder auch mehr Klobürsten für mehr Toilettenpersonal) zurück. Diese Dienstleistungsexpansion kann sowohl qualifizierte, gut bezahlte Arbeitsplätze (z.B. Anlageberater, Rechtsanwälte) als auch ziemlich minderwertige Tätigkeiten umfassen. Doch mit dem fortlaufenden Verlust relativ gut bezahlter industrieller Arbeitsplätze und der Umstrukturierung in Richtung Dienstleistungen war und bleibt wohl auch künftig eine markante Senkung des durchschnittlichen Einkommens der abhängig Beschäftigten verbunden: Die US-Dienstleistungslöhne lagen zumindest bis Mitte der 1990er im Durchschnitt 30% unter den vergleichbaren Industrielöhnen (De Thier, 1996b), und zwischen 1980 und 1993 sind die Löhne in den meisten Dienstleistungsbereichen gesunken (Tabelle). Da der amerikanische Beschäftigungszuwachs seit langem ausschließlich im Dienstleistungssektor stattfand und große Teile des Dienstleistungsbereichs nur recht unqualifizierte Arbeitsplätze boten, sinkende Reallöhne aufwiesen und die vorübergehende Verbesserung der Lage zwischen 1995 und 2000 keine durchgreifende Trendwende brachte, wird die Durchschnittsqualifikation pro Arbeitsplatz mittelfristig eher sinken und den Zuwachs der Massenkaufkraft bremsen.

Tabelle: Durchschnittlicher realer Stundenlohn in Dienstleistungsbereichen der USA in Dollar

Jahr	Finanzsektor	Einzelhandel	Großhandel	Transport	sonstige Dienste
1980	6,76	5,70	8,13	10,37	6,83
1993	7,68	4,97	7,96	9,31	7,36

Quelle: Gaß/Schmid, 1994, 295.

Grundsätzlich stellt sich damit die Frage, ob mit den zusätzlichen Dienstleistungsarbeitsplätzen auch die Leistungsfähigkeit der Volkswirtschaft und der Wohlstand steigen. Stellen wir uns beispielsweise vor, dass aufgrund von Umweltbelastungen bestimmte Erkrankungen zunehmen. Damit steigt der Bedarf für einschlägige medizinische Leistungen, also der Bedarf für sehr qualifizierte Arbeitskräfte. Sofern der Bedarf gedeckt wird – was vor allem eine Frage der Einkommens- bzw. Kaufkraftverteilung ist –, ergeben sich qualifizierte Arbeitsplätze. Doch ist damit der gesellschaftliche Wohlstand gestiegen? Die Alternative, die Umweltbelastungen zu reduzieren, so dass gar nicht erst so viele Menschen erkranken, also auch kein entsprechender Zusatzbedarf an medizinischen Leistungen entsteht, würde nicht nur die unmittelbare Nachfrage nach den therapeutischen Gesundheitsdiensten begrenzen, sondern ließe möglicherweise auch viele der alten Arbeitsplätze fortfallen; dann nämlich, wenn besserer Umweltschutz mit sinkender Produktion verbunden ist. Die Dienstleistungsexpansion, die sowohl qualifizierte, gut bezahlte als auch einfachste Tätigkeiten mit Niedriglöhnen betrifft, zeugt also noch nicht schlechthin von Modernität, Innovationsfähigkeit und steigendem Wertschöpfungs- und Wohlstandspotential einer Gesellschaft. Vielmehr kommt es darauf an, warum welche Dienstleistungen zunehmen. Der Weg in die Dienstleistungsgesellschaft kann also auch zurück in vorindustrielle Verhältnisse führen: Statt Fortschritt ins postindustrielle Zeitalter hieße das Rückschritt in die präindustrielle Epoche.

Eine hochentwickelte Wirtschaft, die ihre Beschäftigungsprobleme in steigendem Umfang durch die Ausweitung quasi vorindustrieller Dienstleistungen zu lösen versucht, vergeudet nicht nur menschliche Arbeitskraft – körperliche, vor allem aber geistige –, sondern wird zwangsläufig in einer Art neuem Feudalismus enden. Die fortschreitende Spaltung der US-amerikanischen Wirtschaft in den modernen und den vorindustriellen Sektor zeigte sich unter anderem auch an der gesamtwirtschaftlichen Produktivitätsentwicklung. Seit den siebziger Jahren lag das Produktivitätswachstum der USA deutlich unter dem Europas und fiel weit unter das Japans. Dieser Trend wurde erst zwischen 1995 und 2000 unterbrochen, aber, wie schon mehrfach erwähnt, ist bisher nicht zweifelsfrei geklärt, ob die hohen Produktivitätssteigerungen in jenem Jahrfünft der New Economy nicht durch Berechnungsfehler stark verzerrt wurden. Während der beiden Jahrzehnte niedrigen Produktivitätszuwachses vor 1996 stieg auch das amerikanische Pro-Kopf-Einkommen viel langsamer als in den beiden anderen Regionen der sogenannten Triade.

Der relative Niedergang der US-Wirtschaft ließ sich bisher gut kaschieren. Denn bei einer Gesamtbevölkerung von etwa 230 Millionen ist die auf den modernen Sektor entfallende Wirtschaftsleistung eben immer noch sehr eindrucksvoll, selbst wenn der moderne Sektor nur noch die Hälfte der Gesamtwirtschaft oder weniger umfaßte. Der relative Niedergang bleibt um so mehr verborgen, als die ja nur vermeintlich unabhängigen Medien die Augen der Öffentlichkeit *regelmäßig* auf die lichten Seiten lenken und in die großen Schattenregionen nur ganz *gelegentlich* hinein leuchten. Diese gewiß nicht zufällige Unausgewogenheit des Informationsstroms stärkt letztlich die Einseitigkeit der

Wahrnehmung. Denn nur Positives zu berichten und zu zeigen, könnte Mißtrauen aufkommen lassen; die sporadischen Alarmmeldungen, die in der Masse der Heilsbotschaften untergehen, erzeugen hingegen den Glauben, wahrheitsgemäß informiert zu werden.

Arbeitszeitpolitik

Über Arbeitszeitverkürzung und Umverteilung von Arbeit liegt eine kaum noch überschaubare Literatur vor. Es ist daher überflüssig, an dieser Stelle nochmals zu referieren, was bekannt und stets umstritten ist. Vielmehr seien einige grundsätzliche, theoretische Überlegungen vorgetragen.

Wenn die bereits ausführlich erläuterte Stagnationserklärung zutrifft, also der Wachstumsrückgang anfangs durch Sättigungstendenzen ausgelöst wurde und dann durch die folgenden Reduktionen der Massenkaufkraft und die deflatorische Einsparungspolitik der öffentlichen Haushalte im Sinn einer Abwärtsspirale verstärkt wurde, so ist die mit diesen Entwicklungen verbundene Massenarbeitslosigkeit durch einen Mangel an Nachfrage bedingt. Arbeitszeitverkürzungspolitik, die jenen Sachverhalt nicht in Rechnung stellt, wird letztlich nur eine gleichmäßigere Verteilung der Arbeitslosigkeit bewirken. Arbeitszeitverkürzung ohne Lohnausgleich – was ja von Arbeitergeberseite bereits als Zugeständnis verstanden wird – würde an der ungerechten und zugleich nachfrageschädlichen Einkommensverteilung zwischen den verschiedenen Schichten nichts ändern, wenn auch die statistische Arbeitslosenquote sinken könnte. Es käme lediglich zu einer – allerdings solidarischen – Gleichverteilung des Mangels an Arbeitsmöglichkeiten und Einkommen innerhalb der „Klasse" der normal verdienenden abhängig Beschäftigten. Es handelte sich um den niederländischen Hauptweg, die Beschäftigungsprobleme durch Ausweitung der Teilzeitarbeit zu mildern. Das Arbeitsvolumen in den Niederlanden ist ja auch keineswegs so stark gestiegen, wie der Rückgang der offiziellen Arbeitslosenzahlen bei Unkenntnis der Lage vermuten ließe. In den Niederlanden wurde es durchaus üblich, dass auch Akademiker etwa mit 24 Wochenstunden und entsprechend reduziertem (Anfangs-)Gehalt eingestellt werden. Allerdings muß zugunsten des niederländischen Modells der Umverteilung von Arbeit – etwa im Vergleich zu den USA – hervorgehoben werden, dass die soziale Absicherung relativ günstig gestaltet wurde (Schettkat, 2001). Zudem verbindet sich mit der Umverteilung von Arbeit in den Niederlanden auch eine gewisse Einkommensnivellierung. Zwischen 1980 und 1995 wurde die Teilzeitquote in den Niederlanden verdoppelt; in den USA blieb sie in diesem Zeitraum fast unverändert. Das Einkommen der 10 Prozent ärmsten Haushalte in den Niederlanden beträgt 62 Prozent des mittleren Haushaltseinkommens, während diese ärmste Haushaltsschicht in den USA nur 35 Prozent des mittleren Haushaltseinkommens erreicht. Die Zunahme der Beschäftigtenzahl in den Niederlanden betrug von 1980 bis 1995 34 Prozent, in den USA aber nur 26 Prozent (Bosch, 1997a, 1997b). Es ist also durchaus möglich, Arbeit *und* Einkommen umzuverteilen und dabei positive Beschäftigungseffekte zu erreichen (Meißner/Zinn, 1984, 101 ff.). Die moralische Qualität der „Teilzeitarbeit aus Solidarität", d.h. in Kombination mit Einkommensumverteilungen, steht außer Frage, aber es handelt sich eben nicht um Vollbeschäftigungspolitik im eigentlichen Sinn. Vor allem ändert das gesamtwirtschaftliche Teilzeitmodell überhaupt nichts daran, dass die auf fiktivem Vollbeschäftigungsniveau produzierte Mehrwertmasse der Gesellschaft von denjenigen, denen sie zum erheblichen Teil zufällt, nämlich den Beziehern hoher Besitzeinkommen, nicht voll verausgabt wird. Es fehlen wegen der unzureichenden Nachfrage die Anreize, die potentiell möglichen Sachinvestitionen auch tatsächlich zu realisieren und damit das Beschäftigungsvolumen insgesamt zu erhöhen. Arbeitszeitpolitik müßte somit kombiniert mit Nachfragestimulierung (wie beispielsweise in Frankreich nach 1997) praktiziert werden. Dieser Weg führt aber an einer Umverteilung der Einkommen, und zwar von oben nach unten, nicht vorbei. Deshalb wird dieser Weg auch machtpolitisch versperrt.

Die Stagnationstheorie wird in ihrer Wachstumsskepsis durch die Diskussion über die ökologischen Grenzen des Wachstums gestützt. Auf längere Sicht wird selbst ein ausschließlich auf Umweltsanierung konzentriertes „vernünftiges Wachstum" nicht sinnvoll und möglich sein, weil eben auch dieses Wachstum irgendwann der Umwelt mehr schadet als nützt. Auf Dauer wird der einzig richtige Ansatz zur Erhaltung der Umwelt Wachstumsverzicht heißen. Damit wird aber auch sofort verständlich, dass die Arbeitszeitverkürzung auf längere Perspektive die einzige Möglichkeit bietet, Vollbeschäftigung mit Stagnation zu vereinbaren. Dieses ökologische Argument für Arbeitszeitverkürzung trifft in noch weit stärkerem Maße auf die armen Länder zu. Es ist völlig unmöglich, die Milliarden Menschen jener Länder auch nur auf ein Einkommens- bzw. Wohlstandsniveau zu bringen, das dem der Industrieländer vor 30 oder 40 Jahren entspräche. Möglich ist unter günstigen Voraussetzungen, den lebensnotwendigen Bedarf der Weltbevölkerung zu decken und mäßige Wohlstandsdifferenzierungen aus Anreizgründen zuzulassen. Alles andere wird sich als illusionär und extrem inhuman erweisen. Deshalb wird sich für die große Mehrheit der Erdbevölkerung im 21. Jahrhundert eine Lebenssituation ergeben *müssen*, die den Erwerb des materiellen Existenzminimums mit relativ kurzen Arbeitszeiten verbindet. Denn es ist anzunehmen, dass der produktivitätswirksame technische Fortschritt auch in den armen Ländern vorankommt, so dass eben mit sehr viel weniger Arbeit produziert werden kann. Um jedoch auf dem gestiegenen Produktivitätsniveau Milliarden Arbeitskräfte 40 oder auch nur noch 30 Wochenstunden arbeiten zu lassen, fehlen sowohl die komplementären natürlichen Ressourcen als auch die Belastungsspielräume der Umwelt. Wir verhehlen nicht, dass diese logisch unwiderlegbaren Schlußfolgerungen weder komfortabel noch ideologisch bekömmlich sind. Die tatsächliche Entwicklung dürfte daher auch nicht den vernünftigen, logischen Vorgaben folgen, sondern – wie oftmals in der Geschichte – in einer Katastrophe münden, deren Überlebende dann vielleicht im historischen Moment der großen Besinnung die rettende Reform durchführen. Zu spät für die Opfer, aber immerhin rechtzeitig für die Nachkommenden.

3. Orthodoxie, Außenseiter und der Aufstieg des Faschismus

Ob die Geschichte unsere große Lehrmeisterin ist, konnte bisher noch niemand verbindlich beantworten. Die gegenwärtige Weltwirtschaftskrise legt aber zwingend die Frage nahe, ob sich Parallelen zur Großen Depression nach 1929, der ersten Weltwirtschaftskrise des 20. Jahrhunderts, erkennen lassen. Dazu gibt es inzwischen eine relativ umfangreiche Literatur. Es ist hier weder möglich noch erforderlich den Krisenvergleich genauer auszuführen. Vielmehr sei ein besonderer Aspekt herausgestellt, nämlich die wirtschaftstheoretische und -politische Diskussion am Ende der Weimarer Republik. Damals lagen etliche Vorschläge vor, wie der Massenarbeitslosigkeit erfolgreich begegnet werden könnte. Es standen sich zwei Lager gegenüber, wenn von den Vorstellungen der deutschen Kommunisten abgesehen wird: auf der einen Seite die „Reformer", die als Außenseiter galten und keine öffentliche Breitenwirkung erreichten; auf der anderen Seite die Orthodoxie, zu der die große Mehrheit der Universitätsökonomen und der wirtschaftlichen Führungskräfte zählte. Die Orthodoxen leisteten der Brüningschen Deflationspolitik kräftig Schützenhilfe. Im folgenden wird in einer Auswahl auf einige der wichtigsten Reformpositionen eingegangen. Es sei hier auch auf das mehrbändige Sammelwerk zur wirtschaftspolitischen Kontroverse am Ende der Weimarer Republik hingewiesen, das von G. Bombach und anderen herausgegeben wurde und auf das sich die nachstehende Darstellung gründet (Bombach u. a., 1976 ff.).

a) Die Massenarbeitslosigkeit spielte dem Faschismus zu

Die deutsche Katastrophe, die mit dem Ende der Weimarer Republik begann, wird niemals eine letztgültige, allumfassende Erklärung finden. Es steht aber außer Zweifel, dass die Massenarbeitslosigkeit mit ihrer materiellen und psychischen Verelendung breiter Schichten des deutschen Volkes den Nationalsozialisten zu der „kritischen Wählermasse" verholfen hat, die dann die „Machtergreifung" so leicht machte. Die von den nationalsozialistischen Parteiführern verbreitete Hoffnung und Zuversicht auf rasche Besserung der Lage verdankten ihre Suggestionskraft nicht nur dem skrupellos praktizierten Talent zur Massenpropaganda und der gläubigen Aufnahmebereitschaft verängstigter und gedemütigter Kleinbürger, sondern auch der wirtschaftspolitischen „Programmatik". Es bedurfte gar keines detaillierten wirtschaftspolitischen Programms im üblichen Sinn, sondern es genügten zur Massenmobilisierung die Kritik an der wirtschaftspolitischen Erfolglosigkeit der Weimarer Regierungen sowie das Versprechen, mit der „Systempolitik" zu brechen und „wirksame" Beschäftigungspolitik zu betreiben, nämlich solche Maßnahmen zu ergreifen, die in ihrer arbeitspolitischen Wirkung bereits – von anderen – durchdacht waren und sich auch in weiter zurückliegender Vergangenheit bewährt hatten. Solche Maßnahmen waren von verschiedenen Autoren, die bis heute von der ökonomischen Theoriegeschichte als „Außenseiter" eingestuft werden, bereits seit der zweiten Hälfte der zwanziger Jahre unterbreitet worden. Doch die „herrschende Lehre", die stets auch die Definitionskompetenz besitzt, „Außenseiter" von „normalen" Wissenschaftlern abzugrenzen, hielt sich bis zum bitteren Ende in den Köpfen der maßgebenden demokratischen Wirtschaftspolitiker der Republik. Der rechtzeitige Umschwung wurde versäumt.

Der wirtschaftspolitische Irrweg, der von der ökonomischen Orthodoxie als der einzig richtige Kurs propagiert worden war, läßt sich also als eine wesentliche Ursache für die deutsche Katastrophe charakterisieren. Es wäre prinzipiell möglich gewesen, wie die Beispiele anderer Länder zeigten und auch die Wirtschaftspolitik der Nazis (leider) belegte, der seit 1929 rapide steigenden Massenarbeitslosigkeit zu begegnen und wenigstens Signale für eine berechtigte Hoffnung auf absehbare Besserung zu geben. Der politische Terraingewinn des Faschismus wäre bescheidener ausgefallen, und damit wäre höchstwahrscheinlich auch die deutsche Geschichte im 20. Jahrhundert völlig anders verlaufen. Wem solche Überlegungen zu spekulativ erscheinen, der muß grundsätzlich darauf verzichten, aus der Geschichte Lehren zu ziehen, d.h. sich über jeweilige Alternativen Gedanken zu machen.

b) Werden die wirtschaftspolitischen Fehler wiederholt?

Wenn im folgenden exemplarisch auf einige wichtige Situationsanalysen und wirtschaftspolitische Alternativprogramme aus den letzten Jahren der Weimarer Republik eingegangen wird, so aus doppeltem Grund. Erstens gilt es, die vorhergehende Behauptung zu belegen, dass solche Gegenpositionen zur offiziell praktizierten Katastrophenpolitik vorlagen – rechtzeitig vorlagen; zweitens sind jedoch in diesen Analysen und Handlungsvorschlägen viele Aspekte von unverminderter Aktualität. Trotz aller Unterschiede zwischen der gegenwärtigen Weltwirtschaftskrise mit ihrem langsameren, inzwischen über zwei Jahrzehnte verlaufenden Anstieg der Massenarbeitslosigkeit und der Großen Depression nach 1929, als die Arbeitslosenzahlen abrupt anstiegen und die Weltwirtschaftsbeziehungen fast völlig zusammenbrachen, gibt es doch auch viele Parallelen und Analogien – nicht zuletzt die grundsätzliche, dass die etablierten politischen Kräfte, an der wirtschaftspolitischen Orthodoxie orientiert, die Krise noch verschärf(t)en, statt die verfügbaren Alternativrezepte wenigstens einmal auszuprobieren. In der Einleitung zu dem 1976 erschienenen zweiten Teilband des bereits erwähnten mehrbändigen Werkes zum „Keynesianismus“ finden sich folgende denkwürdigen Sätze von A. Korsch:

„Ein wesentliches Ziel unserer Betrachtung der einige Dezennien zurücklie-

genden Ereignisse ist es, dass die heute zur Lösung anstehender Probleme aufgerufenen Politiker und deren wissenschaftliche Berater die damals gemachten Fehler zur Kenntnis nehmen und sich dank der besseren Einsicht davor hüten, sie zu wiederholen. Vor allem ist es die Erkenntnis, die erfreulicherweise die meisten der heute verantwortlichen Staatsmänner, die Leitungsgremien der internationalen Organisationen und die geldpolitischen Instanzen erfaßt hat, dass sich Krisen dieser Größenordnung nicht an der jeweils eigenen nationalen Grenze abfangen lassen, sondern dass alle Beteiligten gemeinsam in einem Boot sitzen, wo letztlich jeder des anderen Hilfe bedarf.

Diese Einsicht, dass die Umschiffung der wirtschaftlichen Klippen und politischen Strudel einer gemeinsamen Steuerung bedarf, scheint heute im Gegensatz zu damals im größten Maße verwirklicht....

Zum zweiten erscheinen uns die ... Zeugnisse aus der Zeit der Krisenjahre von großem Nutzen bei der Erörterung der Frage zu sein, ob die von den Nationalsozialisten eingeleitete politische Entwicklung, die für Deutschland die Aufhebung der bis dahin bestehenden demokratischen Prinzipien, die Mißachtung der Menschenrechte und eine Entmenschlichung und Brutalität in einem bis dahin unbekannten Maßstabe brachte und an deren Ende der Zusammenbruch eines hoffnungslos demoralisierten und ausgebluteten Volkes stand, zu vermeiden gewesen wäre, wenn die damals verantwortlichen Kräfte mehr auf die Ratschläge der ›Außenseiter‹ als auf die herrschenden, zum großen Teil nicht genügend reflektierten Lehrmeinungen der etablierten Wissenschaftler gehört hätten." (Korsch, 1976, 11 f.)

Diese optimistischen Äußerungen, die vor mehr als einem Viertel Jahrhundert zu Beginn des seither anhaltenden Trends steigender Massenarbeitslosigkeit gemacht wurden, verfehlten zwar nicht ganz und gar das tatsächliche wirtschaftspolitische Geschehen der folgenden Jahrzehnte, denn internationale Kooperation und koordinierte Eingriffe – etwa der Zentralbanken anläßlich des Börsen-Crashs im Oktober 1987 – fanden und finden sich in jüngerer Vergangenheit öfter als nach 1929, aber die Interventionen blieben beschränkt – beschränkt auf Rettungsmaßnahmen zugunsten der bestehenden kapitalistischen Mechanismen. Als Nebeneffekt kam das auch der Beschäftigungslage zugute; denn welche zusätzliche Steigerung der Massenarbeitslosigkeit hätte sich etwa abgespielt, wenn die wiederkehrenden Finanzmarktkrisen des „Kasino-Kapitalismus" auf die Realwirtschaften übergegriffen hätten! Doch das Übergreifen eines Waldbrandes zu verhindern, bedeutet noch nicht, ihn zu löschen.

Neben vielen anderen sind vor allem vier Autoren der Weimarer Zeit hervorzuheben: Robert Friedlaender-Prechtl (1874 - 1950), Heinrich Dräger (1898-1986), Wilhelm Lautenbach (1885 - 1948), der als „deutscher Keynes" bekannt wurde (Eucken, 2001, 40), und Wladimir Woytinsky (1885 - 1960), der Initiator des vom Allgemeinen Deutschen Gewerkschaftsbund auf seinem Kongreß im April 1932 beschlossenen Arbeitsbeschaffungsplans, der nach den Initialen seiner drei Autoren, Wladimir Woytinsky, Fritz Tarnow (1880 - 1951) und Fritz Baade (1893 - 1974) benannte „WTB-Plan". In ihren Analysen und Handlungskonzepten finden sich die wesentlichen Momente auch anderer Gegenschriften zur offiziellen wirtschaftspolitischen Linie wieder (vgl. umfassend Bombach u.a., 1976). Es liegt also auf der Hand, sich hier ausführlicher mit den vier genannten Autoren bzw. ihren Vorschlägen zu befassen.

c) Friedlaender-Prechtl: „Chronische Arbeitskrise, ihre Ursache, ihre Bekämpfung"

Im Jahre 1926, drei Jahre vor Beginn der Großen Depression, leitete Friedlaender-Prechtl seine unter dem vorstehenden Titel erschienene Schrift mit dem Satz ein: *„Deutschland befindet sich zurzeit in einer Arbeitskrise ernstester Art. Nicht nur ihr absoluter Umfang ist bestürzend. Auch ihr jähes Ansteigen, die Allgemeinheit der Verbreitung, der Zeitpunkt ihres Auftretens."* (Friedlaender-Prechtl, 1976, 66) Nachdem verschiedene günstige Faktoren aufgezählt wurden, unter anderem eine deutliche Exportbelebung, die eigentlich zu einer Verbesserung der Beschäftigungslage hätten führen müssen, gelangte der Autor zu dem Ergebnis, dass keiner so recht wüßte, wo die eigentlichen Ursachen der Misere zu finden sind:

„Aber am beunruhigendsten ist fast der Umstand, dass die Ursachen dieser Krise nicht irgendwie klar erkennbar sind. Befragt man nämlich die klugen Leute, die praktisch oder theoretisch mit der Wirtschaft verbunden sind, so erhält man nicht nur die desparatesten, sondern auch die disparatesten Antworten: die einen meinen, uns fehle der Export, die andern, der Inlandsmarkt; es fehle an Kredit, oder Kapital, oder an Geld; der Zinsfuß solle erhöht, nein er solle erniedrigt werden; die Löhne müßten steigen, damit die Kaufkraft der Massen sich stärke, wogegen andere wünschen, sie müßten im Gegenteil fallen, denn wir produzieren zu teuer; der Tribut an unsere Feinde zehre die Wirtschaft aus, versichern die einen, während die andern das Ausbleiben umfänglicher Sachlieferungen beklagen, die Absatz und damit Beschäftigung bringen würden. Abgesehen von jenen Beneidenswerten, deren unverrückbare Erklärung jeden Uebels darin besteht, dass die Juden und die Sozialisten an allem Schuld sind." (Friedlaender-Prechtl, 1976, 66 f.)

Um den Gründen der damaligen Beschäftigungskrise auf die Spur zu kommen, trennt Friedlaender-Prechtl ganz klar zwischen bloßen Symptomen (u.a. Kapitalmangel, Kreditmangel, Kaufkraftlosigkeit, Absatzstockung) und den quasi verborgenen strukturellen Ursachen, die sich erst einem theoretisch geleiteten, die Makroökonomie erfassenden Blick zeigen. Zu diesem Zweck wird die Bevölkerung in einer nach wirtschaftlichen Funktionen, allerdings der Standardökonomie nicht geläufigen strukturellen Aufteilung in drei Gruppen gegliedert: Produktionsgruppe, Hilfsgruppe und Konsumgruppe. Die Produktionsgruppe umfaßt alle wichtigen und im traditionellen Sinn produktiven Arbeiten (Landwirtschaft, Industrie, Handel und Verkehr, Lohndienste, Verwaltung und freie Berufe). Die Produktionsgruppe erzeugt also das notwendige und das Mehrprodukt der Gesellschaft, aus dem die anderen Gruppen alimentiert werden. Die Hilfsgruppe besteht vor allem aus dem Militär und sogenannten Dienstpersonen. Die Hilfsgruppe dient

„der Befriedigung von Bedürfnissen, die ganz in Wegfall kommen können, wie Heer und Luxusbedienstete; oder ihre Arbeit kann ohne weiteres von einer anderen Gruppe, z.B. von den ›Angehörigen‹ übernommen werden.

Wirtschaftlich gesprochen sind sie zur Konsumgruppe zu zählen, denn sie werden wie diese von den Tätigen aus dem Produktionsprozeß erhalten. Reine ›Konsumgruppe‹ sind die ›Familienangehörigen‹ ... Ferner die ›Versorgungsgruppe‹, als da sind: Kranke, Sieche, Irre, Gefangene und sonstiger Abfall (sic; d. V.) der Gesellschaft, der durch seine Beschaffenheit vom Produktionsprozeß ausgeschaltet ist und daher aus diesem von der Gesamtheit erhalten werden muß. Das gleiche gilt für die Gruppe der ›Pensionäre‹, die als Lohn für ihre der Allgemeinheit gewidmete Lebensarbeit einen sorglosen Lebensabend erhalten sollen.
Eine Kategorie für sich stellen die ›Rentner‹ (= Besitzeinkommensempfänger; d. V.) dar..., also diejenigen Personen, die mit ihren Angehörigen vom ›Vermögensertrag‹ leben." (Friedlaender-Prechtl, 1976, 69 f.)

Diese verschiedenen Gruppen müßten in einem ausgewogenen, u.a. durch den wirtschaftlich-technischen Entwicklungsstand bestimmten Verhältnis stehen, wenn eine gewisse „Optimalität", ein sozialökonomisches Gleichgewicht, erreicht werden soll. Wäre beispielsweise die Konsumgruppe zu klein, so besteht die Tendenz zu Absatzmangel, und Überproduktion zieht Arbeitslosigkeit nach sich. Ist jene Gruppe hingegen überproportioniert, so lastet auf der Produktionsgruppe eine zu schwere Last; immerhin ist dann eher Vollbeschäftigung zu erwarten bzw. zu erreichen. Die „chronische Arbeitskrise" Deutschlands führt Friedlaender-Prechtl auf die strukturellen Verwerfungen zurück, die als Kriegsfolgen und durch deren unzulängliche politische Bewältigung auftraten. Geburtenrückgang einerseits und Zunahme der Arbeitsbevölkerung, insbesondere durch die Rückkehr von Armeeangehörigen ins Zivilleben, andererseits bewirkten eine Disproportion zwischen produzierenden und konsumierenden Gruppen, so dass es an der zur Vollbeschäftigung notwendigen Nachfrage fehlte. *„Das Heer (und die Rüstungsindustrie) war, rein wirtschaftlich gesprochen, auch schon im Frieden eine mächtige Arbeitslosenarmee – man mag daneben über seinen moralischen erzieherischen, hygienischen, indirekt wirtschaftlichen Wert denken wie man will."* (Friedlaender-Prechtl, 1976, 75) Die während des Krieges aufgebauten Produktionskapazitäten, die teilweise auch für Friedensproduktion nutzbar waren, hemmten zudem die Investitionstätigkeit nach Kriegsende, so dass für einen Teil der *„an der Kapitalbildung tätigen Arbeitskräfte... in Hinkunft ›keine Arbeit‹ vorhanden sein"* wird. Mit der wirtschaftlichen Auszehrung des Mittelstandes ging dessen Nachfrage nach persönlichen Dienstleistungen zurück, und damit wanderten viele Arbeitskräfte aus der „Hilfsgruppe" in die „Produktionsgruppe". Die Diskrepanz zwischen den durch die verfügbaren Arbeitskräfte vorhandenen Produktionsmöglichkeiten und der fehlenden Nachfrage nach Arbeitsprodukten bzw. Arbeitsleistungen stellte sich für Friedlaender-Prechtl einzig und allein als ein Problem der Wirtschaftsorganisation, also der Wirtschaftspolitik dar. Ausführlich widerlegte er die verbreitete Meinung, der Krieg und die Reparationsverpflichtungen hätten Deutschland zu einem „armen Land" gemacht, so dass die Arbeitslosigkeit den Defiziten einer Mangelwirtschaft geschuldet wäre.

> *„Wir sind also ... noch immer ein reiches Volk – oder besser gesagt: wir können ein reiches Volk sein! Wenn es uns nämlich gelingt, des Problems mächtig zu werden, das sich uns in der Form chronischer Arbeitskrisis entgegenstellt. Dies Problem ist etwas völlig Neues in der Wirtschaftswelt. Es wird mit alten Methoden nicht zu lösen sein. ... Die tragische Komplikation dieses Arbeitsproblems liegt darin, dass die Arbeit der Arbeitslosen im Wirtschaftsganzen nicht unmittelbar fehlt, so dass die bei eintretenden wirtschaftlichen Notständen sich von selbst auslösenden Heilkräfte nicht geweckt werden. Es sind die Exponenten des wirtschaftlichen Ueberflusses, die brach gelegt sind. Der Wirtschaftskörper kann durchaus existieren ohne großes Heer, ohne Wohlhabenheitsverbrauch, ohne wünschenswerte aber nicht unbedingt nötige Investitionen. ... Es ist eben für den Wirtschaftskörper materiell gleichgültig, ob zwei Millionen Menschen für den Luxus von Villen, Pelzmänteln, Kalischächten, Volksgärten arbeiten – oder ob sie als Arbeitslose zu unterhalten sind. Welche moralischen und soziologischen Schäden das Bestehen eines so ungeheuren, unbeschäftigten, im Lebensstandard gedrückten Volksteiles mit sich bringen würde, braucht nicht erläutert zu werden. Lassen wir uns von dem chimärischen Begriff ›Geld‹ nicht in die Irre führen. Es gibt nur einen e i n z i g e n r e a l e n W e r t in der Wirtschaftswelt...: das ist A r b e i t. Geld ist Arbeitsanweisung, nichts weiter." (Friedlaender-Prechtl, 1976, 88 f.)*

Die Nicht-Absorption des Surplus der Volkswirtschaft aufgrund von Nachfragemangel („Sparsamkeit der gehobenen Schichten und daher Minderkonsum") führt also dazu, dass ein Teil des Mehrprodukts gar nicht erst produziert wird. Dieser nachfragebedingte Produktionsausfall spiegelt sich in der Arbeitslosigkeit wider. Die Beschäftigungskrise entsteht als Nachfragekrise – oder in Marxscher Terminologie: als Realisierungskrise –, ist also nicht der Rückständigkeit und unzulänglichen Leistungsfähigkeit der Volkswirtschaft geschuldet, sondern zeigt den systemimmanenten Widerspruch zwischen Reichtumspotential und tatsächlicher Nutzung dieses Potentials. Friedlaender-Prechtl lieferte mit seiner Krisenanalyse im Kern eine nachfrageseitige Erklärung der Arbeitslosigkeit, so wie mehr als ein Jahrhundert vor ihm bereits der führende Theoretiker der klassischen Nationalökonomie, der Engländer David Ricardo, die im Zuge der Rationalisierungsprozesse eintretende Arbeitslosigkeit als letztlich *nicht* angebotsseitig bedingt erkannte, wie dies durch den mißverständlichen Begriff der „technologischen Arbeitslosigkeit" suggeriert wird, sondern als Nachfrageproblem: unzureichende Nachfrage seitens jener Schichten, die über Kaufkraft verfügen. (Zinn, 2000a, 242 ff.)

Die nachfragetheoretische Kriseninterpretation führt logisch zu dem Ergebnis, dass die Wirtschaftspolitik den Nachfragemangel überwinden muß: *„Das Problem ist also: wie wird neuer, z u s ä t z l i c h e r Absatz für Arbeit oder Arbeitsprodukte geschaffen?"* (Friedlaender-Prechtl, 1976, 80) Das Problem lasse sich auf mehreren Wegen angehen. Erstens sei es möglich und entwicklungspolitisch sinnvoll, den Export zu steigern und die Importfähigkeit der (Entwicklungs)Länder durch langfristige Kapitalexporte (Exportkredite) zu gewährleisten. Da keineswegs nur Deutschland unter der Nachfragemangelkrise leide, müßte eine international abgestimmte Politik aller reichen Länder, insbesondere der USA und Japans, die bereits damals als die beiden Hauptkonkurrenten Deutschlands galten, für einen weltweiten Exportboom sorgen. Zweitens seien kreditfinanzierte Meliorations- und Rationalisierungsprojekte in großem Umfang vorzusehen. Es ging also um Expansionsbereiche, die, später von den Keynesianern als „public utilities" bezeichnet, nur durch staatliche Interventionspolitik aktiviert werden konnten.

> *„Es gibt in Deutschland eine Reihe wirtschaftlicher Probleme, die der Lösung harren, die gelöst werden müssen – die aber nicht gelöst werden können, weil sie die Möglichkeit privater Initiative überschreiten, und infolge ihrer gewaltigen Größe auch über das bisherige staatswirtschaftliche Denken hinausreichen." (Friedlaender-Prechtl, 1976, 91)*

Es dürfte nicht schwer fallen, vorstehende Feststellung auf die aktuelle Situation zu übertragen: Die neuen deutschen Bundesländer und die gesamte Europäische Union haben ebenfalls „eine Reihe wirtschaftlicher Probleme, ... (die) die Möglichkeit privater Initiative übersteigen." Der frühere Präsident der EU-Kommission, Jacques Delors, hatte im „Weißbuch" der Kommission vom Herbst 1993 ein europäisches Infrastrukturprogramm konzipieren lassen, das kreditfinanzierte Verkehrs–, Telekommunikations- und andere gesamteuropäische Projekte umfaßt (Weißbuch, 1993, 39 ff.). Gescheitert ist diese auch der aktuellsten Problemkonstellation noch sachgerechte Initiative vor allem am Widerstand der damaligen bundesdeutschen Regierung, brav unterstützt von der Deutschen Bundesbank. Inzwischen scheint sich kaum noch jemand an Delors' Vorschläge zu erinnern. In der Weimarer Zeit wie heute frag(t)en die Gegner des Staatsinterventionismus mit Häme, wer soll das bezahlen?

> *„Aber wir haben, heißt es, kein Geld. Und die Durchführung solchen Meliorations- und Rationalisierungsprogrammes ›kostet‹ Dutzende von Milliarden.*
>
> *Aber welch wirtschaftlicher Unsinn ist das doch! Auf der einen Seite steht ein Heer von arbeitsuchenden Arbeitskräften – auf der anderen Seite stehen genügend Arbeitsräume und Arbeitsmittel, sie aufzunehmen und die nötigen Dinge herzustellen: Ziegel, Rohre, Spaten, Pflüge, Maschinen, alles! Und überall im Lande ist Möglichkeit, Arbeit und Arbeitsprodukte nutzbringend zu verwenden! Aber das Dreieck will sich nicht schließen, es fehlt an den ›Mitteln‹. ... Aber Aufgaben wie die oben erwähnten eignen sich überhaupt ihrer ganzen Natur nach nicht für die Betätigung von Privatkapital. Dieses muß auf kurz überschaubare, mit einem gewissen Sicherheitskoeffizienten kalkulierte Anlagen bedacht sein. Es muß mit rascher Amortisation des*

> *Kapitals rechnen, mit verlockendem Zins. Aber es ist durchaus nicht geeignet für Anlagen, deren Nutzeffekt sich erst in später Frist einstellt, deren wirtschaftlicher Ertrag allgemeiner Natur ist und sich nur schwer oder nicht unmittelbar münzen läßt, deren technisches oder ökonomisches Risiko groß ist."*
> *((Friedlaender-Prechtl, 1976, 92 f.)*

Unser Autor ist nicht um praktische Beispiele für sein beschäftigungspolitisches Konzept verlegen. Unter anderem führt er den bayerischen Elektrifizierungsplan an. An ihm läßt sich der Grundgedanke der interventionistischen Beschäftigungspolitik nochmals recht anschaulich verdeutlichen:

> *„Als nach dem Friedensschluß die Arbeitskräfte aus dem Felde zurückströmten und sich vor den Toren der alten Arbeitsstätten stauten: da hat Bayern unter von Millers genialer Initiative eine gemeinnützige Arbeit größten Stils begonnen und durchgeführt: die Elektrifizierung Bayerns. Der Walchensee und einige Dutzend anderer Wasserkräfte wurden eingefangen, gewaltige Zulauf- und Abflutkanäle gebaut, Flüsse verlegt, Stauwehre errichtet, mächtige Turboaggregate aufgestellt. Ein Netz von Starkstromleitungen überzieht das Land, verbindet alle wesentlichen Krafterzeugungsstellen untereinander, ein System der optimalen Ausnutzung der Grund- und Reserveanlagen reguliert das Ganze. Statt viele Tausend von Arbeitskräften nutzlos zu ernähren, hat das Land sie an produktive Arbeit gestellt. Ob aber die Gesamtanlage privatwirtschaftlich, auf Anlagekapital gerechnet, gewinnbringend ist, heute, in Zukunft, überhaupt: das läßt sich kaum sicher berechnen. Aber solche Frage ist überhaupt falsch gestellt: Kapital, das heißt Arbeit, das die Wahl hat, da oder dort angesetzt zu werden, wird und soll am günstigsten Ertragspunkt angesetzt werden. Ueberschüssige Arbeit, also brachliegendes Kapital, hat keine Wahl, muß also an die Punkte des verhältnismäßigen Nutzens, an die Punkte der gemeinwirtschaftlich besten Verwendung angesetzt werden." (Friedlaender-Prechtl, 1976, 93 f.) ... „Um zur Lösung einer so gewaltigen Aufgabe befähigt zu sein, müssen wir alle freilich erst (wieder; d. V.) lernen, staatswirtschaftlich in anderen Größenordnungen zu denken, als bislang nötig und gebräuchlich war." (Friedlaender-Prechtl, 1976, 95)*

Arbeitslosigkeit stellt „latentes Kapital" dar, wenn man unter Kapital Produktionsmittel, also nicht das gesellschaftliche Machtverhältnis, versteht. Um dieses „Kapital" zu mobilisieren, sind die Interventionen nach Maßgabe der Arbeitslosenzahlen bzw. der infolge dieser brachliegenden Arbeit nicht produzierten Wertschöpfung zu dimensionieren. Das als „breite Arbeitslosigkeit" bezeichnete Gesamtdefizit an Arbeitsplätzen, in dessen Berechnung ausser der offiziellen Arbeitslosenzahl auch die stille Reserve, die zur Zeit in Arbeitsbeschaffungsmaßnahmen gebundenen Erwerbspersonen und die aus arbeitsmarktpolitischen Gründen Frühverrenteten einbezogen werden, beläuft sich allein für Deutschland auf 6.5 bis 7 Mio. Arbeitslosigkeit bedeutet nicht erbrachte Wertschöpfung. Jener 6.5 bis 7 Mio. Erwerbspersonen umfassenden breiten Arbeitslosigkeit entspricht ein Produktionsverlust von weit über 250 Mrd. EURO pro Jahr. In dieser Größenordnung müßten vollbeschäftigungswirksame Nachfrageprogramme dimensioniert sein. Auf die Ebene der Europäischen Gemeinschaft hoch gerechnet, ergibt sich eine „irrsinnige" Summe, aber sie wäre gut angelegt bzw. ausgegeben. Die „produktive Kreditschöpfung", die von den Reformern in den zwanziger und dreißiger Jahren propagiert und erneut von den Keynesianern empfohlen wurde, weist auch heute den richtigen Weg zur Finanzierung wirksamer Beschäftigungspolitik. Doch seit über zwei Jahrzehnten sind die Privatisierer und Deregulierer auf dem Vormarsch und verteufeln die Nachfragepolitik als inflationär und zerrüttend für das Staatswesen. Auch zur Zeit der Großen Depression verbreitete die orthodoxe Wirtschaftswissenschaft Furcht und Schrecken vor einem Gespenst namens Inflation. Damals wie heute: Immer schneller und weiter läuft die Wirtschafts- und Gesellschaftspolitik auf dem Holzweg ins Dickicht ohne Ausgang. Es wird zwar irgendwann zur Umkehr kommen, aber welche immensen wirtschaftlichen, sozialen und vor allem menschlichen Kosten sind bis dahin aufgelaufen!

d) Dräger: Durch Produktivkreditschöpfung aus der Krise

Stellen wir uns eine Überproduktionssituation vor: Volle Warenläger, aber stockender Absatz. Die Produktion würde deshalb eingeschränkt und Arbeitskräfte entlassen werden, was die Absatzlage noch weiter verschlechterte. Ungenutzte Maschinen und steigende Arbeitslosenzahlen kennzeichneten die Krisenlage. Doch denken wir uns in einem Gedankenexperiment einen perfekten Geldfälscher. Er würde mit seinem frisch produzierten Geld jene unabsetzbaren Waren aufkaufen, ja sogar noch zusätzliche bestellen, so dass die Unternehmen Arbeitskräfte einstellten und ihre Maschinenparks auslasteten. Wem entstünde dadurch wohl ein Schaden? Den Unternehmen sicher nicht; den (wieder)beschäftigten Arbeitern auch nicht, also auch der Volkswirtschaft nicht. Lediglich jene Leute, die jegliche Geldmengenvermehrung, auf welche Weise auch zustande gekommen, als Inflationsgefahr verteufelten, schrien Zeter und Mordio. – Anstelle des Geldfälschers läßt sich auch ein legaler Mechanismus volkswirtschaftlich wohltuender Geld- bzw. Kreditschöpfung denken: der Giralgeldschöpfungsmechanismus der Geschäftsbanken oder die Geldvermehrung durch Zentralbankpolitik. Die skizzierte Konstellation – Geldschöpfung zwecks Nachfragefinanzierung zwecks Auslastung von sonst brachliegendem Produktionspotential – ist der Kerngedanke der „produktiven Kreditschöpfung", wie sie am Ende der Weimarer Republik immer wieder von verschiedenen Seiten gefordert wurde. Heinrich Dräger hat diese Idee im Jahr 1932 ausführlich erläutert (Dräger, 1976) und sich für produktive Kreditschöpfung durch die Zentralbank ausgesprochen, da sie im Unterschied zum gewinnwirtschaftlich orientierten Privatbankensystem ihre Politik ausschließlich an volkswirtschaftlichen Erfordernissen ausrichten und gegebenenfalls Kredite auch zinslos vergeben kann:

> *„Da es sich bei dem Akt der zusätzlichen Kreditschöpfung von, sagen wir einmal, 2 Milliarden RM. um dasselbe handelt, als wenn plötzlich ein Goldschatz von 2 Milliarden RM. für die Reichsbank vom Himmel gefal-*

> *len wäre und die Reichsbank nun auf diesen Goldschatz hin als Unterlage die Kreditschöpfung von 2 Milliarden vornimmt, so besteht durchaus die Möglichkeit, dass die Reichsbank die Kredite zinslos gibt. Die Reichsbank selbst braucht ja an niemanden für diesen „Goldschatz" Zinsen zu zahlen. Diese Möglichkeit der zinslosen Abgabe der Kredite wird zur Notwendigkeit bei den volkswirtschaftlichen Großarbeiten, in Anbetracht der Tatsache, dass bei der Ausführung der volkswirtschaftlichen Großarbeiten es sich stets um Objekte handeln wird, die eine Rentabilität im streng privatwirtschaftlichen Sinne unter den jetzigen Verhältnissen nicht aufweisen." (Dräger, 1976, 126)*

Der letzte Satz des vorstehenden Zitats offenbart den gleichen Gedanken, wie wir ihn schon bei Friedlaender-Prechtl fanden: Es gibt volkswirtschaftlich sehr sinnvolle Investitionsprojekte, die jedoch aus verschiedenen Gründen für Privatkapital unattraktiv sind. Deshalb unterbleiben sie, wenn nicht der Staat die Initiative ergreift. Im Grundsatz wird dieser Sachverhalt wohl auch nicht von konservativen Ökonomen in Frage gestellt, aber im konkreten Fall sieht das dann immer anders aus. Vor allem entbrennt der Streit über Art und Umfang staatlicher Investitionen. Im Vordergrund steht als Gegenargument zur staatlichen Investitionsdynamik die Inflationswarnung. Dahinter verbirgt sich jedoch in aller Regel die grundsätzliche, ideologische Aversion gegen die staatliche Wirtschaftsintervention.

Fast analog zur gegenwärtigen Situation schoben die Gegner des beschäftigungspolitischen Staatsinterventionismus auch während der Großen Depression die angeblichen Inflationsgefahren in den Vordergrund. Wie in der Weimarer Republik verfängt diese Angstmache bei breiten Bevölkerungskreisen auch heute. Dräger hat sich ausführlich mit dieser „Inflations-Psychose" und ihrer sachlich falschen Argumentation auseinandergesetzt und darauf hingewiesen, dass bei freien Kapazitäten bzw. reichlich verfügbaren Arbeitskräften und vorhandenen Überkapazitäten sowie den relativ rasch durch Erweiterungsinvestitionen zusätzlich zu schaffenden Produktionsanlagen eine Inflationsgefahr nicht besteht. Selbst anfängliche Preisniveausteigerungen werden im Verlauf der Produktionsausweitung und der damit regelmäßig verbundenen Stückkostensenkungen (economies of scale; Produktivitätssteigerungen im Sinn des Verdoornschen Gesetzes) wieder zum Stillstand kommen oder gar rückgängig gemacht werden. Jedenfalls besteht überhaupt keine Gefahr der *Inflationsbeschleunigung*, wenn und weil die volks- bzw. weltwirtschaftliche Situation durch Überproduktion(stendenzen) charakterisiert ist. Dies war in der Großen Depression von Anfang an der Fall, und heute liegt eine ähnliche Konstellation vor. Vor allem Japan wäre heute gut beraten, sich durch produktive Kreditschöpfung zugunsten staatlicher Expansionsprogramme einen Ausweg aus seiner seit zehn Jahren anhaltenden Deflationslage zu bahnen.

Zur Inflationsfrage hat auch der von vielen konservativen Ökonomen heute wieder hochgelobte Joseph Alois Schumpeter zweifelsfrei auf die Unschädlichkeit, ja Unvermeidbarkeit einer gewissen „Aufschwungsinflation" hingewiesen. Eine solche Inflation ist selbst dann hinzunehmen, wenn sie infolge einer über das Produktionspotential hinausgehenden Nachfragesteigerung zustande kommt, sofern die Nachfrage auf Investitionen und damit auf Innovationsrealisierung gerichtet ist. Denn die Umlenkung von Produktionsfaktoren aus ihren bisherigen Verwendungen in innovative Projekte führt zu Produktivitäts- bzw. Wertsteigerungen, aber dieser Strukturwandel bedarf meist einer gewissen Inflationierung. Es zeugt von der Unaufrichtigkeit vieler ökonomischer Fachargumentationen, dass zwar die Schumpetersche Entwicklungs- und Innovationstheorie gepriesen und gar das „Zeitalter Schumpeters" ausgerufen wurde, das angeblich das des Keynesianismus ablöste, aber Schumpeters Theorie wird eben nicht konsequent übernommen, sondern dient der Status-quo-Gefälligkeit als dynamische Verblendung.

Eine verhaltene Preisniveausteigerung ist nun einmal Antrieb und Begleiterscheinung von Aufschwungsperioden, und die überzogenen Inflationsängste haben stets Wachstums- und Beschäftigungsverluste verschuldet.

„Auch im Leben der Völker trägt die ansteigende Konjunktur, in der Regel gerade darum, weil sie ansteigende Konjunktur ist und weil sich dann

manche Übersteigerungserscheinungen gar nicht vermeiden lassen, automatisch den Keim für den nächsten Niedergang schon wieder in sich. Hingewiesen sei auf die lang anhaltende Aufschwungperiode von der Jahrhundertwende bis zum Kriegsausbruch, die im großen und ganzen als eine Periode dauernder Preissteigerungen gekennzeichnet ist und die deshalb zweifellos den Keim für einen kommenden wirtschaftlichen Umschwung nach unten schon in sich trug. ... Vom Standpunkt der gesamten Wirtschaft aus gesehen, sind diese Preissteigerungen nicht schädlich gewesen. ... Diejenigen Leute aber, die jeden Versuch, in den kalten Öfen unseres Wirtschaftshauses einzuheizen, mit dem Wort ›Inflation‹ niederschreien, haben Ähnlichkeit mit demjenigen, der einmal Haus und Hof durch eine Feuersbrunst verloren hat und der von diesem Zeitpunkt an in seinem neuen Hause jede Benutzung von Feuer auf das strengste untersagte." (Dräger, 1976, 130f.)

Staatliche Stützungsaktionen werden auch von ultrakonservativen Regierungen praktiziert, wenn schwerwiegende Interessen der Kapitalverwertung im Spiel sind. Erinnern wir uns, dass die Zentralbanken der führenden Wirtschaftsnationen beim internationalen Börsenkrach im Herbst 1987 und auch später bei ähnlichen Anlässen – glücklicherweise! – sehr schnell dazu entschlossen waren, die Geldhähne aufzudrehen, um drohenden Liquiditätszusammenbrüchen von Banken vorzubeugen. So geschah es auch schon einmal in Deutschland Anno 1931 zugunsten fallierender Banken und Sparkassen:

„Die Regierung Brüning und der Herr Reichsbank-Präsident selbst haben es also auf experimentellem Weg gezeigt, dass der Weg der ›Kreditschöpfung ohne Gold- und Handelswarenunterlage‹ bei Erfüllung bestimmter Voraussetzungen ein gangbarer Weg sein kann. Es ist nicht zu verantworten, diesen Weg nur dann für gangbar zu halten, wenn es sich um Stützungsaktionen für die Großbanken handelt und ihn als gefährliches Verbrechen zu brandmarken, wenn es sich darum handelt, die zweifellos reichlich vorhandenen Arbeitsmöglichkeiten in Deutschland nutzbar zu machen für einen Teil derjenigen, die nach Arbeit hungern." (Dräger, 1976, 133)

Der Deutlichkeit halber muß nochmals herausgestellt werden, dass die

Geld- bzw. Kreditschöpfung *produktiven* Zwecken dienen solle, also keine Konsumfinanzierung auf Pump. Diese ist allerdings früher oder später unabweisbar, wenn versäumt wird, die Beschäftigungsfrage rechtzeitig anzugehen und damit die öffentlichen Haushalte einerseits von den unproduktiven Transferzahlungen zu entlasten und andererseits das Steuer- und Sozialabgabenaufkommen wieder ansteigen zu lassen. In der Bundesrepublik Deutschland hätte es vor 10 oder 15 Jahren bereits notgetan, den Weg der nachfragepolitischen Ankurbelung zu gehen. Das wurde versäumt. Inzwischen läßt sich selbst der Staatsverbrauch kaum noch ohne Kredite finanzieren. Es ist also eine Situation eingetreten, vor der Dräger bereits 1932 gewarnt hatte: *„Entschließt man sich nicht sehr bald für den Weg der p r o d u k t i v e n Kreditschöpfung, so kommt sehr bald der unangenehme Weg der Kreditschöpfung für k o n s u m t i v e Zwecke, d.h. zum Zweck des Ausgleichs des Budgets."* (Dräger, 1976, 133)

e) Lautenbach: Überersparnis und Investitionsmangel

Unter den wirtschaftspolitischen Reformern der Krisenjahre gilt Wilhelm Lautenbach, Höherer Beamter im Reichswirtschaftsministerium, als der hervorstechendste Theoretiker. Oliver Landmann hat Lautenbach als den „bedeutendsten unter den deutschen Vorläufern des Keynesianismus" charakterisiert (Landmann, 1981, 253) und damit auf Lautenbachs tiefgehende theoretische Leistung bei der Begründung der reformorientierten Arbeitsbeschaffungsprogramme hingewiesen. Walter Eucken, der inflationspolitischer Experimente sicher völlig unverdächtige Ordoliberale, konstatierte 1950 im Rückblick auf die wirtschaftspolitischen Fehler der letzten Regierungen der Weimarer Republik:

> *„Es war Dr. Lautenbach, den man mit Recht den deutschen Keynes genannt hat, der schon damals als Referent im Wirtschaftsministerium die Pläne aufstellte, deren Durchführung zu einer Überwindung der Deflationspolitik*

> *führen sollten. Hätte die damalige Regierung diese Vorschläge aufgegriffen, so wäre vielleicht die nationalsozialistische Revolution nicht gekommen. Sie hat sich nicht dazu entschlossen, weil sie eine Inflation fürchtete gleich der, die zehn Jahre vorher Verheerungen in Deutschland angerichtet hatte. Aber wie dem auch sei: Nach der Revolution von 1933 wurden diese Pläne von der neuen Regierung sofort aufgegriffen und eine entschiedene Politik der Vollbeschäftigung getrieben. Sie bestand, kurz gesagt, darin dass staatliche Aufträge, z.B. zum Bau von Straßen, gegeben wurden und dass der Staat Wechsel akzeptierte, die von der Zentralbank rediskontiert wurden." (Eukken, 2001, 40)*

Lautenbachs analytischen Ansatzpunkt bildete die Diskrepanz zwischen der von den privaten Haushalten und anderen volkswirtschaftlichen Sektoren erbrachten Ersparnis (= „Kapitalbildung") und den dahinter zurückbleibenden Investitionen (= „Kapitalverwendung"), also eine zur Keynesschen Krisenanalyse analoge Sichtweise. Wie Keynes führt auch Lautenbach jene Diskrepanz zwischen der aus den Millionen Einzelentscheidungen der Haushalte resultierenden volkswirtschaftlichen Gesamtersparnis und der gesamtwirtschaftlichen Investitionstätigkeit auf fehlende Investitionsanreize zurück. Dabei spielen jedoch Zins- und Kostenaspekte eine völlig nachrangige Rolle. Wesentlich ist der Absatzmangel, der Investoren davor zurückscheuen läßt, auch bei niedrigsten Zinsen und sinkenden (Lohn)Kosten zu investieren, wie das in der jüngsten Vergangenheit sehr augenfällig in Japan beobachtet werden konnte. Somit ist das einzige Heilmittel eine Nachfragesteigerung. Die kann in einer schweren Krise nur von einer gesamtwirtschaftlich agierenden Institution wie dem Staat ausgehen. Wie andere Reformer hielt auch Lautenbach der Inflationspsychose seiner marktgläubigen Gegner die Vielzahl von Argumenten entgegen, die eigentlich jeden mit der ökonomischen Logik Vertrauten hätten überzeugen müssen, dass nämlich in einer von schwerer Depression und Preisdeflation bestimmten Lage eine durch Kreditschöpfung finanzierte Nachfragesteigerung keine Inflation in Gang setzen kann. Im Gegenteil sind mit steigender Kapazitätsauslastung und durch die infolge der Neuinvestitionen bewirkten Rationalisierungseffekte erhebliche Stückkostensenkungen zu erwarten. Doch die starrsinnige Orthodoxie repetierte ihre wirtschaftspolitischen Killer-Formeln. Der später weltberühmte Nationalökonom Ludwig von Mises wiederholte unermüdlich die laissez-faire-liberalistischen Glaubenssätze über die Selbstheilungskräfte des Marktes und die Notwendigkeit, die Löhne immer tiefer und tiefer zu senken und die Sozialleistungen möglichst ganz abzuschaffen. Im Krisenjahr 1931, als die Arbeitslosenquote in Deutschland auf 23,3% gestiegen war und damit deutlich über der in anderen Industrieländern lag, hämmerte von Mises der Öffentlichkeit und der Reichsregierung mit markigen Worten ein, nur schärfste Lohnsenkungen könnten die Wirtschaft sanieren:

> *„Wir sehen also: Die Arbeitslosigkeit als Dauer- und Massenerscheinung ist das Ergebnis der von den Gewerkschaften eingeschlagenen Politik, den Lohnsatz hinaufzutreiben. Ohne Arbeitslosenunterstützung hätte diese Politik schon längst Schiffbruch erleiden müssen. Die Arbeitslosenunterstützung ist mithin nicht eine Maßnahme zur Linderung der durch die Arbeitslosigkeit hervorgerufenen Not, wie die irregeleitete öffentliche Meinung annimmt. Sie ist im Gegenteil ein Glied in der Kette von Ursachen, die die Arbeitslosigkeit als Dauer- und Massenerscheinung erst schaffen.“ (Mises, 1931, 18)*

Solche Meinungsäußerungen renommierter Wissenschaftler kamen den reformfeindlichen Kräften selbstverständlich entgegen und wurden in deren Publikationsorganen als fachlich qualifiziertes Urteil angepriesen. Entscheidend waren die falschen wissenschaftlichen Auffassungen für die wirtschaftspolitische Fehlentwicklung aber nicht, sondern der machtpolitisch bestimmte, ideologische Selektionsprozeß, dem ökonomische Lehrmeinungen unterworfen sind, bildet den ausschlaggebenden Mechanismus dafür, welche Deutungen von den herrschenden Eliten zur Legitimation ihres Tuns bzw. Nichttuns herangezogen werden. Es geht eben nicht um Wahrheit, sondern um Interessenwahrnehmung – durchaus im doppelten Wortsinn; deshalb kann es sogar zu falschen Wahrnehmungen derart kommen, dass verkannt wird, auf welchem Weg das *eigene* Interesse langfristig am besten erfüllt wird.

In den wirtschaftspolitischen Kontroversen der Depressionsjahre nach 1929 stand zwar die weit überzogene Inflationsfurcht im Mittelpunkt der Argumente der Reformgegner, wohl weil sie sich zu Recht davon die stärkste Wirkung in der durch die Hyperinflation von 1923 traumatisierten Öffentlichkeit versprachen, aber auch andere, heute wieder gängige Einwände gegen staatliche Beschäftigungsprogramme gehörten zum rhetorischen Arsenal der Orthodoxen. Die „Bürokratie" sei gar nicht in der Lage, sinnvolle Projekte zu definieren, so dass es zu einer riesigen Kapitalfehlleitung und Verschwendung von Ressourcen käme. Staatsinterventionismus in dem von seinen Befürwortern geforderten Ausmaß führe in die Zentralverwaltungswirtschaft. Vor dem Hintergrund des gescheiterten „Realsozialismus" wird sich heute noch viel weniger als damals ein Politiker dem Verdacht aussetzen, er liebäugele mit planwirtschaftlichen Vorstellungen. Die Vorwürfe gegen den beschäftigungspolitischen Interventionismus, er führe in die Planwirtschaft und höhle den marktwirtschaftlichen Mechanismus aus, sind in aller Regel schlichte Propaganda. Die Absicht, politische Gegner zu verleumden, nicht Naivität, Mangel an Durchblick oder wirkliche Sorge um eine geordnete, effiziente Wirtschaft liegt in aller Regel zugrunde. Der Keynesianismus sah sich von Anfang an solchen Anwürfen ausgesetzt, und die Beschäftigungspolitik des demokratischen US-Präsidenten Roosevelt nach 1933, der „New Deal", wurde von ihren Gegnern als „Sozialismus" bezeichnet. Das war selbstverständlich diffamierend gemeint in einem Land, das vom Sozialismus soviel versteht wie die Hexenverbrenner vom Christentum. Dräger grenzte seinen beschäftigungspolitischen Staatsinterventionismus präzise von anderen zeitgenössischen Reformvorschlägen ab, die nach seiner Meinung unnötige Restriktionen und Einschränkungen marktwirtschaftlicher Prozesse bewirken würden:

> *„Abgesehen von den meist unterschätzten Organisationsschwierigkeiten, die solche Projekte (mit planwirtschaftlicher Tendenz; d. V.) von vornherein zur Aussichtslosigkeit verurteilen, erscheint es mir a priori ausgeschlossen, die schwer kranke kapitalistische Wirtschaft noch mit planwirtschaftlichen Experimenten dieser Art zu belasten und damit den Gesundungsprozeß und den Wiederanstieg der Konjunktur zu gefährden." (Dräger, 1981d, 290)*

Dräger erweist sich also auch in dieser systemtheoretischen Sicht als gerader Keynesianer: Nicht der marktwirtschaftliche Mechanismus per se wird verworfen, sondern die falsche Vorstellung, er könnte ohne interventionistische Politik Vollbeschäftigung und Wohlstand gewährleisten. Dräger vertraute wie andere Reformer auf vernünftige Argumente, aber er übersah wie die meisten seiner Mitstreiter, dass es gar nicht um „Wahrheit" in wissenschaftlichem Sinne ging, sondern eben um Macht. Die Krise bot der Kapitalseite die Möglichkeit, ihre stets vertretenen wirtschafts- und gesellschaftspolitischen Vorstellungen mit mehr Erfolg als in Prosperitätsjahren durchsetzen zu können. Die Massenarbeitslosigkeit schwächte die Gewerkschaften und drückte massiv auf Löhne und Sozialleistungen. Aus der ideologischen Sicht der Kapitaleigner und der orthodoxen Wirtschaftstheorie erschien die Krise aber lediglich als notwendige, marktwirtschaftliche Korrektur von vermeintlichen Fehlentwicklungen und Fehlern der Vergangenheit. Damit lag denn auch die Deutungsformel nahe, dass sich im Ausmaß der Krise nur die Größe jener angeblichen „Überlastung" von Unternehmen und Kapitaleignern widerspiegele: Die Krise als eine Art Selbstheilungsprozeß der kapitalistischen Marktwirtschaft. Diese ja auch heute durchaus geläufige Sichtweise lag ganz auf der Linie des klassischen Wirtschaftsliberalismus. Die ökonomischen Metaphysiker der klassischen Schule glaubten an die Selbstoptimierung, und der Popularisator der klassischen Lehre von der natürlichen Harmonie der Konkurrenzwirtschaft, der französische Ökonom Jean Baptiste Say (1767-1832) hatte, wie schon erwähnt wurde, behauptet, dass es keine allgemeinen Absatzkrisen geben könnte, weil sich jedes Angebot seine Nachfrage ganz von selbst verschüfe. Dieses *„Saysche Gesetz"* bringt die falsche Vorstellung zum Ausdruck, jedes kapitalistische Unternehmen produziere wie in einer Naturaltauschwirtschaft, also zum Zweck des Austauschs Ware gegen Ware. Faktisch wird jedoch Ware gegen Geld verkauft, und ob die Geldeinnahmen vom Verkäufer sofort, später oder vielleicht gar nicht wieder ausgegeben, sondern dauerhaft gespart werden, so dass dann gegebenenfalls wegen des Mangels an kompensierenden Investitionen eine Nachfragelücke entsteht, stellt eben in einer Geldwirtschaft ein fundamentales Problem dar.

f) Das Arbeitsbeschaffungsprogamm des Allgemeinen Deutschen Gewerkschafts-Bundes (ADGB) von 1932

Wie am Anfang dieses Kapitels bereits berichtet, wurde das Arbeitsbeschaffungsprogramm des ADGB von den drei Autoren Woytinsky, Tarnow und Baade lanciert, ist aber fast ausschließlich von Woytinsky, dem Leiter der Forschungsstelle des ADGB, verfaßt worden. Es handelte sich um ein lupenreines „Keynessches" Expansionsprogramm, das nach Woytinskys Vorstellung am besten international abgestimmt werden sollte, um alle Industrieländer zur Reflationspolitik zu bewegen. Doch mangels realistischer Chance für ein international koordiniertes Vorgehen wurde der WTB-Plan dann als rein binnenwirtschaftlich ausgelegtes Nachfrageprogramm konzipiert. Kreditfinanzierte Investitionen des Staates (Reichsbahn, Reichspost, Kommunen und Kommunalverbände usw.) sollten als öffentliche Arbeiten in Auftrag gegeben werden. Vornehmlich war an solche Projekte gedacht, die ohnehin geplant gewesen, aber wegen der krisenbedingten Finanzprobleme nicht zum Zuge gekommen waren. Die Beschäftigungsbelebung sollte schrittweise erfolgen, um nicht durch eine zu starke und abrupte Geldmengenvermehrung eine Preisniveausteigerung zu provozieren, noch ehe die realwirtschaftliche Expansion voll in Gang gekommen wäre. Woytinsky legte auch plausible Berechnungen zur teilweisen „Selbstfinanzierung" der Expansionsausgaben vor. Verminderte Transferzahlungen an die Arbeitslosen, höhere Steuereinnahmen und wachsende Sozialbeiträge würden die öffentlichen Kassen im Laufe der Zeit wieder entlasten. Wie alle Reformer argumentierte Woytinsky makroökonomisch. Er stellte also die Kreislaufprozesse heraus, um den Denkblockaden zu begegnen, die – wie heute wieder – aus der einzelwirtschaftlichen Unternehmenslogik resultieren und durch die für das Laienpublikum zwar leicht nachvollziehbare, aber volkswirtschaftlich falsche, weil mikroökonomisch beschränkte Sicht charakterisiert sind. Aus der mikroökonomischen Froschperspektive erscheint auch das Inflationsproblem völlig verkürzt als eine rein monetäre Frage, als ob eine Geld- bzw. Kreditvermehrung lediglich einen

Nachfrage-, aber keinen Angebotsschub auslösen würde. Woytinsky wies demgegenüber auf die Dominanz der realwirtschaftlichen Abläufe hin. In seiner Kritik an der Brüningschen Deflationspolitik legte er dar, dass die Leistungsfähigkeit der Volkswirtschaft in erster Linie von den realwirtschaftlichen Prozessen abhängt, während die monetären Ströme nur Begleiterscheinungen sind. Die Brüningsche Deflationspolitik war vor allem damit begründet worden, dass durch „Sparsamkeit" die Mittel zur Erfüllung der Reparationsverpflichtungen aufzubringen wären bzw. das Ausland von der deutschen Bereitschaft überzeugt werden sollte, dass man die Reparationsschulden bezahlen wollte. Letztlich handelt es sich bei einer Reparationsleistung aber nicht um ein Finanzproblem, sondern die Reparationen müssen aus der Produktion, der realen Wirtschaftsleistung einer Volkswirtschaft aufgebracht werden. Woytinsky hatte somit völlig Recht, wenn er betonte, dass eine durch das Arbeitsbeschaffungsprogramm bewirkte Steigerung des Sozialprodukts auch die Möglichkeiten verbesserte, die Reparationsforderungen zu bedienen (Landmann, 1981, 391). Die von den Arbeitsbeschaffungsgegnern vorgetragenen Inflationsbedenken wurden zwar detailliert und mit modernen kreislauftheoretischen Argumenten widerlegt (vgl. Grotkopp, 1976, 222 ff.), aber diese rationale Argumentation blieb ohne breiten Widerhall. Es gehört zu den bereits erwähnten schlimmen Erfahrungen am Ende der Weimarer Republik, dass die Nationalsozialisten die Arbeitsbeschaffungsvorschläge in wesentlichen Teilen übernahmen – Gregor Strassers (1892 – 1934 ermordet) Reichstagsrede vom 10. Mai 1932 wurde angeblich von dem Gewerkschafter und SPD-Reichtagsabgeordneten Fritz Tarnow mit den Worten kommentiert: „Dieses Referat hätte einer von uns halten müssen." (Landmann, 1981, 383)

Rückblickend erscheint es erstaunlich, dass vom Allgemeinen Deutschen Gewerkschaftsbund erst im April 1932 ein Arbeitsbeschaffungsprogramm verabschiedet wurde, nachdem also die Arbeitslosigkeit längst die katastrophale Dimension erreicht hatte und die politische Fehlentwicklung weit fortgeschritten war. Hierfür sind sowohl ideologische Probleme innerhalb der Gewerkschaften und der Sozialdemokratischen Partei als auch erhebliche wirtschaftstheoretische Schwächen bei der Gewerkschaftsführung und generell im Gewerkschaftslager mitverantwortlich gewesen. Die ideologischen Vorbehalte gegen Arbeitsbeschaffungsprogramme liefen darauf hinaus, dass es nicht sinnvoll wäre, dass der vermeintlich ohnehin zusammenbrechende Kapitalismus durch „kleine" Reformen vor dem Untergang bewahrt würde, sondern notwendig sei ein Systemwechsel, d.h. der Übergang zu einer Planwirtschaft. Diese Position wurde vor allem von Rudolf Hilferding in der Reichstagsfraktion der SPD vertreten. Es gelang den ADGB-Vertretern nicht, die SPD-Fraktion für das Arbeitsbeschaffungsprogramm zu gewinnen. Angeblich hat sich Hilferding gegen den WTB-Plan mit den Worten gewandt: „Wenn Colm[9] und Woytinsky meinen, sie könnten mit öffentlichen Arbeiten etwas gegen die Krise tun, beweisen sie damit nur, dass sie keine Marxisten sind." (Landmann, 1981, 385) Die wirtschaftstheoretische Gegenposition innerhalb von Gewerkschaft und SPD zum WTB-Plan wurde neben anderen von Fritz Naphtali (1888 – 1961), dem Autor der berühmten Schrift über Wirtschaftsdemokratie, vertreten. Diese Gewerkschafter bedienten sich der konservativen Argumentation, kreditfinanzierte Staatsausgabensteigerungen führten unweigerlich in die Inflation. Woytinsky, der mit umfangreichen statistischen Untersuchungen die These meinte untermauern zu können, dass eine leichte Inflationierung über positive Erwartungsbildung der Investoren einen Aufschwung begünstige, vermochte für diese Auffassung keine breite Unterstützung zu finden. Die differenzierte Sicht, dass ein leichter inflationärer Wind das Konjunkturfeuer anfacht und keinesweg wie der Sturm der Hyperinflation alle Aktivitäten niederdrückt, vermochte weder damals noch in jüngerer Vergangenheit dem allzu schlichten ökonomischen Denken der gar nicht wenigen der einflußreichen Politiker vermittelt zu werden.

In der für die Öffentlichkeit kaum durchschaubaren Vielfalt von Programmen und Plänen zur Wirtschaftsbelebung spielte – ebenfalls analog zur gegenwärtigen Situation – auch die Frage eine wichtige Rolle,

---

9 Gerhard Colm (1897-1968), Professor in Kiel, 1933 Emigration in die USA, unterstützte als einer der wenigen Universitätsökonomen rückhaltlos das gewerkschaftliche Arbeitsbeschaffungsprogramm (Landmann, 1976, 385 passim).

ob die Regenerierung einer Aufwärtsbewegung der Wirtschaft überhaupt durch staatliche Maßnahmen und nicht vielmehr durch die Privatinitiative, also die kapitalistischen Unternehmer, in Gang gesetzt werden müßte. Der Papen-Plan[10], der mit der Konstruktion der Steuergutscheine, die den Unternehmen verfügbar gemacht wurden und als Grundlage der Liquiditätsbeschaffung dienen sollten, baute vollständig auf die Privatwirtschaft. Hiergegen machten verständlicherweise die Reformer Front, denn sie hatten klar erkannt, dass das eigentliche Problem nachfrageseitig bzw. im zu geringen Absatz zu sehen war. Es handelte sich primär also nicht um eine Liquiditäts- bzw. Kapitalmangelkrise. Vielmehr trat die schlechte Liquiditätsposition der Unternehmen erst als Folge der realwirtschaftlichen Krise ein. Fritz Tarnow konstatierte schon im Vorfeld des Papen-Plans, dass die Hoffnungen auf unternehmerische Aktivität völlig abwegig waren. Tarnow zeigte in einer knappen Analyse der kapitalistischen Makroökonomie, dass dieses System zu seiner Stabilität auf fortlaufende Investitions*nachfrage* angewiesen ist, auch wenn gar kein Bedarf an zusätzlichen Kapazitäten besteht. Diese Konstellation ist später im Rahmen der sogenannten postkeynesianischen Wachstumstheorie als „Harrod-Paradoxon" bekannt geworden: Um auf Vollbeschäftigungsniveau die Übereinstimmung von Ersparnissen und Investitionen dauerhaft zu gewährleisten, muß die Nettoinvestition auf dem von der Ersparnisbildung vorgegebenen Niveau gehalten werden. Nettoinvestitionen schaffen jedoch Kapazitäten und/oder lassen die Produktivität steigen. Somit bedarf es auch entsprechend wachsender Nachfrage, und zwar einschließlich der Investitionsgüternachfrage selbst, um die Kapazitäten auszulasten. Wenn die Investitionen lediglich unverändert bleiben, also noch nicht sinken, bilden sich bereits Überkapazitäten, weil der Produktionsapparat durch jede Neuinvestition vergrößert wird. Das Paradoxe liegt in dem Sachverhalt, dass Überkapazitäten gerade deshalb auftreten, weil zu wenig in neue Kapazitäten investiert wird.

---

10 Benannt nach dem Reichskanzler Franz von Papen (1879 - 1969), der am 1. Juni 1932 zum Nachfolger Heinrich Brünings gewählt wurde und das Reichskanzleramt bis zum 3. Dezember 1932 innehatte.

„Das Wirtschaften im kapitalistischen System erfordert jederzeit einen erheblichen Arbeitsaufwand für Kapitalgüter, das sind Produktionsmittel, Verkehrsanlagen usw., also Güter, die eine Rente abwerfen und nicht in den Konsum eingehen. Selbstverständlich muß unter jeder Wirtschaftsordnung ein Teil der gesellschaftlichen Arbeit auf Produktionsgüter verwendet werden. In einem vernünftigen Wirtschaftssystem würde dafür aber gerade nur so viel gearbeitet werden, um den notwendigen Bedarf zu decken. Es hätte nicht den geringsten Sinn, den Produktionsapparat erweitern zu wollen, wenn der vorhandene nicht einmal voll ausgenutzt werden könnte. Im kapitalistischen System dagegen ist die Erzeugung von Kapitalgütern ein notwendiges Ding an sich, eine unerläßliche Voraussetzung für die Aufrechterhaltung der Gesamtwirtschaft auch dann, wenn weitere Produktionsgüter für den Wirtschaftszweck gar nicht gebraucht werden.
Zwar können auch in der kapitalistischen Wirtschaft die Kapitalgüter nicht beliebig vermehrt werden, aber das ist nun gerade das Unglück dieses Systems. Sind die Produktionsanlagen zu weit über ihre Ausnutzbarkeit erweitert worden, dann können neue Investitionen nicht mehr gemacht werden, weil die Aussicht auf Rentabilität fehlt. Das ist der gegenwärtige Zustand. Die Welt ist übersättigt mit Produktionsmitteln, die brachliegen, mit Quellen der Nahrungsmittel und Rohstoffgewinnung, die künstlich verstopft werden müssen. Dagegen leiden die Völker bitteren Mangel an Versorgungsgütern. Das kapitalistische System ist jedoch nach seiner Konstruktion völlig unfähig, die Arbeit für Versorgungsgüter unmittelbar aufzunehmen, wenn es nicht Investitionsarbeiten davor spannen kann. Nur dadurch, dass es für diesen Zweck Arbeiter ansetzt, kann es die zusätzliche Kaufkraft erzeugen, die erst vorhanden sein muß, bevor auch die Konsumgütererzeugung vergrößert werden kann." (Tarnow, 1981,414)

Tarnows nachfragetheoretische Analyse entspricht dem Marxschen Fundamentaltheorem, dass Arbeitskraft unter kapitalistischen Bedingungen nur in dem Maße beschäftigt wird, als sie zum Mehrwert beiträgt. Wie bereits dargelegt wurde, kann der gesamtwirtschaftliche Mehrwert jedoch nur realisiert werden, wenn die Kapitaleigner entsprechende Konsum- *und* Investitionsausgaben vornehmen. Fällt, wie Tarnow darlegt, die Investitionsnachfrage unter das zur gesamtwirtschaftlichen Stabilität erforderliche Niveau, d.h. die Kapitaleigner schränken ihre Gesamtnachfrage ein, so entsteht Arbeitslosigkeit, das Mehrprodukt und damit der Mehrwert bzw. die Gewinne fallen, und die Unternehmer nehmen dies als Rentabilitätskrise wahr. Aus ihrer mikroökonomischen Perspektive scheinen Kosten–, insbesondere Lohnkostensenkung und Steuerentlastung probate Heilmittel zu sein. Wenn eine Regierung – wie die des Reichskanzlers Brüning oder die angebotspolitisch operierenden Regierungen der Gegenwart – die Wirtschaft mit jenen mikroökonomischen Unternehmerrezepten zu kurieren sucht, betreibt sie faktisch Deflationspolitik, ob die Preise nun tatsächlich fallen oder nur langsamer als unter Vollbeschäftigungsbedingungen steigen.

Dem auf Belebung der Privatinvestitionen zielende Papen-Plan scheint aber selbst sein eigener Vater nicht allzuviel zugetraut zu haben. Jedenfalls übte sich Reichskanzler Papen in moralischen Appellen an die Unternehmer, wie wir sie in jüngerer Zeit auch wieder hören können; als ob ein gewinnwirtschaftliches Unternehmen die Aufgabe hätte, sich nach volkswirtschaftlichen Notwendigkeiten und Zielsetzungen zu richten.

> *„Wehe dem Unternehmertum,“ beschwor Papen seine Klientel, „wenn es nur an eigenen Nutzen denkt und nicht an das Große Ganze, wenn es jetzt nicht seine Stunde erkennt und die große Chance begreift,... wenn es nicht wagt, sondern zurückhaltend nur wartet.“ (nach Landmann, 1981, 396)*

Soweit die Beschäftigungswirkungen staatlicher Nachfragepolitik zweifelsfrei nachzuweisen sind – wie etwa beim „Zukunftsinvestitionsprogramm“ (ZIP) der sozialliberalen Koalition von 1978 an – reden sich die Gegner mit der läppischen Floskel heraus, es handele sich um ein „Strohfeuer“; als ob nicht auch ein Strohfeuer vor dem Erfrieren retten könnte und es eben nur darauf ankommt, im richtigen Zeitpunkt einige Holzscheite nachzulegen. Anders als die auf Aufklärung und vernünftige Argumentation gestellte Propagierung der Arbeitsbeschaffung durch Gewerkschaften und Reformautoren, fuhren die Nazis mit ihrer rein emotionalen Schlagwortpropaganda sehr rasch und mit großer Breitenwirkung politische Erfolge ein.

4. Realität und Realitätsverkehrung – Zum Ideologieproblem in der politischen Ökonomie

Es gibt verkappte Unwahrheiten, die die Wahrheit so natürlich spielen, dass sich von ihnen nicht täuschen zu lassen, Mangel an Urteil gleichkäme.

La Rochefoucauld

Unsere Ideen sind die notwendigen Konsequenzen der Gesellschaften, in denen wir leben.

Helvétius

In den vorhergehenden Ausführungen wurde wiederholt auf die Bedeutung ideologischer Sichtweisen hingewiesen und die unterschwellige „religiöse" Dimension der politischen Ökonomie angedeutet (Rüstow, 2001). Die politische Ökonomie übernahm als Deutungslehre der sozialökonomischen Welt teilweise Erklärungsaufgaben, die zuvor ausschließlich der Theologie zugefallen waren. Denken wir etwa an die theologische Begründung unserer von Gott geschaffenen Welt als die beste aller möglichen und die darin enthaltene Vorstellung einer „höheren" Gerechtigkeit auch des schlimmsten Unrechts auf der Erde. Der klassische Wirtschaftsliberalismus und in seiner Nachfolge der gegenwärtige Neoliberalismus predigen die Vollkommenheit des Marktsystems, seine vermeintliche Verteilungsgerechtigkeit und vor allem die angebliche Fähigkeit, von ganz allein sozusagen hinter dem Rücken der handelnden Wirtschaftssubjekte einen optimalen, gleichgewichtigen Zustand herbei zu führen. Diese Harmoniemetaphysik wird zwar nicht mehr in theologischer Sprache formuliert, aber sie ist eine Art Religion oder vielleicht zutreffender: Religionsersatz.

Zumindest metaphorisch gesprochen erscheint der Glaube an den kapitalistischen Markt als einer an dessen göttlichen Ursprung.

Der ideologische Gehalt der politischen Ökonomie bzw. der Wirtschaftswissenschaft, wie jene heute bezeichnet wird, läßt sich auch dann nicht eliminieren, wenn sich die ökonomische Wissenschaft rein positivistisch zu ihrem Erkenntnisgegenstand verhält; wenn sie also „streng objektiv" mit den von ihr untersuchten Erscheinungen verfährt, aber gerade auf die kritische Reflexion dieser „Erscheinungen" – etwa im Hinblick auf die Situation der Menschen unter den gegebenen Bedingungen oder den Auswirkungen der Verhältnisse auf Geist und Kultur – verzichtet. Die scheinbar wertneutrale Haltung zur gegebenen Realität versagt sich bewußt einer kritischen Auseinandersetzung mit dem Bestehenden, da solche Kritik ja explizit Werturteile voraussetzt. Doch auch das schweigende Hinnehmen der Verhältnisse basiert auf einem Werturteil, das zudem durch die scheinbar wissenschaftlich legitimierte „Schweigepflicht" den Status quo als etwas völlig Selbstverständliches beschönigt. Die am vermeintlichen Ideal der Naturwissenschaften ausgerichtete positivistische Ökonomie will beschreiben und erklären, was ist, und nicht, was sein könnte oder gar sein sollte. Damit werden aber in der wissenschaftlichen, also geistig-theoretischen Reproduktion der Realität deren gesamte Ungerechtigkeit, Inhumanität, Lebensbegrenzung und Ausbeutung als Faktisches sanktioniert. Der Status quo wird zur Norm. Die Menschen werden dazu angehalten, sich dem Bestehenden zu fügen. Sie *„...nehmen die aberwitzige Situation, die angesichts der offenen Möglichkeit von Glück jeden Tag mit der vermeintlichen Katastrophe droht, zwar nicht länger als Ausdruck einer Idee hin, ... aber sie finden sich mit dem Gegebenen ab im Namen von Realismus."* (Adorno/Dirks, 1956, 179) Das nur scheinbar wertneutrale Schweigen über Unrecht und strukturelle Gewalt bedeutet Komplizentum mit ihnen.

> *„Die Verfügung über fremde Arbeitskraft begründet Herrschaft; wer Massenarbeitslosigkeit als ein herrschaftsneutrales Problem darstellt, hat ein betrügerische Manipulation im Sinn. So haben wir hinreichend Gründe, vergessene oder bewußt verleugnete Dimensionen von Arbeit und Arbeitslosigkeit in den Zusammenhang einer kritischen Theorie der Gesellschaft wieder*

> *aufzunehmen und deutlicher als bisher auf den Schutz der Persönlichkeitsrechte und die Sicherung der menschlichen Würde auszurichten.“ (Negt, 2001, S. 18)*

Die Weltdeutungen der politischen Ökonomie sind Teil der jeweiligen sozialökonomischen Verhältnisse. Die (wirtschaftlichen) Herrschaftsstrukturen werden in den Interpretationen der Wirtschaftswissenschaft nicht nur abgebildet, sondern die von der „herrschenden Lehre“ verkündeten Erklärungen der Wirklichkeit sind selbst Bestandteil der Realität und tragen zu deren Festigung und Verlängerung bei. Marx und Engels haben diesen Sachverhalt in der „Deutschen Ideologie“ in aller Schärfe herausgestellt:

> *„Die Gedanken der herrschenden Klasse sind in jeder Epoche die herrschenden Gedanken, d.h. die Klasse, welche die herrschende materielle Macht der Gesellschaft ist, ist zugleich ihre herrschende geistige Macht.“ (Marx/Engels, 1960, 44)*

Als ein herausragendes Beispiel für die *Glaubwürdigkeit* und politische *Wirksamkeit* ideologischer Realitätsdeutungen der politischen Ökonomie sei auf die von den Neoklassikern als „Wahrheit“ ausgegebene Behauptung hingewiesen, dass die kapitalistische Marktwirtschaft aus sich selbst heraus keine Konjunkturbewegungen und Krisen erzeuge. Diese von den Monetaristen und den neoklassischen Angebotstheoretikern behauptete endogene Krisenfreiheit des Marktmechanismus stellt eine abstruse, abenteuerliche Glaubenslehre dar. Als ob es je eine kapitalistische Entwicklung unter Friedensbedingungen ohne das ständige Auf und Ab der Konjunkturen, ohne den Wechsel von inflationärer Expansion und deflatorischer Kontraktion gegeben hätte oder geben könnte.

Ende der sechziger Jahre, also zur Zeit der Dollar-Krise und des sich abzeichnenden Auslaufens der Nachkriegsprosperität, geriet der Keynesianismus in die Defensive. Der Hauptvorwurf an seine Adresse lautete, er sei ungeeignet, die Inflation zu bekämpfen, trage vielmehr durch seine Interventionen gerade zur Instabilität der gesamtwirtschaftlichen Entwicklung bei. Unter dem Namen „Monetarismus“ trat die Orthodoxie zur Gegenrevolution an und bewirkte schließlich die Renaissance der Vormachtstellung der klassischen Wirtschaftslehre. Der Kerngedanke des Monetarismus ist äusserst einfach: Geldmengenveränderungen hätten keine längerfristigen Wirkungen auf den realwirtschaftlichen Prozess, sondern schlügen sich nur in Preisniveauveränderungen nieder und störten dadurch den marktwirtschaftlichen Gleichgewichtsautomatismus. Wegen dieser realwirtschaftlichen „Neutralität“ des Geldes seien konjunktur- bzw. beschäftigungspolitische Maßnahmen der Geldpolitik ohne durchgreifende Wirkung, seien eben nur „Schocks“, deren Überwindung mit heftigen gesamtwirtschaftlichen Instabilitäten verbunden sei. Die anti-keynesianische Doktrin von der Geldneutralität kam so wieder zu Ehren. Aus dem Theorem der Geldneutralität folgt, dass es keinen Zielkonflikt zwischen Wachstum und Beschäftigung einerseits und völliger Preisniveaustabilität andererseits gäbe. Deshalb können die Zentralbanken scheinbar guten Gewissens behaupten, Inflationsbekämpfung sei die beste Beschäftigungs- und Wachstumspolitik. Die Propagierung der neuen Orthodoxie glich einer breiten strategisch angelegten Meinungsoffensive. Nicht zufällig wurde 1968 von der Schwedischen Reichsbank in Abstimmung mit der Schwedischen Akademie der Wissenschaften eine hoch dotierte Auszeichnung für Wirtschaftswissenschaftler geschaffen, der die prestigehaltige Bezeichnung „Nobelpreis“ für Ökonomie gegeben wurde. Wohlgemerkt: Es handelt sich nicht um einen „Original-Nobelpreis“ wie für Friedenseinsatz, Literatur, Medizin, Physik und Chemie, sondern eben nur um einen sogenannten „Nobelpreis“, was in der Öffentlichkeit, selbst bei manchen Journalisten kaum bekannt ist. Die überwiegende Mehrzahl der bisherigen Preisträger jener reputationshebenden Auszeichnung für Wirtschaftswissenschaftler gehört dem orthodoxen Lager an. Massive Unterstützung erhält der ökonomische Konservatismus durch die Vielzahl von „think tanks“, privaten wissenschaftlichen Institutionen, die aus steuerlich abzugsfähigen Spenden- bzw. Sponsorengeldern der Industrien finanziert werden. In einer wissenschaftsgläubigen Gesellschaft sind diese einem sogenannten „guten Zweck“ dienenden „Unternehmen ohne Erwerbscharakter“ von eminenter Bedeutung für die Ideologiearbeit der Herrschenden. Finanzielle Fonds haben bekanntlich die Wirkung von Magneten; sie ziehen nicht nur Viele und Vieles an, sondern richten auch noch in weiterer Entfernung die Späne gemäß den Feldlinien oder hier zutreffend: den Geldlinien aus. Das Einwirken kapitalistischer Interessen in den Wissenschaftsbetrieb und auf den Bildungsbereich ist zwar nichts Neues, aber das Ausmaß hat stark zugenommen. In der Folge der staatlichen Einsparungspolitik und mit der Popularisierung der neoliberalistischen Faustformel, privat ist gut, staatlich ist schlecht, geraten mehr und mehr Bildungs- und Wissenschaftsbereiche in die Zwangslage, sich um private Zusatzfinanzierung zu bemühen. Sponsoren, Drittmittelgeber usw. müssen hofiert werden, und wer hierbei nicht mitspielt, wird auch noch vom staatlichen Geldgeber durch Mittelkürzungen bestraft. Naiv ist, wer da glaubt, dass Geldgeber keine Eigeninteressen verfolgen, wenn sie sich spendabel zeigen. Korruption hat viele Gesichter.

Der Vormarsch der orthodoxen wirtschafts- und gesellschaftstheoretischen Schule verdankt sich also zu einem erheblichen Teil auch der direkten und indirekten finanziellen Förderung durch die Profiteure der ideologischen Gegenrevolution zum Keynesianismus.

Aus der theoretischen Vorgabe des Monetarismus wurde von Ende der siebziger Jahre an die Angebotspolitik konzipiert, die die bis heute anhaltende Welle von Deregulierungen, Privatisierungen und anti-interventionistischen Rückzugsbewegungen des Staates aus seiner beschäftigungs- und sozialpolitischen Verantwortung ausgelöst hat. Es handelt sich jedoch um eine ganz spezifische, verengte Version von Angebotspolitik. Sie ist ideologisch auf den Neoliberalismus gegründet, d.h. Angebotsförderung wird durchgehend als Förderung der Kapitalverwertung begriffen und betrieben – mal offen artikuliert, dann wieder verschleiert hinter Gemeinwohlfloskeln. Der Angriff auf die Keynessche Beschäftigungspolitik und den Wohlfahrts- bzw. Sozialstaat ist ein wesentlicher Teil der gegenwärtigen sozialökonomischen Entwicklung; die *„Forderungen von Ökonomen nach Rücknahme des Wohlfahrtsstaates bilden selbst einen Teil des politischen Prozesses; wir sind nicht nur systemendogenen Politikern, sondern auch systemendogenen Wirtschaftswissenschaftlern konfrontiert, deren Verhalten erklärungsbedürtig ist."* (Atkinson, 1999, 187; Übersetzung v. V.) Die

Erklärung findet sich nicht zuletzt in der soeben skizzierten Einflussnahme gewinnwirtschaftlicher Interessen auf den Bildungs- und Wissenschaftssektor. Auch die neue Bewegung des „lebenslangen Lernens“ wird – jedenfalls vorerst – in stärkstem Maße von reinen Verwertungsinteressen dominiert. Denn nicht die Ideale der autonomen Persönlichkeit, der demokratischen Zivilcourage, der Erweiterung des individuellen Bewusstseins für das geschichtliche Werden aller kulturellen, sozialen und ökonomischen Erscheinungen und nicht zuletzt der moralischen Befähigung zum „guten Leben“ im philosophischen Sinn bilden die Kernbestandteile der angepeilten Inhalte des lebenslangen Lernens, sondern das Schwergewicht liegt auf der ökonomischen Funktionstüchtigkeit der Arbeitskraft.

a) Wiederkehrende Konstellationen: Reformer gegen Orthodoxie

Bedrückend und faszinierend ist die Vorstellung, dass die deutsche Katastrophe vielleicht nicht einmal zu denken gewesen wäre, wenn die Weimarer Reichsregierung rechtzeitig von 1929 an die wirtschaftspolitischen Reformempfehlungen befolgt hätte. Doch war den Regierenden damals weder hinreichend bewußt, was auf dem Spiel stand, noch vermochten sie die Problemrelevanz der Reformvorschläge zu erkennen. Von der ökonomischen Orthodoxie befangen und in ihren kurzfristigen Opportunismus verstrickt, blieben sie auf Katastrophenkurs und hielten sich noch zugute, prinzipientreu zu sein. Politische Unfähigkeit und historische Blindheit der Regierungen gegenüber Krisenfolgen und Reformmöglichkeit und -notwendigkeit erklären jedoch nur einen Teil der historischen Fehlentwicklung. Denn abgesehen davon, dass die Auswahl der Personen, die als Funktionäre der Macht handeln, nicht unabhängig von den sozialökonomischen Konstellationen zustande kommen, wäre eine konsequente Reformpolitik, wenn nicht völlig gescheitert, so doch ohne weitgehende Zugeständnisse an die Kapitalseite nicht möglich gewesen. In der Gegenwart stehen sich erneut Orthodoxie und Reformer gegenüber, und wieder trifft die in Arbeitsgruppen, Diskussionszirkel und einzelne „Außenseiter" zersplitterte Reformbewegung auf eine ziemlich geschlossene Front der Status-quo-Verteidiger. Politisch größte Relevanz hat die öffentliche Meinung. Wie denkt die große Masse der Wähler über Ökonomie und wie entstehen ihre Vorstellungen über „richtig" und „falsch"? Es geht also um das Verhältnis von Ideologie und Wahrheit beim breiten Publikum. Zwischen der wissenschaftlichen Debatte auf der akademischen Ebene und der Meinungsbildung in der breiten Öffentlichkeit sind viele Vermittlungsagenturen eingeschaltet. Es steht aber außer Frage, dass in der Gegenwart die elektronischen Massenmedien mit weitem Abstand den stärksten Einfluß ausüben. Die privatwirtschaftlichen Medien sind als kapitalistische Unternehmungen nicht geeignet, gerade auf dem Feld der für das Wirtschaftssystem zentralen Legitimationsfragen, die die politische Ökonomie behandelt, auch nur ausgewogen und pluralistisch, geschweige denn der Wahrheit dienend zu agieren. Ausnahmen bestätigen die Regel und fungieren als Vorzeigepalme in der Wüste.

Die politischen Reaktionen bzw. Fehlreaktionen auf Krise und Massenarbeitslosigkeit bleiben unverständlich, wenn man nur die theoretische Diskussion betrachtet, die vorwiegend auf der akademischen Ebene, jedenfalls relativ abgesondert von der öffentlichen Meinungsbildung, geführt wird. Daher sind die ideologischen Gehalte der politischen Ökonomie, solange sie nur in den Köpfen der Fachleute existieren, relativ unwichtig. Ideologie entfaltet ihre politische Wirksamkeit erst, wenn sie in die Meinungen der breiten Öffentlichkeit verwoben wird. Für das Verständnis der praktizierten Wirtschaftspolitik müssen also die ideologischen Absickerungen aus der wissenschaftlichen in die populäre politische Ökonomie betrachtet werden. Es versteht sich, dass eine von der gesellschaftlichen Mehrheit verinnerlichte Ideologie dann auch wiederum Rückwirkungen auf die Programmatik der Politik hat (vgl. Blendon u.a., 1997). Vor allem müssen die sogenannten Volks- oder genauer: Massenparteien auf solche eben massenwirksam konsolidierten Ideologien Rücksicht nehmen, und selbst Gewerkschaften werden in ihrer Programmatik von der vorherrschenden Ideologie in gewissem Ausmaß kanalisiert. Diese Sachlage bestand zwar grundsätzlich schon immer, aber die beispiellose Wirkungssteigerung der Massenmedien hat die ideologische Kommunikationssituation – für Erwachsene wie Kinder – gegenüber früheren Generationen fundamental verändert. Deshalb greifen mehr und mehr Politiker zwecks telegener Persönlichkeitsgestaltung zur Psychokrükke – genannt Coaching. Die Allgegenwart der elektronischen Massenmedien stellt einen neuen „materiellen" Sozialisationsfaktor dar, dessen Dauerwirkung auf die Gesellschaft noch keineswegs voll zu übersehen ist.

Selbstverständlich kann in diesem Kapitel, das primär zur Blickerweiterung auf das Ideologieproblem der politischen Ökonomie anregen soll, nicht vertieft in die Thematik eingeführt werden. Vielmehr geht es um einige Aspekte, die für das Verständnis von Ideologie und Ideologisierung wichtig erscheinen.

b) Das Bewußtsein von der Welt

Was wir von der Welt wissen und wie wir sie verstehen, ist in unserem Gehirn abgespeichert und wird partiell im Bewußtsein repräsentiert. Das Weltwissen kommt jedoch nicht von innen, sondern von außen in unseren Kopf. Es sind also die uns umgebenden Dinge und Verhältnisse, die ursächlich wirkend das hervorrufen, was schließlich in unserem Bewußtsein landet. Selbstverständlich verarbeiten wir im Denken die von außen zufließenden Informationen, aber wir verarbeiten sie nicht unbefangen und unbelastet von Vorwissen und bereits eingeübten Denkweisen. Vielmehr funktioniert unsere Wahrnehmung selektiv. Sie wählt bevorzugend und diskriminierend das aus, was zu unseren bereits gefaßten Meinungen, zu unserem schon erworbenen Weltwissen paßt, und was nicht paßt, hat es verdammt schwer, auch nur zur Kenntnis genommen, geschweige denn sorgfältig geprüft, gar akzeptiert zu werden. Es bedarf in der Regel wahrhaft katastrophaler Gegenbeweise, um eingefahrene Denkweisen und Weltdeutungen zu erschüttern. In diesem Zusammenhang ist die sogenannte „kognitive Dissonanz“ eine bekannte Erscheinung. Dies mag ein wesentlicher Grund dafür sein, dass Reformpolitik allenfalls ausnahmsweise eine Fehlentwicklung rechtzeitig anhält. Die geschichtliche Regel ist hingegen, dass erst die Katastrophe fundamentalen Wandel und wenigstens der Idee nach auch Neubeginn provoziert.

Die wesentlichen Merkmale aller Ideologien bestehen darin, dass sie interessenbezogene Weltdeutungen, dogmatische Wertbehauptungen und Feindbilder vermitteln, und zwar mit dem Anspruch der Wahrheit, aber das, was sie ideell behaupten, in der Realität gerade hintertreiben. Beispielsweise wird die emphatische Freiheitsforderung der liberalistischen Ideologie als für alle Menschen gemeint und geltend propagiert, aber in der Realität geht es eben nur um die wirtschaftliche Freiheit der Kapitalverwertung und die formale Freiheit aller, unter den Brücken schlafen zu dürfen. Die Ideologien hantieren mit einem Vokabular, das vom Publikum mit angenehmen Erwartungen verbunden ist und seinen Wünschen und Hoffnungen entspricht. Um als glaubwürdige Botschaft auftrumpfen zu können, sind Ideologien stets insoweit an die jeweilige Realität gebunden, als sie das den Menschen bereits verfügbare Wissen, ihre Mentalität und ihre vorhandenen Einstellungen und Deutungen der Welt nicht ignorieren dürfen. Vielmehr kommt es darauf an, die *„Verschränkung des Wahren und Unwahren, die sich von der vollen Wahrheit ebenso scheidet wie von der bloßen Lüge“* (Adorno/Dirks, 1956, 168), mit größtmöglicher Raffinesse zweckdienlich herzustellen. Beispielsweise hat sich aufgrund der historischen Entstehungsbedingungen der USA dort eine spezifische Art des Individualismus, der Eigeninitiative und der Pionierselbstherrlichkeit im Massenbewußtsein etabliert, das zwar der Ausgangskonstellation dieser Gesellschaft adäquat sein mochte, aber nun über Generationen tradiert in einer durch kollektive Abhängigkeiten charakterisierten komplexen Gesellschaft völlig fiktiv ist. Dennoch lebt jener Self-made-man-Individualismus im Bewußtsein fort und kanalisiert Denken und Handeln nach Maßgabe objektiv überholter Dispositionen in einer völlig veränderten Umwelt. Gewiß vollzieht sich auch ein Veränderungsprozeß im Bewußtsein, aber das „Sein bestimmt das Bewußtsein“ oft mit einer relativ langen Zeitverzögerung.

Das ideologische Talent hat seine Blüte in der bürgerlichen Gesellschaft erreicht, weil erst dort die Notwendigkeit einer pseudowissenschaftlichen Rechtfertigung – im Unterschied zur unverhüllten Metaphysik und des religiösen Offenbarungswissens – eintrat.

> *„Die gedanklichen Motive aus der Vorgeschichte des Ideologiebegriffs gehören allesamt einer Welt an, in der es noch keine entwickelte Industriegesellschaft gab und in der kaum eben der Zweifel sich regte, ob mit der Herstellung formaler staatsbürgerlicher Gleichheit in der Tat auch die Freiheit erreicht sei. Insofern die Frage nach dem materiellen Lebensprozeß der Gesellschaft noch nicht aufkommt, hat in den meisten dieser aufklärerischen Lehren die Befassung mit der Ideologie ihren besonderen Rang: man glaubt, es genüge, das Bewußtsein in Ordnung zu bringen, um die Gesellschaft in Ordnung zu bringen. Nicht bloß dieser Glaube aber ist bürgerlich, sondern das Wesen von Ideologie selbst. ... Denn Ideologie ist Rechtfertigung. Sie setzt ebenso die Erfahrung eines bereits problematischen gesellschaftlichen Zustandes voraus, den es zu verteidigen gilt, wie andererseits die Idee der Gerechtigkeit selbst, ohne die eine solche apologetische Notwendigkeit nicht bestünde und die ihr Modell am Tausch von Vergleichbarem hat." (Adorno/Dirks, 1956, 168)*

Die politische Wirksamkeit von Ideologien hängt, wie Kurt Lenk dargelegt hat, von zwei Bedingungen ab. Erstens müssen die Vertreter der Ideologie die Macht bzw. das Instrumentarium besitzen, ihre Ideologie zu verbreiten und zu institutionalisieren. Zweitens können Ideologien *„nur dann auf Dauer gesellschaftliches Handeln und Verhalten bestimmen, wenn sie den Interessen und Bedürfnissen zumindest eines Teils der Bevölkerung weitgehend entgegenkommen."* (Lenk, 1994, 32)

c) Ideologie-Typen

Seitdem die Naturwissenschaften das religiöse Weltbild schrittweise aufgelöst haben und an die Stelle der mythischen Welterklärungen die rationalen, empirisch fundierten getreten sind, wandelte sich auch der Stil der Realitätsdeutungen jener Bereiche, die nicht oder nicht unmittelbar von den naturwissenschaftlichen Erkenntnissen erhellt werden. Vor allem gilt dies für das sozialökonomische und politische Dasein. Sinngebungslehren und Realitätserklärungen müssen sich der säkularisierten Denkweise anpassen, d.h. sich als rational und empirisch gültig darstellen. Der historische Übergang von der religiös bestimmten Welterfahrung zur wissenschaftlich-technischen und des damit einher gehenden Kompetenzverlustes der Religion als universell erklärender und Sinn gebender Institution brachte als Substitut die (modernen) Ideologien hervor.

Ideologien sind kein einfacher Betrug, sondern Selbstbetrug. Auch wenn jede Ideologie gruppen–, schichten- bzw. klassenspezifische Interessen als allgemeingültige suggeriert, so sind die Träger der Ideologie sich ihrer ideologischen Denkweise nicht bewußt. Darin liegt der fundamentale Unterschied zwischen Ideologie und simpler, manipulierter Zweckpropaganda und zynischer Demagogie. Der Bereich ideologischer Deutung kann eng oder weit, auf Einzelaspekte des politischen, sozialökonomischen, kulturellen Daseins bezogen oder aber auf die gesamte Lebenswirklichkeit ausgedehnt sein. Nach diesen unterschiedlichen Wirkungsschwerpunkten und Funktionen der Ideologien lassen sie sich klassifizieren. Wir folgen hier einer von Kurt Lenk vorgeschlagenen Typologie der Ideologien (Lenk, 1981) in Rechtfertigungsideologien, Komplementärideologien, Verschleierungsideologien und Ausdrucksideologien. Letztgenannte stellen sich meist in Mythen dar, und sie lehnen die rationalistische Verkleidung bewußt zugunsten rein emotional stimulierter Irrationalität ab, und dadurch unterscheiden sich die Ausdrucksideologien deutlich von den anderen Typen.

Rechtfertigungsideologien

Rechtfertigungsideologien oder Hochideologien erstrecken sich auf die Gesamtheit der gesellschaftlichen Beziehungen und versuchen, diese in einem in sich logischen, zumindest logisch erscheinenden

Modell abzubilden. Es handelt sich also um eine relativ rationale, auf Wissenschaftlichkeit pochende Realitätsdeutung. Die Realität wird jedoch dahingehend einseitig verständlich zu machen versucht, als sie quasi als beste aller Welten vorgestellt wird, mag es sich nun um eine eher optimistische oder pessimistische Sicht handeln. Der Prototyp dieser umfassenden Rechtfertigungsideologie ist der klassische (Wirtschafts-)Liberalismus. Die kapitalistische Konkurrenzgesellschaft gilt ihm als die historisch höchste und letzte Entwicklungsstufe einer als fortschrittlich interpretierten Geschichte. Das Marktsystem wird als eine „natürliche" Erscheinung vorgestellt, womit zweierlei gemeint ist. Erstens sei die Konkurrenzwirtschaft mit ihren auf Tauschhandel reduzierten Sozialbeziehungen natürlich im anthropologischen Sinn, da der Mensch in seinem Überlebensegoismus den Mitmenschen quasi als Instrument zum eigenen Vorteil benutze. „Natürlich" ist dann gleichbedeutend mit „naturgesetzlich". Zweitens fließt jedoch in den Naturbegriff des klassischen Wirtschaftsliberalismus die aus der deistischen Weltanschauung übernommene Harmoniemetaphysik ein. Die Natur und ihre Gesetze erscheinen als göttliche Schöpfung, und in dieser Schöpfung sei von Anfang an eine Fortschrittstendenz zum Guten angelegt. Diese teleologische Realitätsdeutung, die von Adam Smith mit dem Leibnizschen Begriff der „prästabilierten Harmonie", die in der Welt walte, auf die Marktökonomie übertragen wurde, findet sich bis heute in der herrschenden neoklassischen Wirtschaftstheorie wieder: Das Marktsystem sei per se krisenfrei, führe zu einem Optimum, und sein quasi natürlicher Zustand sei das Vollbeschäftigungsgleichgewicht, das sich automatisch ergebe, sofern nur jeglicher Eingriff von „außen" in den Marktmechanismus unterbliebe. Die ökonomische Gleichgewichtstheorie transportiert die Gleichgewichtsmetaphysik; wissenschaftliche Aussagen drücken ideologisches Bewußtsein aus. Das Rechtfertigungsargument ist offenkundig: Die freie Marktwirtschaft sei der Idealzustand von Wirtschaft und Gesellschaft schlechthin.

Komplementärideologien

Während Rechtfertigungsideologien die je existierende Realität bejahend interpretieren, wählen die Komplementärideologien einen anderen Weg zur affirmativen Daseinshaltung. Die Unvollkommenheiten und Scheußlichkeiten der Welt werden nicht geleugnet, sondern mehr oder weniger kritisch hervorgehoben. Die Komplementärideologie spendet aber Trost. Sie weckt Erwartungen auf ein himmlisches Jenseits, auf eine bessere Welt, auf das große Glück im späteren Leben, auf die Karriere vom Tellerwäscher zum Millionär, auf den kommenden Endsieg, auf die künftig blühenden Landschaften etc. *„Komplementärideologien sind für jene Gesellschaften lebensnotwendig, in denen der Mehrheit der Menschen ein relativ hohes Maß an Triebverzicht abverlangt werden muß, damit die Reproduktion der Gesellschaften gewährleistet ist...“* (Lenk, 1981, 34) Die realiätsverleugnende Verheißung eines objektiv unmöglichen besseren Zustandes in irgendeiner Zukunft findet jedoch um so eher gläubige Anhängerschaft, je größer die gegenwärtige Misere und „Sinnlosigkeit“ des Daseins erfahren wird. Die Vertröstungen der Komplementärideologien stabilisieren die bestehenden Verhältnisse auf zweifache Art. Erstens beruhigt die trostvolle Zukunftserwartung, lähmt die eigenständige Interessendurchsetzung der Bedrückten und verpflichtet diese auf die Gefolgschaft mit ihren Bedrückern. Zweitens verbindet sich mit der komplementärideologischen „Ehrlichkeit“, dass die Welt ein Jammertal sei, die Botschaft, dass menschliches Tun ohnehin nichts zu ändern vermöge, also auch die Mächtigen ohnmächtig gegenüber dem „Menschenschicksal“ seien, und es somit unbillig, ja irrational sei, von ihnen eine Veränderung der Verhältnisse zu verlangen. Die Globalisierungsdebatte etwa wird in diesem Sinn geführt; Globalisierung als Schicksal. Georg Lukács nannte solche Rechtfertigungsideologien „indirekte Apologie“ der jeweils existierenden sozialen Verhältnisse.

Verschleierungsideologien (Ablenkungsideologien)

Die Verschleierungsfunktion ist zwar allen Ideologien gemeinsam, aber sie tritt auch immer wieder als eigenständiges Moment hervor. Es geht hierbei um die Verlagerung von Kritik und Widerstand auf irgendwelche Feinde. Die Erzeugung von besonders intensiven Feindbildern ist denn auch wesentlich für Verschleierungsideologien. So wird Arbeitslosigkeit nicht als Folge von Systemmängeln bloßgelegt, sondern dem Andrang von Ausländern und Immigranten auf dem Arbeitsmarkt zugemessen oder die Arbeitslosigkeit wird als selbstverschuldet („freiwillige" Arbeitslosigkeit im Sinn des Neoliberalismus) deklariert; man macht aus den Opfern Schuldige. Die krisenbedingten Finanzierungsprobleme der Sozialhaushalte werden nicht in sachgemäßer Weise als Folge der Massenarbeitslosigkeit erklärt, sondern „überhöhten Ansprüchen", dem „Mißbrauch" der Sozialsysteme usw. zugeschoben. Die Ablenkung berechtigter Aggression von den tatsächlichen Ursachen auf vorgeschobene gehört zu den Meisterleistungen der Demagogen aller Epochen und instrumentalisiert die menschliche Neigung, sich Sündenböcke zu verschaffen (ausführlicher: Zinn, 2001).

Ausdrucksideologien (Mythenbildung)

Wie erwähnt, verwerfen Ausdrucksideologien die rationale Attitüde und setzen von vornherein auf rein emotionale Reaktionen. Um erfolgreich zu sein, müssen Ausdrucksideologien bei den psychischen Tiefenschichten des Menschen ansetzen. Das Wir-Gefühl, das intolerante Freund-Feind-Empfinden, die Gier nach Selbstüberhebung, vor allem das beseeligende Aufgehen in der Masse und die bedingungslose Hingabe an Führer (Canetti, 1994) bilden solche Ansatzpunkte für Ausdrucksideologien. Es wird nicht erklärt, sondern behauptet und *fanatisch* geglaubt. Deshalb lassen sich die Anhänger von Ausdrucksideologien auf Mythen verpflichten – Führermythos, Vorsehung, rassische Überlegenheit, Auserwähltsein, Unbesiegbarkeit etc. „Wer nicht für uns ist, ist gegen uns, also unser Feind." Auch im Ausdruck

„Wirtschaftswunder", das zumindest gedanklich immer als „deutsches" assoziiert wird, steckt ein nicht geringes Quantum Mythenbildung.

Der extreme, offene Irrationalismus von Ausdrucksideologien gedeiht in aller Regel erst unter Bedingungen, die keine anderen Möglichkeiten der Angstverarbeitung mehr gestatten als die Zuflucht zu kollektiven Neurosen. Menschen, denen der panische Schrecken vor der Zukunft, vor den Feinden, vor dem sozialökonomischen Abstieg oder was auch immer die Vernunftfähigkeit blockiert, sind psychisch disponiert für Ausdrucksideologien. Sie befreien die durch die Angst gebundenen Energien und kanalisieren sie gebündelt auf die vom „Führer" gezeigten Ziele. Daher die politische Explosionsstärke der von einer Ausdrucksideologie erfaßten *Masse*. Massenbildung und Massenbindung durch Aufmärsche, Großkundgebungen, Paraden, extrem übersteigerte Verehrung von Symbolen usw. sind zwar generell zur Mobilisierung von Menschen verwendete Sozialtechniken, aber Ausdrucksideologien benutzen dieses Instrumentarium weit häufiger und vor allem in ritualisiert gesteigerten Formen, die trotz, nein wegen ihrer grotesken Staffagen die Anfälligen zum völligen Aufgehen in ihrer „Bewegung" bestimmen.

> *„Der ökonomisch und sozial verunsicherte Bürger überantwortet seine individuellen Machtvorstellungen, sobald sie sich nicht mehr in der monopolisierten, organisierten Gesellschaft realisieren lassen, einem Übersubjekt, dem Volk, der Nation und dessen Führer. Gesellschaftliche Erfahrungen, insbesondere politisch und sozial produzierte Ohnmachtsgefühle (die stets mit Angst verbunden sind; d. V.), führen zur Flucht in ein Übersubjekt, werden nun durch die Zugehörigkeit zu diesem Übersubjekt aufgehoben, d.h. negiert." (Lenk, 1981, 36)*

Ausdrucksideologien beseitigen jegliche Kritikfähigkeit, legitimieren die brutalste Willkür gegenüber Abweichlern und Gegnern, setzen rechtsstaatliche Prinzipien und humanistische Grundsätze außer Kraft und lösen das Individuum in einem wahnhaften Kollektivsubjekt auf. Prototypische Ausdrucksideologien des 20. Jahrhunderts waren der Faschismus und der Nationalsozialismus, aber ausdrucksideologische

Momente sind auch eine ständige Begleiterscheinung der jüngeren Geschichte. Die fundamentalistischen Bewegungen, die Feindbildprojektionen, die mit dem „Reich des Bösen" verknüpft werden, die in fast allen Kriegen übliche Insektifizierung des Gegners als Ungeziefer, vermeiden absichtlich die pararationalen Begründungsversuche der anderen Ideologietypen. Denn es geht nur noch um emotionale Mobilisierung, der die Vernunft selbst im kleinen Quantum eines Spurenelements hinderlich wäre.

d) Ideologieanfälligkeit als genetische Disposition?

Die menschliche Neugier ist überlebenswichtig. Neugier ist auf Welterfahrung und dies heißt auf Weltverständnis bzw. Welterklärung gerichtet. Das Wissen über die Welt ist notwendig, um erfolgreich zu handeln. Doch Weltwissen in der Form der Weltanschauung erfüllt darüber hinaus ein weiteres menschliches Bedürfnis, das als Bedürfnis nach Sinn oder – in Schopenhauers Formulierung – als „metaphysisches Bedürfnis" bezeichnet werden kann. Diese psychische Disposition des Menschen macht ihn wahrheitsfähig, aber zugleich ideologieanfällig. Denn es ist eben praktisch kaum möglich, stets zwischen Wahrheit und Ideologie, Ehrlichkeit und Täuschung, Zutreffendem und Irrtümlichem zu unterscheiden. Das Unterscheidungsvermögen ist um so geringer, je geringer Erfahrung und Intelligenz sind. Deshalb sind Kinder am leichtesten und nachhaltigsten zu indoktrinieren. Es sei am Rande vermerkt, dass die moderne Erziehungskonstellation, die wesentlich durch intensive und im frühen Kindesalter beginnende Preisgabe der heranwachsenden Menschen an die parasozialen Welten der elektronischen Medien charakterisiert ist, auf längere Sicht verheerende geistige und moralische Schäden hervorrufen dürfte.

Die Menschen fühlen in sich das unabweisbare Bedürfnis, ihrem Leben einen Sinn zu geben. Vor allem die schmerzlichen Lebensereignisse, die kleinen und großen Krisen, motivieren stets dazu, hinter der Unbill des Geschehens eine Art höheren Sinn zu suchen. Mit dieser

Sinnsuche verbindet sich oft die Vorstellung, es sei der Menschheit beschieden, irgendwann eine Welt des Glücks und der Gerechtigkeit für alle zu schaffen, an der dann auch das kleine Ich teilhaben wird. Die religiösen Heilsversprechen haben mit ihren Vertröstungen auf ein Jenseits die Menschen immer wieder dazu bestimmen können, sich in die diesseitige Misere zu fügen und auf das versprochene Entgelt nach dem Tod zu hoffen. Dass solches „Wissen" mächtigen Einfluß gewinnen, das menschliche Leben leiten und die Psyche trösten kann, zeigt, dass keine feste Grenze zwischen Wissen und Glauben zu ziehen ist. Vielmehr wird ein Großteil unseres Wissens, ja der größere Teil auf dem Weg des Glaubens vermittelt. Nüchtern betrachtet ist das eine evolutionsbiologische Notwendigkeit. Denn der Mensch muß, um überleben zu können, derart viel lernen, also Wissen aufnehmen, dass es nicht nur weitaus zeitökonomischer ist, wenn die Kinder *glauben*, was ihnen die Eltern bzw. Bezugspersonen an Welterklärung vermitteln, sondern es ist völlig unmöglich, dass solches Wissen vom Einzelnen jeweils sorgfältig geprüft, quasi wissenschaftlich abgesichert wird, ehe es in das individuelle Lebens- und Weltverständnis eingefügt wird. Das in der Kindheit eingeflößte Glaubenswissen erweist sich als äußerst hartnäkkig gegen noch so offenkundige empirische Widerlegungen, und die Immunität des Glaubenswissens gegen allfällige Anfechtungen verliert sich kaum im einzelnen Menschenleben, sondern bedarf für ihre Veränderungen des Generationenwechsels in einer sich wandelnden Umwelt. Nur wer in seiner Kindheit und Jugend relativ frei von Indoktrination aufwuchs, verfügt in der Regel über die Fähigkeit, sein Glaubenswissen zu korrigieren, seine Anschauungen und Meinungen zu verändern und eigenständig Kritik an den von der Umwelt vorgesetzten Daseinsdeutungen zu üben.

Das metaphysische Bedürfnis des Menschen und seine Fähigkeit, ja die Notwendigkeit, sich „Wissen" auf dem Weg des Glaubens anzueignen, macht ihn ideologieanfällig. Ob die Erde eine Kugel oder Scheibe ist, kann die große Mehrzahl der Menschen ebenso wenig selbst wissenschaftlich überprüfen wie die Aussagen, dass Arbeitslosigkeit als Folge zu hoher Löhne oder aber gerade im Gegenteil wegen zu geringer Massenkaufkraft einträte.

Die Schwierigkeit, „richtiges" von „falschem" Wissen zu unterscheiden und nur das „richtige" zu übernehmen, ruft nach praktikablen Verhaltensregeln. Die natürliche Evolution hat dem Menschen allem Anschein nach bestimmte Lerntechniken mitgegeben: Nachahmung des Verhaltens der Bezugspersonen, Orientierung an Vorbildern, Identifikation mit der Macht bzw. den Mächtigen und somit auch die bereitwillige Übernahme dessen, was jene als richtig und falsch bezeichnen. Generell besteht eine starke menschliche Neigung zum Konformismus. Wer versagt sich schon dem Hexenglauben, wenn Adel und Klerus und 99 Prozent der Mitmenschen daran glauben? Die Einstimmung auf und Anpassung an Mehrheitsverhalten und -meinungen, also der überall sichtbare Mitläufereffekt, gehören zu den evolutionsbiologisch einprogrammierten Lernweisen. Es sollte also gar nicht verwundern, dass Menschen relativ leicht dazu gebracht werden können, sich in die jeweils bestehenden Verhältnisse einzufügen und die von den Machteliten vertretenen Legitimationslehren des Status quo zu verinnerlichen. Die Geschichte zeigt, dass die Menschen sich in aller Regel Hierarchien einordnen, sich ausbeuten und unterdrücken, sich begeistert zu Kriegsmassen formen lassen (Canetti, 1994) und sich mit den Rechtfertigungslehren, die das Elend und die Gewalt mit einem „höheren Sinn" – Schicksal, Vorsehung, Naturgesetz etc. etc. – versehen, identifizieren. Revolutionen sind eben Ausnahmen. *„Der Respekt vor den ›Großen‹ dieser Welt ist sehr schwer aufzulösen; und unermeßlich ist das Verehrungsbedürfnis des Menschen."* (Canetti, 1994, 523)

e) Ideologiearbeit und politischer Wandel

Es steht zwar außer Frage, dass der Abweg vom Interventionismus zum Marktradikalismus durch politische Entscheidungen gewählt und beschritten wurde, aber es bleibt auch die Frage, warum die Politik sich für diese Richtung entschied. Die Frage ist um so schwerer zu beantworten, aber deshalb auch historisch interessanter, weil die Antwort nicht in einem simplen Links-Rechts-Schema zu finden ist. Konservative, konservativ-liberale, sozial-liberale und von ihrem traditionellen Selbstverständnis her eher linke Parteien wie die deutsche und britische Sozialdemokratie, die spanischen und österreichischen Sozialisten schwenkten auf jenen Trend ein. Deshalb gibt es in Europa unter den großen Regierungs- und Oppostionsparteien gegenwärtig kaum grundsätzliche Alternativpositionen mehr zum dominierenden Marktradikalismus. Auch die in Frankreich nach 1997 praktizierte Alternative zur neoliberalistischen Hegemonie ist offensichtlich zuende, ob sie anderswo in Europa eine Fortsetzung findet, bleibt zur Zeit noch eine offene Frage. Wie tiefgreifend die wirtschafts- und gesellschaftspolitische Kulturrevolution ausfällt, die sich seit der Krise der 1970er Jahre vollzogen hat, zeigt sich auch an der inneren Entwicklung der politischen Ökonomie. Keynes hatte vor dem Hintergrund der britischen Wirtschaftskrise der 1920er Jahre und der Großen Depression der Weltwirtschaft der 1930er Jahre das wirtschaftstheoretische Denken und das wirtschaftspolitische Handeln radikal umgewälzt. Der keynesianischen Revolution zugunsten eines aufgeklärten, staatlich regulierten Konkurrenzkapitalismus war die Mehrzahl der Wirtschaftswissenschaftler in den ersten Nachkriegsjahrzehnten gefolgt. Die Wirtschaftspolitik hatte sich sogar noch rascher als die Wissenschaft mit jener neuen Wirtschaftslehre angefreundet. Die keynesianische Herrschaft fand jedoch ein abruptes Ende im Krisenprozeß des letzten Viertels des 20. Jahrhunderts. Die Stunde der Gegenrevolution schlug. Von der Universität Chicago kommend verbreitete sich die alte klassische Wirtschaftslehre von der Stabilität, Optimalität und der Selbstheilungsfähigkeit der freien Konkurrenz im neuen, neoklassischen Kostüm des Monetarismus über die wirtschaftswissenschaftlichen Fakultäten der westlichen Welt. Aus der jüngeren Generation der „Chicago boys" rekrutierte sich nach 1989 der Großteil der Wirtschaftsberater der sogenannten Transformationsökonomien Osteuropas. Unter anderem gehörte zu diesen Beratungsprodukten auch der Plan, in Rußland die Marktwirtschaft in 300 Tagen einzuführen. Wirkungslos blieb das Beratungsgeschäft nicht: Die russische Wirtschaft wurde in einen zehnjährigen Abwärtstrend gestoßen und hat den rapiden Niedergang noch längst nicht dauerhaft verlassen; statt der erhofften Marktwirtschaft wurde eine Mafiawirtschaft etabliert, und es ist zumindest eine plausible Status quo-Prognose, dass die breite Masse der russischen Bevölkerung auf unabsehbare Zeit, nicht einmal mehr auch nur jenen bescheidenen, aber immerhin gesicherten und existentiell hinreichenden Lebensstandard erreichen wird, den ihr die rigide Planwirtschaft verschafft hatte.

Die ideologische Entwicklung im westlichen Nachkriegsdeutschland bietet mit der Rezeptionsgeschichte des Ordoliberalismus bzw. der mit dem Namen Walter Eucken verbundenen „Freiburger Schule" ein Lehrbeispiel für Verdrehung und selektive Werkklitterung. Eucken wird bis heute als einer der theoretischen Väter der „Sozialen Marktwirtschaft" (Zinn, 1992a) gefeiert und auch von der neoliberalistischen Propaganda der ultrakonservativen Wirtschaftsliberalen für eine ja nur vermeintlich „freie" Marktwirtschaft in Anspruch genommen. Eucken gehörte jedoch zu den schärfsten Kritikern des Laissez-faire der „freien" Marktwirtschaft. Er betrachtete auch die – wie die Wisssenschaft inzwischen deutlich gemacht hat – tendenziell sehr konzernfreundliche und gar nicht so „soziale" Politik Ludwig Erhards äußerst kritisch (Hentschel, 1996; Oswalt, 2001). Die epochale Rentenreform Adenauers von 1957 beispielsweise wurde gegen Erhards massiven Widerstand durchgesetzt. Kurz nach Ende des Zweiten Weltkrieges, im Jahr 1946, warnte Eucken in einem Gutachten „Über die Gesamtrichtung der Wirtschftspolitik", das erst jüngst publiziert wurde (Eucken, 1999, 1 ff.), vor der – eben nur – vermeintlichen „freien" Marktwirtschaft:

> *Also „Freie Wirtschaft"?*
> *Auch diese Frage haben wir aufgrund historischer Erfahrung mit N e i n zu beantworten. Gründe:*
> *Bei dem Wort „Freie Wirtschaft" erinnern sich viele Menschen a n die schwere Wirtschaftskrise 1929/32, die in einigen großen Industrieländern Millionen aus der Arbeit warf, die zu einem Zusammenbruch der weltwirtschaftlichen Beziehungen führte, in deren Verlauf die Produktion in vielen Industrie- und Agrarländern rasch zusammenschrumpfte und aus der sich schwerwiegende politische Fragen ergaben. Sollen wir wieder eine solche*

Wirtschaftsordnung herstellen? – Sicherlich: Nein.
Woran krankte die „Freie Wirtschaft"?
Die sogenannte Freie Wirtschaft war eine vermachtete Wirtschaft. ...Die Bildung zahlreicher Monopole, Teilmonopole und Oligopole war die Folge der Freien Wirtschaft. ... Und als die Wirtschaft immer mehr von solchen Machtgebilden durchsetzt wurde, mußte sie krisenanfällig und unstabil werden; Arbeitslosigkeit mußte entstehen und soziale Kämpfe brachen aus. Diese Machtgruppen haben auch den internationalen Handel schwer beeinrächtigt, indem die großen Konzerne, Kartelle, Pools und Trusts ihren Machtbereich über die nationalen Grenzen ausdehnten, dabei oft in Konflikt miteinander gerieten oder – bei Abkommen untereinander – die Märkte erstarren ließen. ...
Die wirtschaftlichen Machtgruppen gewannen politischen Einfluß, wurden auch zu politischen Machtfaktoren und untergruben dadurch die freie staatliche Verfassung. (Eucken, 1999, 13 ff.)

Diese knappen Bemerkungen zum Einfluß bestimmter Wirtschaftslehren auf die praktische Politik veranschaulichen das Zusammenwirken ideologischer Erwartungshaltungen, die dann die Auswahl der passenden „Heilslehren" lenken, und der komplementären Ideologie in der politischen Ökonomie. Nicht die Tatsache, dass die politische Ökonomie von Ideologie durchsetzt ist (vgl. Heilbroner, 1996), bildet die wesentliche Ursache für die Verbreitung bestimmter wirtschaftsideologischer Sichtweisen in der Öffentlichkeit, sondern letztere wird durch die jeweiligen Verhältnisse dazu gebracht, bestimmte Meinungen zu übernehmen, andere zu ignorieren oder zu verwerfen. Ideologie ist ein intellektuelles Instrument der Interessendurchsetzung, und die Chancen, dieses Instrument wirkungsvoll einzusetzen, sind machtabhängig, bilden also eine Komponente der sozialökonomischen und politischen Strukturierung von Ungleichheit. Diese Macht der Verhältnisse wird nicht durch Aufklärung gebrochen, aber Aufklärung bietet die Chance, sich dem Konformismusdruck purer Ideologiereproduktion zu entwinden.

5. Fazit

Die jüngste Wirtschaftskrise des entwickelten Kapitalismus und die dadurch bedingte Massenarbeitslosigkeit wurden auf der Grundlage wirtschaftstheoretisch fundierter Prognosen bereits Jahrzehnte im voraus in ihren Wesensmerkmalen umrissen. Der gegenwärtige Übergang vom industriellen zum „nachindustriellen" Kapitalismus in den reichen Ländern bringt nicht nur einen weit reichenden Strukturwandel mit sich, sondern verändert auch den Akkumulationsprozess. Die relative Verselbständigung des spekulativen Finanzkapitalismus bildet ein Moment dieses Wandels. Der Anteil der unproduktiven Mehrwertverwendung nimmt weiter zu und überschreitet die kritische Grenze, von der an die verschwenderische Mehrwertabsorption die produktive übersteigt. Es handelt sich hierbei um eine langfristige Tendenz im entwickelten Kapitalismus, auf die bereits Baran und Sweezy hingewiesen hatten (Baran/Sweezy, 1967), aber aus der quantitativen Entwicklung ergibt sich irgendwann eine qualitativ neue Situation. Der Kapitalismus gewinnt mehr und mehr feudalistische Merkmale (Zinn, 1978, S. 79). Die vom Neoliberalismus propagierte Privatisierungspolitik wird zwar offiziell mit dem Argument begründet, die jeweiligen Leistungen und Angebote ließen sich effizienter und preiswerter von privaten Unternehmen gewährleisten, doch dies trifft allenfalls in der Minderzahl der Fälle zu, wenn man die mit der Privatisierung häufig eintretenden Qualitätsverschlechterungen und vor allem die höheren Sicherheitsprobleme für die Verbraucher berücksichtigt. Erinnert sei beispielsweise an das Chaos des privatisierten britischen Eisenbahnverkehrs und der gestiegenen Unfallhäufigkeit. Den grössten Coup landeten die Privatisierer jedoch mit ihrer globalen Strategie gegen die solidarischen Sozialversicherungen. Mit dem Zukunftsangst provozierenden Argument, die demographische Überalterung der alten Industrieländer führe zum finanziellen Zusammenbruch der nach dem solidarischen Umlageverfahren konstruierten Sicherungssysteme, wurde und wird bis heute der „Umbau“ der Sozialsysteme propagiert. Gemeint ist mit dem Umbau vor allem der Systemwechsel zugunsten der Privatversicherungen. Hinter den weltweiten Kampagnen gegen die sozialen Solidarversicherungen stehen vor allem die Interessen der kapitalistischen Versicherungen und Banken. Das globale Finanzkapital lanciert durch viele Kanäle – nicht zuletzt auch über wissenschaftliche Institutionen, insbesondere die „think tanks“ und die von ihnen ausgerichteten international besetzten Fachkonferenzen – die Botschaft von der Eigenverantwortung und den Vorzügen der Privatversicherung auf der Grundlage der Kapitaldeckung. Dass nicht nur die Geschichte des 20. Jahrhunderts, sondern auch die allerjüngste Vergangenheit bewiesen hat, wie unsicher, unvorteilhaft und unsozial sich die private Alterssicherung für die breite Masse der arbeitenden Bevölkerung auf längere Sicht gestaltet, wird entweder ganz verschwiegen oder als unbedeutendes Randphänomen bagatellisiert. Wie unseriös die Plädoyers für den Umbau der Absicherungssysteme argumentierten, ließ sich etwa daran erkennen, dass die spekulativ aufgeblasene Wertpapierhausse der 1990er Jahre vielen Renditeberechnungen für private Altersrenten zugrunde gelegt wurden. Reine Luftbuchungen waren das, die von den seriös gekleideten Experten im Nadelstreifenlook einem gutgläubigen Massenpublikum vorgeplaudert wurden. Doch von Zauberkunststücken leben nun mal nur die Zauberkünstler.

Jene langfristigen Prognosen zur absehbaren Stagnation der hoch entwickelten Volkswirtschaften und die diesen Prognosen zugrunde liegenden Theorien wurden verdrängt. Sie blieben der breiten Öffentlichkeit unbekannt, wurden ihr vorenthalten. Das ist ein ideologisches Phänomen. Ideologie rührt aus den jeweiligen sozialökonomischen Verhältnissen. Ideologiekritik allein ist kein hinreichendes Mittel zur Veränderung. Wohl aber sät sie Keime der Veränderung.

Die zur Bewältigung der gegenwärtigen globalen Krise erforderlichen Reformen würden die Grenzen des bestehenden kapitalistischen Systems sprengen. Denn die auf Dauer einzig sachgerechte Antwort auf die Stagnationskrise sowie auch auf die Umweltkrise ist die politisch geordnete Abkehr der reichen Länder vom Wachstum. Ohne Wachstum und Kapitalakkumulation kann das bestehende System jedoch nicht stabil gehalten, die Arbeitslosigkeit im Systemrahmen nicht beseitigt werden. Vollbeschäftigung ohne Wachstum verlangt Umverteilung von Arbeit und Einkommen, vor allem der Besitzeinkommen. Es ist nicht vorstellbar, wie dies ohne veränderte Verteilungsstrukturen des Vermögens möglich sein soll.

Als Mitte der siebziger Jahre des vergangenen Jahrhunderts die stagnationsbedingte Krise begann, wurde sie als solche nicht erkannt, und bereits deshalb konnte die Wirtschaftspolitik nicht sachgerecht gegen die steigende Arbeitslosigkeit reagieren. Über die Fehlanalysen und Fehlreaktionen gegenüber der Krise liegt inzwischen eine relativ breite Literatur vor, aber sie fand nur in Rinnsalen den Weg in die breitere Öffentlichkeit. Die herrschenden Verhältnisse geben naturgemäß auch der herrschenden Lehre den Platzvorteil.

Vollbeschäftigung ist heute mehr denn je eine politische Machtfrage. Macht ist auf ideologische Absicherung angewiesen, es gehört zu der ideologischen Taktik, die Machtfrage zu verschleiern, indem auf vermeintliche Sachzwänge, ökonomische Gesetzmäßigkeiten und die wirtschaftliche Vernunft verwiesen wird, wo es im Grunde doch um Interessen und ihre machtpolitische Durchsetzung geht. Die im Verlauf des technisch-wirtschaftlichen Fortschritts vollzogene Säkularisierung gab den Wissenschaften, insbesondere der politischen Ökonomie, wachsenden Einfluß auf die weltanschauliche Legitimation der Machtverhältnisse. Die moderne kapitalistische Gesellschaft ist auf die Ökonomie fokussiert wie keine Gesellschaft einer früheren Epoche. Alle Lebensbereiche – auch die originär nicht-ökonomischen wie Liebe, Sozialbeziehungen, Kultur etc. – sind heute der Kommerzialisierung, also der Überformung bzw. Deformierung durch das Ökonomische unterworfen. Der „verkaufte Mensch“ ist nicht nur Ware, sondern er erlebt sich auch so und findet das „normal“ (Zinn, 2001). Die falsche Wirklichkeit produziert zwangsläufig falsches Bewußtsein. Beispielsweise gilt in der gegenwärtigen sozialökonomischen Theorie die Reduktion aller Sozialbeziehungen auf das tauschwirtschaftliche Handlungskalkül als eine reputierliche Schulmeinung. Die politische Ökonomie fungiert heute als die Legitimationswissenschaft schlechthin. Diese Aufgabe kann sie aber gar nicht anders als durch ideologische Instrumentalisierung ihrer Aussagen erfüllen. In der Praxis bedeutet dies, dass die politische Ökonomie auch in ihrem ganz normalen Wissenschaftsbetrieb ideologische Aufgaben bearbeitet und ihr Personal sozusagen stillschweigend auf diesen Zweck ausrichtet. Das gelingt zwar meist nur unvollkommen, weil und solange Wissenschaft ihren Wahrheitsanspruch – und sei es nur der originären Neugier der Wissenschaftler wegen – nicht völlig aufgeben wird, aber das ist ein recht schwacher Trost angesichts der korruptionsmächtigen Außeneinflüsse, denen sich die Wissenschaft mehr und mehr ausgesetzt sieht. Nicht zuletzt greifen hierbei Vereinseitigung und Selektion derart Platz, dass nur solche Wahrheit Kurswert erhält, die sich ökonomisch verwerten lässt und zur Rechtfertigung des Gegebenen verhilft. Man beachte nur einmal genauer den schrittweisen Verdrängungsprozess, dem sich zweckfreie Grundlagenforschung durch die angewandte ausgeliefert sieht.

Die skizzierte Konstellation verlangt, dass die Krisenanalyse und die Erörterung wirtschaftstheoretischer Realitätserklärungen nicht ohne Verständigung über Ideologie, d.h. ihre Funktionen, Typen und individual- sowie sozialpsychologischen Verbreitungsbedingungen erfolgen können bzw. sollten. Erst die Kenntnis des Zusammenhangs von politischer Ökonomie und ideologischer Legitimationsfunktion vermittelt ein realitätsgerechtes Verständnis der Krisenentwicklung. Der Sachverhalt, dass die Wirtschaftskrise mit ihrer Massenarbeitslosigkeit vorhergesehen wurde, dass auch Vorschläge für eine problemgerechte Wirtschaftspolitik vorlagen, dies alles aber überhaupt keinen Einfluß auf den tatsächlichen Krisenverlauf und die faktische Wirtschaftspolitik hatte, bliebe unverständlich oder würde mit solch läppischen Erklärungen wie „Dummheit der Politiker“ oder „Betriebsunfall“ abgetan, wenn die ideologische Dimension der politischen Ökonomie außer Betracht bliebe. Hingegen läßt der Blick auf den Zusammenhang zwischen „Herrschaft“ und „herrschender Lehre“ erkennen, dass die ideologischen Stabilisierungsmechanismen um so rasanter drehen, je instabiler die materiellen Strukturen der bestehenden Verhältnisse infolge der Krise dieser Verhältnisse werden.

Literaturverzeichnis

Abelshauser, 1983, W., Wirtschaftsgeschichte der Bundesrepublik Deutschland 1945 - 1980, Frankfurt/M-

Adorno/Dirks, 1956, Adorno, Theodor W./Dirks, Walter, Hg. im Auftrag des Instituts für Sozialforschung, Frankfurter Beiträge zur Soziologie, Bd. 4: Soziologische Exkurse nach Vorträgen und Diskussionen, 2. A., Frankfurt/M.

Altvater/Mahnkopf, 1996, Elmar -/Birgit -, Grenzen der Globalisierung. Ökonomie, Ökologie und Politik in der Weltgesellschaft, Münster.

Arbeit und Ökologie, 2000, Verbundprojekt: Deutsches Institut für Wirtschaftsforschung; Wuppertal Institut für Klima, Umwelt, Energie; Wissenschaftszentrum Berlin für Sozialforschung, gefördert von der Hans-Böckler-Stiftung (Projekt Nr. 97-959-3), Berlin/Wuppertal April 2000.

Armut, 2001, Weltentwicklungsbericht 2000/2001. Bekämpfung der Armut, veröffentlicht für die Weltbank, Bonn.

Arndt, 1972, H. W., The Economic Lessons of the Nineteen-Thirties (1944), 3. A., London.

Atkinson, 1999, A. B., The Eonomic Consequences of Rolling Back the Welfare State, Cambridge, Mass.

Bach/Bartholmai, 2001, Bach, Stefan/Bartholmai, Bernd, Vermögenswert der Unternehmen - Besitz und Beteiligungen privater Haushalte, in: DIW-Wochenbericht, Jg. 68, Nr. 48/2001, vom 29. November 2001, S. 767 - 777.

Bachmann, 2001, Günter, Mehr Arbeitsplätze - mehr Freizeit - was noch? Widersprüchliche Erfahrungen mit der 35-Stunden-Woche in Frankreich, in: Sozialismus, Jg. 28, Nr. 251, Dez. 2001, S. 31 - 33.

Baran/Sweezy, 1967, Paul A. -/Paul M. -, Monopolkapital. Ein Essay über die amerikanische Wirtschafts- und Gesellschaftsordnung, Frankfurt/M.

Bastian, 2000, Till, Das Jahrhundert des Todes. Zur Psychologie von Gewaltbereitschaft und Massenmord im 20. Jahrhundert, Göttingen.

Bidet, 1992, Jacques, Für eine allgemeine Theorie der modernen Gesellschaft, in: Goldschmidt, 1994, S. 67 - 86.

Birk/Gries, 1997, Birk, Angela/Gries, Thomas, Amerikanisches Job-Wunder versus deutsches Produktivitätswunder. Ein Vergleich der Arbeitsmarktstrategien, in: Wirtschaftsdienst, Jg. 77, 1997/II, S. 99 - 106.

Birnbaum, 1997, Norman, Siegt die Marktorthodoxie stirbt die Demokratie. Überlegungen am Ende eines zwiespältigen Jahres, in: Blätter für deutsche und internationale Politik, Dez. 1997, S. 1443 - 1456.

BIZ, 1997, Bank für Internationalen Zahlungsausgleich, 67. Jahresbericht, Basel 9. Juni 1997.

BIZ, 1999, Bank für Internationalen Zahlungsausgleich, 69. Jahresbericht, Basel 7. Juni 1999.

BIZ, 2001, Bank für Internationalen Zahlungsausgleich, 71. Jahresbericht, Basel 11. Juni 2001.

Blendon u.a., 1997, Blendon, Robert J. u.a., Bridging the Gap Between the Public's and Economists' Views of the Economy, in: Journal of Economic Perspectives, Bd. 11, Nr. 3, Sommer 1997, S. 105 - 118.

Bluestone/Harrison, 1986, Bluestone, Barry/Harrison, Bennett, The Great American Job Machine. The Proliferation of the Low Wage Employment in the U.S. Economy. A Study Prepared for the Joint Economic Committee, (Washington D.C.), Dec. 1986.

Bombach, Netzband, u.a., 1981., G./K.B., Ramser, H.-J./Timmermann, M., Hg., Der Keynesianismus, Bd. III: Die geld- und beschäftigungstheoretische Diskussion in Deutschland zur Zeit Keynes, Berlin-Heidelberg-New York.

Bombach, u.a. 1976, G./Ramser, H.-J./Timmermann, M./Wittmann, W., Hg. Der Keynesianismus, Bd. II: Die beschäftigungspolitische Diskussion vor Keynes in Deutschland. Dokumente und Kommentare, Berlin-Heidelberg-New York.

Bosch, 1997a, Bosch, Gerhard, Brauchen wir mehr Ungleichheit auf dem Arbeitsmarkt? (unveröff. Vortragsmanuskript, Okt. 1997, Institut Arbeit u. Technik, Gelsenkirchen).

Bosch, 1997b, Bosch, Gerhard, Jobwunder? Das Beispiel der USA, Niederlande, Dänemarks und Großbritanniens, (unveröff. Vortragsmanuskript, Nov. 1997, Institut Arbeit u. Technik, Gelsenkirchen).

Bosch, 1997c, Bosch, Gerhard, Arbeitszeitverkürzung, Entgelt und Beschäftigung, (unveröff. Vortragsmanuskript, Okt. 1997, Institut Arbeit u. Technik, Gelsenkirchen).

Bourdieu, 1983, Pierre, Ökonomisches Kapital, kulturelles Kapital, soziales Kapital, in: Soziale Welt, Sonderband 2, Göttingen, S. 183 - 198.

Bourdieu, 2002, Pierre, Plädoyer für eine europäische soziale Bewegung. Der Soziologe Pierre Bourdieu über Auswege aus der Globalisierungssackgasse und die Rückkehr zur Politik, in: Frankfurter Rundschau, 11. Februar 2002 (Langfassung unter: www.fr-aktuell.de).

Brahm, 2001, Laurence J., Hg., Chinas Jahrhundert. Die Zukunft der nächsten ökonomischen Supermacht hat bereits begonnen, mit einem Vorwort des chinesischen Ministerpräsidenten Zhu Rongji und einem Geleitwort von Alt-Bundeskanzler Helmut Schmidt, Weinheim.

Canetti, 1994, Elias, Masse und Macht (1960), Frankfurt/M.

De Thier, 1988, Peter, Die amerikanische Wirtschaftspolitik unter Ronald Reagan, in: Aus Politik und Zeitgeschichte. Beilage zur Wochenzeitung Das Parlament, B 44/88, vom 28. Oktober 1988, S. 15 - 23.

De Thier, 1995, Peter, Immer weniger Amerikaner werden immer reicher. Auch Deutschland zählt zu den Ländern mit großen sozialen Ungleichheiten, in: Süddeutsche Zeitung, vom 21. April 1995, S. 22.

De Thier, 1996a, Peter, Wachsende Kluft zwischen Arm und Reich. SZ-Gespräch mit dem US-Gewerkschaftsvorsitzenden John Sweeny/Lob für Clinton, in: Süddeutsche Zeitung, Nr. 121, vom 28. Mai 1996, S. 23.

De Thier, 1996b, Peter, Laserstrahlmentalität zahlt sich aus. Was kann Clintons Jobmaschine den Amerikanern bis zur Jahrtausendwende wirtschaftlich bringen?, in: Süddeutsche Zeitung, Nr. 265, vom 16./17. Nov. 1996, S. V!/1.

De Thier, 1996c, DeT., USA weiter weltgrößter Schuldner. Leistungsbilanz weist zweithöchsten Fehlbetrag aller Zeiten aus, in: Süddeutsche Zeitung, Nr. 151, vom 4. Juli 1996, S. 23.

DIW, 27-28/97a, Tendenzen der Wirtschaftsentwicklung 1997/98. Weltwirtschaft: Aufschwung setzt sich fort, in: Deutsches Institut für Wirtschaftsforschung, Wochenbericht, Jg. 64, Nr. 27-28/97, vom 3. Juli 1997, S. 463 - 471.

DIW, 27-28/97b, Bundesrepublik Deutschland: Anhaltende Schwäche der Binnennachfrage, in: Deutsches Institut für Wirtschaftsforschung, Wochenbericht, Jg. 64, Nr. 27-28/97, vom 3. Juli 1997, S. 472 - 497.

DIW, 40/01, Erfolgreiche Beschäftigungspolitik in Frankreich, in: Deutsches Institut für Wirtschaftsforschung, Wochenbericht, Jg. 68, Nr. 40, vom 4. Oktober 2001,S. 613 - 617.

Dräger, 1976, Heinrich, (Auszug aus:) Arbeitsbeschaffung durch produktive Kreditschöpfung, in: Bombach u.a., 1976, S. 120 - 133.

Dräger, 1981a, Heinrich, Lohnsenkung gegen Arbeitslosigkeit (1930), in: Bombach, Netzband u.a., 1981, S. 277 - 279.

Dräger, 1981b, Heinrich, Über das zweite Gutachten der Brauns-Kommission (1931), in: Bombach, Netzband u.a., 1981, S. 280 - 285.

Dräger, 1981c, Heinrich, Gutachten über die Grundlinien der künftigen Wirtschafts- und Finanzpolitik, in: Bombach, Netzband u.a., 1981, S. 286 - 289.

Dräger, 1981d, Heinrich, Die Arbeitsbeschaffung durch Privatwirtschaft und öffentliche Hand, in: Bombach, Netzband u.a., 1981, S. 290 - 298.

Dräger, 1981e, Heinrich, Aktive Wirtschaftspolitik, in: Bombach, Netzband u.a., 1981, S. 299 - 301.

Eatwell/Taylor, 2000, Eatwell, John/Taylor, Vance, Global Finance at Risk. The Case for International Regulation, New York.

Ehrenberg, 1997, Herbert, Lohnzurückhaltung brachte nicht mehr Wachstum und Beschäftigung, in: Handelsblatt, 7. Okt. 1997.

Ehrenreich, 2001, Barbara, Arbeit poor - Unterwegs in der Dienstleistungsgesellschaft, Nachwort von Horst Afheldt, München.

Elsenhans, 2001, Hartmut, Das internationale System zwischen Zivilgesellschaft und Rente, Münster-Hamburg-London.

Engelhardt, 1997, Wolfgang, Das Ende der Artenvielfalt. Aussterben und Ausrottung von Tieren, Darmstadt.

Epikur, 1989, Briefe.Sprüche.Werkfragmente, Stuttgart.

Eppler, 2002, Erhard, Vom Gewaltmonopol zum Gewaltmarkt, Frankfurt/M.

Essers/Riecke, 2001, Essers, Hendrik/Riecke, Torsten, USA. Der Riese taumelt, in: Handelsblatt, Nr. 145, vom 31. Juli 2001, S. 10.

Eucken, 1999, Walter, Ordnungspolitik, hg. v. Walter Oswalt, Münster-Hamburg-London.

Eucken, 2001, Walter, Wirtschaftsmacht und Wirtschaftsordnung. Londoner Vorträge zur Wirtschaftspolitik und zwei Beiträge zur Antimonopolpolitik, hg. v. Walter-Eucken-Archiv, Nachwort v. Walter Oswalt, Münster-Hamburg-London.

FAZ, 2002, 64, Einzelhandel fordert Mehrwertsteuersenkung, in: Frankfurter Allgemeine Zeitung, Nr. 64, vom 16. März 2002, S. 11.

Fourastié, 1954, Jean, Die große Hoffnung des zwanzigsten Jahrhunderts (1949), Köln-Deutz.

Freeman, 1996, R. B., Why so many young American men commit crimes and what might we do about it, in: Journal of Economic Perspectives, Jg. 10, H1, S. 25 - 42.

Freeman, 1997, R. B., When earnings diverge: Causes, consequences, and cures for the new inequality in the U.S., commissioned by the Committee on New American Realities of the National Policy Association, Washington D.C.

Friedlaender-Prechtl, 1976, Robert, Chronische Arbeitskrise, ihre Ursache, ihre Bekämpfung (1926), in: Bombach u.a., 1976, S. 66 - 98.

Galbraith, 2001, James K., The Meaning of a War Economy, in: Challenge, Bd.44/6, November-Dezember 2001, S. 5 - 12.

Gaß/Schmid, 1994, Gaß, Gerald/Schmid, Alfons, Lohn- und Arbeitsmarktentwicklung in den USA. Einige Anmerkungen zu neueren Tendenzen, in: WSI-Mitteilungen, Jg. 47, Nr. 5, S. 290 - 299.

Gernet, 1983, Jacques, Die chinesische Welt. Die Geschichte Chinas von den Anfängen bis zur Jetztzeit, 2. A., Frankfurt/M.

Goldschmidt, 1994, Werner, Hg., Zur Kritik der politischen Ökonomie: 125 Jahre Das Kapital, Hamburg (Dialektik; 1992/3).

Grotkopp, 1976, W., Der WTB-Plan der Arbeitsbeschaffung (26. Jan. 1932), in: Bombach u.a., 1976, S. 172 - 176.

Gruppe, 1997: Die Gruppe von Lissabon, Grenzen des Wettbewerbs. Die Globalisierung und die Zukunft der Menschheit (1993), Vorwort von Ernst Ulrich von Weizsäcker, München 1997.

Hagemann/Schreyer/Seiter, 2001, Harald H./Markus Sch./Stephan S., Produktivität und Wachstum - Lernen von den USA?, in: Wirtschaft und Gesellschaft, Jg. 37, H 3, S. 277 - 314.

Häußermann, 1995, Hartmut, Dienstleistungsgesellschaften, Frankfurt/M.

HB 1997/77, Die Reichen werden immer reicher, in: Handelsblatt, Nr. 77, 22. April 1997, S. 31.

HB, 1997/223, Arbeit/Delors fordert EU-weites Vorgehen. Die Renaissance des Staates, in: Handelsblatt, Nr. 223, vom 19. Nov. 1997, S. 6.

HB, 2001/230, US-Verbraucher enttäuschen Erwartungen der Märkte, in: Handelsblatt, Nr. 230, vom 28. November 2001, S. 1.

HB, 2001/25, Mit radikalen Maßnahmen werden verlustbringende Unternehmen wider auf Erfolgskurs gebracht. Riesige Entlassungswelle rollt über die USA, in: Handelsblatt, Nr. 25, vom 5. Februar 2001, S.17.

HB, 2002, 41, Studie der KPMG-Wirtschaftsprüfer. Unternehmensteuern sinken weltweit, in: Handelsblatt, Nr. 41, vom 27. Feb. 2002, S. 4.

HDR, 1999, Human Development Report, United Nations Development Program, New York/Oxford 1999.

Heilbroner, 1996, Robert, The Embarrassment of Economics, in: Challenge, Jg. 39, Nr. 6, Nov.-Dez. 1996, S. 46 - 49.

Heise, 1994, Arne/Meißner, Werner/Tofaute, Hartmut, Hg., Marx und Keynes und die Krise der Neunziger, Marburg.

Helmedag, 1994, Fritz, Warenproduktion mittels Arbeit. Zur Rehabilitation des Wertgesetzes (1. A., 1992), 2. A., Marburg.

Helmedag, 1997, Fritz, Kapitale Böcke in der Kapitaltheorie: Der Test zum Protest, in: Jahrbücher für Nationalökonomie und Statistik, Bd. 216/6, S. 744 - 760.

Hentschel, 1996, Volker, Ludwig Erhard. Ein Politikerleben, München.

Hickel, 2001, Rudolf, Die Risikospirale. Was bleibt von der New Economy?, Frankfurt/M.

Hondrich, 2001, Karl Otto, Unschuld und Sühne - Zum Sinn des Krieges, in: Frankfurter Allgemeine Zeitung, Nr. 286, vom 8. Dezember 2001, S. 8.

Horkheimer, 1933, Max, Zum Problem der Voraussage in den Sozialwissenschaften, in: derselbe, Gesammelte Schriften, Bd.8 (1931 - 1936), Frankfurt/M 1988, S. 150 - 157.

Huffschmidt, 1999, Jörg, Politische Ökonomie der Finanzmärkte, Hamburg.

Johnson, 2000, Chalmers, Ein Imperium verfällt. Wann endet das Amerikanische Jahrhundert, 2000.

Kaiser, 1997, Joachim, Wirtschaftliche und soziale Lage von Niedrigeinkommensbeziehern, in: Wirtschaft und Statistik, Heft 9/1997, S. 653 - 662.

Keynes, 1930, John Maynard, Economic Possibilities for our Grandchildren, in: Keynes, John Maynard, Collected Writings, Bd. 9, London-Basingstoke 1972, S. 221 - 232.

Keynes, 1936, John Maynard, The General Theory of Employment, Interest and Money, in: Keynes, J.M., Collected Writings, Bd. 9, London-Basingstoke 1973, S. 3 - 385.

Keynes, 1943, John Maynard, The long-term problem of full employment, in: Keynes, John Maynard, Collected Writings, Bd. 27, London-Basingstoke 1980, S. 320 - 325; deutsch u. d. T.: Das langfristige Problem der Vollbeschäftigung, in: Zinn, 1997, S. 153 - 156.

Kister, 1996, Kurt, Traumland für eine Minderheit. Alternativ zum Collegebesuch werden bestenfalls Ausbildungsexperimente angeboten, in: Süddeutsche Zeitung, Nr. 96, 25. April 1996, S.43.

Klein, 2001, Naomi, No Logo. Der Kampf der Global Players um Marktmacht. Ein Spiel mit vielen Verlierern und wenigen Gewinnern, Frankfurt/M-Wien-Zürich.

Kneschaurek, 1990, F., Unternehmung und Volkswirtschaft. Eine Volkswirtschaftslehre für Führungskräfte, Stuttgart.

Korsch, 1976, A., Einführung in die Dokumentation, in: Bombach u.a., 1976, S. 11 - 20.

Krätke, 1997, Michael R., Globalisierung und Standortkonkurrenz, in: Leviathan, Jg. 25, H 2, Juni 1997, S. 202 - 232.

Kronauer, 1997, Martin, „Soziale Ausgrenzung“ und „Underclass“: Über neue Formen der gesellschaftlichen Spaltung, in: Leviathan, Jg. 25, Heft 1, S. 28 - 49.

Landmann, 1981, Oliver, Theoretische Grundlagen für eine aktive Krisenbekämpfung in Deutschland, in: Bombach, Netzband u.a., 1981, S. 215 - 420.

Lebenslagen, 2001, in Deutschland. Der erste Armuts- und Reichtumsbericht der Bundesregierung, hg. v. Bundesministerium für Arbeit und Sozialordnung, Bd. I: Bericht, Bd.II: Daten und Fakten. Materialband, Bonn , April 2001

Lenk, 1967, Kurt, Ideologiekritik und Wissenssoziologie, hg. u. eingeleitet v. K. Lenk, 3. A., Neuwied-Berlin (Soziologische Texte, 4).

Lenk, 1981, Kurt, Zum Strukturwandel politischer Ideologien im 19. und 20. Jahrhundert - Begriff und Phänomen ideologischen Bewußtseins, in: Lenk, 1994, S. 27 - 41.

Lenk, 1994, Kurt, Rechts, wo die Mitte ist. Studien zur Ideologie: Rechtsextremismus, Nationalsozialismus, Konservatismus, Baden-Baden.

Malik, 2002, Fredmund, Falsches Wunder. Die vielgelobte US-Wirtschaft ist lange nicht so stark wie ihr Ruf, in: Handelsblatt, vom 8./9.März 2002, S. K3.

Mangum u. a., 2000, Mangum, Farth/Sum, Andrew/Fogg, Neeta, Poverty Ain't What It Used to Be, in: Challenge, Jg. 43, H 2, März-April 2000, S. 97 - 130.

Marx/Engels, 1960, Marx, Karl/Engels, Friedrich, Die deutsche Ideologie. Kritik der neuesten deutschen Philosophie in ihren Repräsentanten Feuerbach, B. Bauer und Stirner und des deutschen Sozialismus in seinen verschiedenen Propheten (Erstveröffentlichung 1932), Berlin.

Matzner, 2001, Egon, Argumente für eine Neuregulierung der globalen Finanzen,in: Wirtschaft und Gesellschaft, Jg. 27, H 3/2001, S. 371 - 381.

Maull, 2002, Hanns W., Containing Entropy, Rebuilding the State: Challenges to International Order in the Age of Globalization, in: Internationale Politik und Gesellschaft, 2/2002, S. 9-28.

Mayer/Brown, 1989, Mayer, Jean/Brown, J. Larry, More Prosperity, More Hunger, in: The New York Times, vom 25. Feb. 1989, S. 29.

McCarthy, 2001, Jonathan, Eqipment Expenditures since 1995: The Boom and the Bust, in: Current Issues, hg.v. der Federal Reserve Bank of New York, Bd. 7, Nr. 9, Okt. 2001, S. 1 - 6.

Meadows, 1972, Donella H./Meadows, Dennis L./Randers, Jorgen/Behrens III, William W., The Limits to Growth. A Report for the Club of Rome's Project on the Predicament of Mankind, New York.

Meißner/Zinn, 1984, Meißner, Werner/Zinn, Karl Georg, Der neue Wohlstand. Qualitatives Wachstum und Vollbeschäftigung, Gütersloh.

Memorandum 2001. Modernisierung durch Beschäftigung, hg. v. der Arbeitsgruppe Alternative Wirtschaftspolitik, Köln 2001.

Menschliche Entwicklung, 1994, Bericht über die –, hg. v. d. Deutschen Gesellschaft für die Vereinten Nationen, Bonn.

Menschliche Entwicklung, 1995, Bericht über die –, hg. v. d. Deutschen Gesellschaft für die Vereinten Nationen, Bonn.

Menschliche Entwicklung, 1996, Bericht über die –, hg. v. d. Deutschen Gesellschaft für die Vereinten Nationen, Bonn.

Menschliche Entwicklung, 1997, Bericht über die –, hg. v. d. Deutschen Gesellschaft für die Vereinten Nationen, Bonn.

Menschliche Entwicklung, 2000, Bericht über die –, hg. v. d. Deutschen Gesellschaft für die Vereinten Nationen, Bonn.

Merz/Zwick, 2001, Merz, Joachim/Zwick, Markus, Über die Analyse hoher Einkommen mit der Einkommensteuerstatistik, in: Wirtschaft und Statistik, H 7/2001, S. 513 - 523.

Mises, 1931, Ludwig von, Die Ursachen der Wirtschaftskrise, Tübingen.

Mishel u.a., 1996, Mishel, Lawrence/Bernstein, Jared/Schmitt, John, The State of American Workers, in: Challenge, Jg. 39, Nr. 6, Nov.-Dez. 1996, S. 33 - 42.

Müller-Armack, 1946, Alfred, Wirtschaftslenkung und Marktwirtschaft, in: derselbe, Wirtschaftsordnung und Wirtschaftspolitik. Studien und Konzepte zur Sozialen Marktwirtschaft und zur Europäischen Integration, Freiburg/Br. 1966, S. 19 -170.

Narr, 2001, Wolf-Dieter, Das nicht so neue Tandem: Gewalt und Globalisierung, in: Prokla, Jg. 31, H 4, Dez. 2002, S. 491 - 510.

National Commission, 1983, on Excellence in Education. A Nation at Risk, Government Printing Office, Washington, D. C.

Needham, 1993, Joseph, Wissenschaft und Gesellschaft in Ost und West, in: derselbe, Wissenschaftlicher Universalismus. Über Bedeutung und Besonderheit der chinesischen Wissenschaft, hg. v. Tilman Spengler, 3. A., Frankfurt/M , S. 61 - 86.

Negt, 2002, Oskar, Arbeit und menschliche Würde, 2. A., Göttingen.

Niggle, Christopher J., The Increasing Importance of Financial Capital in the U.S. Economy, in: Journal of Economic Issues, Bd. 22, Nr. 2, Juni 1988, S. 581 - 588.

Oberhauser, 1996, Alois, Mehr Arbeitslosigkeit durch Parallelpolitik: eine Folge einzelwirtschaftlichen Denkens, in: Wirtschaftsdienst, Jg. 76, 1996/XI, S. 566 - 573.

OECD, 1996a, Employment Outlook, Paris.

OECD, 1996b, Wirtschaftsausblick, Nr. 60, Paris, Dez. 1996.

OECD, 1997a, Employment Outlook, Paris.

OECD, 1997b, Wirtschaftsausblick, Nr. 61, Paris, Juni 1997.

OECD, 1997c, OECD in Figures. Statistics on the member countries. Supplement to The OECD Observer, Nr. 206, Juni/Juli 1997.

OECD, 1999, OECD in Figures. Statistics on the member countries. Supplement to The OECD Observer, Nr. 217/218, July 1999.

OECD, 2001/1, Wirtschaftsausblick, Nr. 69, Paris Juni 2001.

Oswalt, 2001, Walter, Nachwort (Die falschen Freunde zur offenen Gesellschaft), in: Eucken, 2001, S. 87 - 152.

Pritchett, 1997, Lant, Divergence, Big Time, in: Journal of Economic Perspectives, Bd. 11, Nr. 3, Sommer 1997, S. 3 - 17.

Reuter, Norbert, 2000, Ökonomik der „Langen Frist". Zur Evolution der Wachstumsgrundlagen in Industriegesellschaften, Marburg.

Ricardo, 1972, David, Grundsätze der politischen Ökonomie und der Besteuerung, hg. v. Fritz Neumark, Frankfurt/M.

Riecke, 2001, Thorsten, Enron löst Schockwelle in den USA aus, in: Handelsblatt, Nr. 232, vom 30.11./1.12.2001, S. 2.

Rorty, 1997, Richard, Die Herrschaft der Brüderlichkeit. Plädoyer für eine Gesellschaft, die nicht auf Rechten, sondern auf Uneigennützigkeit beruht (Sept., 1996), in: Leviathan, Jg. 25, H 1, S. 1 - 8.

Rothschild, 1999, Kur W., Kapitalismus im Global Village, in: Helmedag, Fritz/ Reuter, Norbert, Hg., Der Wohlstand der Personen, Marburg, S. 379 - 391.

Rüstow, 2001, Alexander, Das Versagen des Wirtschaftsliberalismus , hg. v. F. P. Maier-Rigaud/G. Maier-Rigaud, Marburg.

Schäfer, 2000, Claus, Privater Reichtum um den Preis öffentlicher und privater Armut? - Die Verteilungsentwicklung 1999 und den Vorjahren, in: WSI-Mitteilungen, Jg. 53, Heft 11, Nov. 2000, S. 744 - 764.

Schäfer, 2001, Klaus, Ungleichheit politisch folgenlos? Zur aktuellen Einkommensverteilung, in: WSI-Mitteilungen, Jg.54., November 2001, S.659 - 673.

Scherrer, 2001, Christoph, New Economy: Wachstumsschub durch Produktivitätsrevolution?, in: Prokla, Jg. 31/1, Nr.122, März 2001, S. 7 30.

Schettkat, 2001, Ronald, Sind Arbeitsmarktrigiditäten die Ursache der Wirtschaftsschwäche in Deutschland? Der niederländische und deutsche Sozialstaat im Vergleich, in: WSI-Mitteilungen, Jg. 54, November 2001, S. 674 – 684.

Schneider, 1975, Michael, Das Arbeitsbeschaffungsprogramm des ADGB, Bonn-Bad Godesberg.

Schopenhauer, 1977, Arthur, Zürcher Ausgabe. Werke in zehn Bänden, Zürich (zitiert wird: Schopenhauer, Bd., S.)

Schwelien, 1996, Michael, Unternehmer zur Sonne, zur Freiheit. Der Turbokapitalismus schafft Arbeitsplätze und Not zugleich. Die Kluft zwischen den Einkommen vertieft sich – und die Zahl der Kritiker wächst, in: Die Zeit, Nr. 21, vom 17. Mai 1996, S. 13.

Serra, 1991, Richard, Amerikas Krieg gegen die Kunst. Rede zur Verleihung des Wilhelm-Lehmbruch-Preises, in: Süddeutsche Zeitung, Nr. 80, vom 6./ 7. April 1991, S. III.

Smith, 1978, Adam, Der Wohlstand der Nationen. Eine Untersuchung seiner Natur und seiner Ursachen. Aus dem Englischen übertragen und mit einer umfassenden Würdigung des Gesamtwerkes von Horst Claus Recktenwald, München.

Spiethoff, 1918, Arthur, Die Krisenarten, in: Schmollers Jahrbuch, Jg. 43, 1918, S.227 ff.

Stiglitz, 2002, Joseph, Die Schatten der Globalisierung, Berlin.

SZ 2/91, Schreckliches Jahrzehnt für Kinder. Lebensbedingungen in Amerika verschlechtern sich dramatisch, in: Süddeutsche Zeitung, vom 4. Februar 1991.

SZ 255/97, DIW: Die Reichen sind noch reicher geworden, in: Süddeutsche Zeitung, Nr. 255, vom 6. Nov. 1997, S. 26.

SZ 32/97, Kinder in den USA leben gefährlich. Weit höheres Mordrisiko für junge Menschen als in anderen Ländern, in: Süddeutsche Zeitung, Nr. 32, vom 8./9. Feb. 1997, S. 16.

SZ, 202/1997, Einzelhandel im sechsten Minus-Jahr. Heuer 10 000 Pleiten erwartet/ Arbeitslosigkeit und Abgaben bremsen den Konsum, in: Süddeutsche Zeitung, Nr. 202, vom 3. Sept. 1997, S. 25.

SZ, 270/1997, Weltbank kritisiert zu schnelle Deregulierung, in: Süddeutsche Zeitung, Nr. 270, vom 24. Nov. 1997, S. 25.

Tarnow, 1981, Fritz, Ohne öffentliche Arbeitsbeschaffung geht es nicht (1932), in: Bombach, Netzband u.a., 1981, S. 413 f.

Taylor, 1989, Charles, Inwardness and the Culture of Modernity, in: Honneth, Axel/McCarthy, Thomas/Offe, Claus/Wellmer, Albrecht, Hg., Zwischenbetrachtungen. Im Prozeß der Aufklärung. Jürgen Habermas zum 60. Geburtstag, Frankfurt/M. S. 601 – 623.

Thurow, 1987, Lester C., Keine Angst vor dem freien Fall. Amerikas Handelsbilanz wird erst bei einem Dollarkurs von 1.10 Mark genesen, in: Die Zeit, Nr. 34, vom 14. August 1987.

Thurow, 1996, Lester C., Die Illusion vom Jobwunder. Viele Arbeitslose werden von Amts wegen gar nicht mehr registriert, in: Die Zeit, Nr. 44, vom 25. Oktober 1996, S. 41.

Tocqueville, 1995, Alexis de, Über die Demokratie in Amerika (1835 und 1840), hg. v. J. P. Mayer, Stuttgart.

Tönnies, 1963, Ferdinand, Gemeinschaft und Gesellschaft. Grundbegriffe der reinen Soziologie (1887), Darmstadt.
Toporowski, 2000, Jan, The End of Finance. Capital Market Inflation, Financial Derivatives and Pension Fund Capitalism, London.
Wacquant, 1997, Loic J. D., Vom wohltätigen Staat zum strafenden Staat: Über den politischen Umgang mit dem Elend in Amerika, in: Leviathan, Jg. 25, Heft 1, S. 50 - 66.
Wade, 2001, Robert Hunter, Capital and Revenge: The IMF and Ethiopia, in: Challenge, Bd. 44/5, Sept.-Okt. 2001, S.67 - 75.
Weißbuch, 1993, Kommission der Europäischen Gemeinschaften, Wachstum, Wettbewerbsfähigkeit, Beschäftigung. Herausforderungen der Gegenwart und Wege ins 21. Jahrhundert, Weißbuch, Brüssel-Luxemburg.
Weltentwicklungsbericht, 1996, Vom Plan zum Markt, hg. von der Internationalen Bank für Wiederaufbau und Entwicklung/Weltbank, Bonn.
Wolf, 2000, Winfried, Fusionsfieber. Oder: Das große Fressen. Globalisierungsmythos - Nationalstaat - Wirtschaftsblöcke, Köln.
Zielcke, 1997, Andreas, Ein Gespenst geht um in Amerika. Steht Marx ausgerechnet in den USA vor seiner Rehabilitation?, in: Süddeutsche Zeitung, Nr. 275, 29./30. Nov. 1997, S. 17.
Zinn, 1978, Karl Georg, Der Niedergang des Profits. Eine Streitschrift zu den Risiken der kapitalistischen Wirtschaftskrise, Köln.
Zinn, 1980, Karl Georg, Die Selbstzerstörung der Wachstumsgesellschaft. Politisches Handeln im ökonomischen System, Reinbek bei Hamburg.
Zinn, 1992a, Karl Georg, Soziale Marktwirtschaft. Idee, Entwicklung und Politik der bundesdeutschen Wirtschaftsordnung, Mannheim u.a.
Zinn, 1992b, Karl Georg, Das Kapital und die politische Ökonomie des 20. Jahrhunderts, in: Goldschmidt, 1994, S. 21 - 34.
Zinn, 1993, Karl Georg, Keynes' fundamentales psychologisches Gesetz und dessen Vorwegnahme von Lujo Brentano, in: Zeitschrift für Wirtschafts- und Sozialwissenschaften, Jg. 13, S. 447 - 459.
Zinn, 1994, Karl Georg, Marx und Keynes - Prognostische Theorien oder nur noch Dogmengeschichte, in: Heise u.a., 1994, S. 51 - 85.
Zinn, 1995, Karl Georg, Wie umweltverträglich sind unsere Bedürfnisse? Zu den anthropologischen Grundlagen von Wirtschaftswachstum und Umweltzerstörung, in: Daecke, Sigmund Martin, Hg., Ökonomie contra Ökologie? Wirtschaftsethische Beiträge zu Umweltfragen, Stuttgart/Weimar, S. 31 - 62.
Zinn, 1996, Karl Georg, Zwanzig Jahre Wirtschaftskrise - Signal eines Epochenwandels? Über Arbeitslosigkeit, Bewältigungsrhetorik und den Glauben an einfache Rezepte, in: Arbeit, Jg. 5, H 3, S. 298 - 317.
Zinn, 1997, Karl Georg, Jenseits der Markt-Mythen. Wirtschaftskrisen: Ursachen und Auswege, Hamburg.
Zinn, 1999, Karl Georg, Sozialstaat in der Krise. Zur Rettung eines Jahrhundertprojekts, hg. v. Wilhelm von Sternburg, Berlin.
Zinn, 2000a, Karl Georg, Konjunktur und Wachstum, 4. A., Aachen.
Zinn, 2000b, Karl Georg, Gewinner und Verlierer der Globalisierung? Wirtschaftsentwicklung im letzten Viertel des 20. Jahrhunderts, in: Supplement der Zeitschrift „Sozialismus" 7-8/2000, Hamburg.
Zinn, 2001, Karl Georg, Der verkaufte Mensch. Über Sein und Sollen des Wirt-

schaftens im Kapitalismus, in: Hickel, Rudolf/Strickstrock, Frank, Hg., Brauchen wir eine andere Wirtschaft?, Reinbek bei Hamburg, S. 90 - 113.

Zinn, 2002a, Karl Georg, Zukunftswissen, Hamburg.

Zinn, 2002b, Karl Georg, Nicht anders, kaum besser - Rot-grüne Beschäftigungspolitik, in: Vorgänge, Jg. 41. H 1, März 2002, S. 90-97